古玉簡史

❷ 殷商至漢

邱福海◇著

淑馨出版社◇出版

國立中央圖書館出版品預行編目資料

古玉簡史／邱福海著. --初版. --臺北市：淑馨，
民 82
    冊；　公分
    ISBN 957-531-305-4（第一冊：平裝）.
    --
    ISBN 957-531-340-2（第二冊：平裝）

1. 玉

794.4   82004194

古玉簡史《殷商至漢》

作　　　者◇邱福海
發 行 人◇陸又雄
編輯設計◇徐于捷
出 版 者◇淑馨出版社
地　　　址◇台北市安和路二段 65 號 2 樓（日光大廈）
電　　　話◇7039867‧7006285‧7080290
郵政劃撥◇0534577～5 淑馨出版社
印　　　刷◇百均彩色製版印刷有限公司
法律顧問◇蕭雄淋律師
登 記 證◇新聞局登記證台業字第 2613 號
版　　　次◇1994 年（民國 83 年）2 月初版
定　　　價◇380 元

❖目 錄❖

凡◈例

一、本書爲「古玉簡史」一套四册中，第二册「殷商至漢」
二、本書仍以編、章、節作劃分，各編順序，未延續第一册，以使各
　　册獨立，便於查閱。
三、春秋、戰國時期，先秦諸子學說，影響文化甚大，但其中不少爲
　　僞書或後人仿作，雖無定論，但筆者對爭議較大者，儘量避免引
　　用。
四、本書所敍階段，重要史料均多，但多與玉器文化無關，故筆者僅
　　摭其要者，以爲歷史連貫。
五、引用玉器圖片，儘量採用有明確出土資料者，以強化讀者印象。

緒 ◈ 論

　　在史前時代，從我國東部沿海地區，自行發展出來的文化，不論紅山文化、大汶口文化、良渚文化、石峽文化，都有相當數量的玉器出土；相對於中原內陸，不論仰韶文化、曲家嶺文化、馬家窯文化……，在陶器的形制與紋飾上，也都有出色傑出的表現，可以作爲地區特色，在逐漸的交流、融合中，匯集成了我國藝術文化的主流。但是，不能否認的，這些工藝美術品，所表現出來的，只是我國文化的珍花異果，滋潤哺育他的，卻是形而上的思想；雖然，我們目前對許多史前的宗教，社會形態……等，均不甚瞭解，但仍無害於我們知道，史前時代先民們，所自發形成的文化，是極其豐富與先進的。

　　可是，在整個文化進程中，歷經了龍山文化後期、堯、舜、禹的時代，這些工藝美術品的表現，卻產生了一些變革；首先，作爲中原地區藝術代表的陶器，迅速的衰微了，在文化層面上，不再具有特殊的地位，直至唐、宋階段，瓷器又再度興起，但所表現出來的，卻是藝術性高於他的文化代表性了。這其中的轉折，容後分析，但是，銅器替代陶器，成爲禮器，卻是一個事實；筆者認爲：銅器的出現，繼而迅速的提升到禮器的地位，主要是因爲鑄造上的困難，前曾有學者，依據安陽小屯村殷墟出土的「司母戊鼎」，及出土的熔銅坩鍋作推算：殷墟所發現的熔銅坩鍋，容量約可熔銅十二到十三公斤，而司母戊鼎，高一三三公分，長一一〇公分，寬七十八公分，重約八百七十五公斤，要制作這樣一件大器，約需七十多組坩鍋，同時熔銅操作，如果連掌控爐火的人，一併計算，每組四人，則至少要三百多個人，共同工作，才能作成。再加上工作場所的管理，採礦的人力，搬運的人力，相關設備修整的人力……等，作成一件銅器，所耗費的人力、物力、財力，是難以想像的，也因爲這種製作的困難，在銅器出現後，受到君主、貴族的寶愛，乃是正常的，此所以，銅器能迅速取代史前沿用已久的陶器，而成爲高貴的禮器。

　　雖然目前，有關我國青銅器的起源，還沒有很完整的出土資料來證實，故而各類的推測很多，其中較引人矚目的說法是──受到中亞與西方文化的影響──，雖然，筆者無法提出直接的證据來反駁，但是，從鄭州商墟或安陽殷墟出土的甲骨文與金文資料分析，青銅文化

應該是我國獨立衍化發展出來的，因為，在這些器物上所出現的文字，與埃及文化與「兩河文化」（米索不達米亞）完全不同，如果我國青銅文化真曾受到中亞或埃及文化的影響，其中文字，必然會與前二者文化有些關連；但是，我們全然看不出來，尤其埃及古文字的併湊方式，是極為特殊的，卻與我國文字的發展脈絡，完全不同；不但如此，若從文字形成的初期階段來看，埃及文字是書寫在，以紙草作成的紙上，古希臘最早的文字，則是書寫在羊皮上，而我國最早文字的起源，不論是大汶口文化的「丁公陶片」，或「龍山文化」的甲骨卜辭，在在都告訴們，我國文字的起源，是從「刻」開始，而非前述古文明，起源於「寫」，筆者深信，這種特殊的起源，必然是史前玉器文化形成的一些影響，因為，以琢刻為主的製玉方式，一直是我國史前階段，一個重要的技藝門類，它連繫了宗教、政治與藝術，對文字的出現，形成影響，當然是必然的。

因為銅器的出現與文字的成熟，使我國的文化，進入一個新階段，同樣的，玉器文化也毫無停頓、滯阻，在商代形成了第一個藝術高峯；其原因很多，最主要的是：玉器的價值性，迅速的融入商代的社會中，在我國初有貨幣之時，玉器就已經是最高價值的代表，甲骨文中，多處提到「玉器」是「貨寶」，即可證明；而同時，商代一些工業技藝的進步，也提升了製玉工藝的水準。例如：

一、商族祖先發明了馬車、牛車，筆者相信，他們對車輿的認識，必定也改良了製玉的原始砣具。

二、銅器出現，在採銅礦過程中，認識了更質優的解玉砂，用之於琢玉。

三、銅刀具的使用，也必增加了製玉的效率。

還有一個最重要的原因，就是商朝階級分明，蓄有大量與牲畜同地位的奴隸，這些工奴，受到極端的壓榨，終生孜孜於一項手工藝；如此，方造就了商代玉雕，極其燦爛輝煌的一頁。

但是，商、西周都是以銅器作為禮器，而成為工藝主流；所以，在紋飾演變上，玉器明顯受到銅器紋飾的影響；在這一個階段，「玉仿銅」，確是事實。

及至西周立國，周公以玉為「明貴賤，辨等列」的禮儀之器，後經演變，使玉器的單純符信內涵，變成了官爵、高貴、地位的代表，這個變化，使我國玉器文化的內涵，更趨於複雜，但也更充實。

及至東周時代，「聖王不作，諸侯放恣。」，因為社會形態的改

變，使玉器走向通俗化，致使佩飾玉大興，且各種實用器，幾乎都可能以玉製作，或用玉裝飾，在這種富貴階層大量使用玉器的環境中，自然而然，人們對玉器的材質，有了挑別與分類，故而，出現了「珉不如玉」之論，純就玉器材質與當時價值而言，確是如此；但孔子卻說，珉不如玉的原因，在於玉有「玉德」，此所以：「君子比德於玉焉。」從此，玉器與我國傳統的儒家思想，結合爲一，成爲我國玉器文化中，最主要的內涵。他不同於西方對珠寶的分類，是以價值衡量，也不同於一般藝術品，以藝術性爲評量標準；玉器有了一種形而上的德行內涵，是歷代文人嚮往的最高節操標準，也因此，我國文人佩玉自勉、自儆、自勵；使玉器與我國的文化，更緊密的結合在一起。

雖然，在這一段時期，玉器斂屍的迷信，巫醫以玉療病的現象，也開始出現，但因爲都是浮淺的迷信；所以，只在玉器文化延續的歷史長河中，激起一些漣漪而已；可是，某些根深蒂固的觀念，卻至今仍然殘存不去，例如：「玉」仍是我國傳統中醫的一種藥材。

由於我國自始對玉器材質的分辨，多以抽象的「美」，來作衡量標準，而「珉不如玉」之辨，也沒有把玉器的材質，定義清楚；所以，發生了「和氏璧」的千古奇案，筆者認爲：這確是一件有完整記錄的史實，卞和兩次獻玉，被刖去兩足，第三次，直接剖玉璞，才出現和氏璧；歷代許多學者，都以情理分析，認爲是韓非子所寫的寓言，筆者不作如是觀，因爲，史記多處，都有和氏璧的正式記錄，筆者浸淫古玉世界二、三十年，深知我國自古以來，從沒有把「玉」的材質，定義清楚，所以認爲：楚王身邊的玉人，不識卞和所獻，應可理解，因爲，他們是用和闐玉的標準，來檢視這塊玉璞，但這塊玉璞，卻不是和闐玉，因爲史書上記載的很清楚：「卞和得玉璞楚山中……」，卞和是楚國土著，識得楚國地方美石中的上品，而楚王身邊相玉的玉工，卻以和闐玉作分辨標準，方造成我國玉器史上，有名的千古奇冤，但所幸者，和氏璧終於現世，而卞和也因此，在我國玉器文化中，垂名不朽。

繼東周時期用玉的普及化，及戰國後期，陰陽五行學說的興起，使民間對玉器的功能，更被神化，他被賦予方向、色澤的多重意義，雖然，我們目前看似不正確，但卻豐富了我國玉器文化的內涵，也間接助長了漢代「金鏤玉衣」的出現。

繼秦一統天下，使我國自三代起始，就實施的「封建領主制」，改變爲「封建地主制」，也自此始，這些無所是事，有錢、有閒的地

主階層，投入玉器的蒐集、把玩、盤摩，使我國用玉的階層，更普及到民間，爲玉器文化生色不少。

秦末漢初，東、西方商業交流頻繁，藉著貨物流通，西方石雕的藝術，佛教早期的紋飾，逐漸進入中原，這些點滴的文化交流，促使我國玉雕藝術的風格，開始變化，不但文化內涵，有所充實，在器形上，更走向藝術化，凝聚成我國玉器文化史上的另一個高峯。

從史初的商代，到秦末漢初，在西方藝術與佛教文化，大量進入我國之前的這一個時期，我國玉器文化的發展，傳承有序，階段分明，但是，每一個階段的進展，在背後推動的主導力量，都是思想、文化的演變；此爲欲瞭解我國玉器，所必需知道的，也爲筆者寫作此書的目的。因爲，筆者相信，若不如此，是沒有辦法眞正瞭解，這種與我國文化結合在一起的古文物。

本書引用圖片，以中國美術全集較多；因爲，使用有明確出土記錄的實物作說明，較易強化讀者的印象；在台灣、香港、海外，是都沒有辦法，找到如此衆多的完整資料。但在文字敍述上，則爲筆者個人見解，但宥於所學，舛錯必多，亦并企請指正。

一九九三年五月於美・加州・哈仙達崗

【第一編】
我國正式有通行文字的朝代──商朝

第一章 ◇ 商朝代夏而興

　　據史記・夏本記記載，夏朝歷經十四世、十七位國君，傳國達四百多年，最後一位國君是夏桀（名履癸），正史給他的評價是：「桀不務德而武傷百姓，百姓弗堪……。」書經・湯誓則記載，當時人民已經憤怒到，指著日頭罵道：「時日曷喪？予與汝皆亡。」在人民寧願死，也不願意接受他的統治的時候，這個統治機構的終結，是指日可待的。於是，興起於我國東方的商族，在他們領袖商湯的率領下，率兵會同各地諸侯伐桀，大戰於鳴條，夏桀敗逃至昆吾、商湯繼滅昆吾、桀再逃到南巢（據知約為現今的安徽巢縣，在當時，還是很偏僻的地方），到此，夏朝的正朔結束了，商朝繼之而有天下。

　　歷代史書，記載商湯伐桀，多用「弔民伐罪」，稱之為正義之師，形容老百姓期盼商湯軍隊的到來，「如大旱之望雲霓」，固然，夏桀暴虐無道，天命當終，但是商湯所建立出來的政權，也並不是什麼仁政，參諸史籍與田野考古出土資料驗證，有商一代，刑罰是極其殘酷的，對基層人民的壓榨，也是極殘忍的，甚至對一些戰俘、異族、奴隸，直呼之「畜民」，意指這些人的價值，等於牲畜，祭祀祖先時，需要殺畜民致祭；帝王、貴族入葬時，也要殺畜民殉葬，並且不是一個一個殺，而是一批一批殺，多者成百，這種建立制度的實施人殉與人祭儀式，種類甚多，依據殷墟出土的甲骨文資料（一般又稱為卜辭），上面記載的的一些名詞，如：

　　烄妾：即是用火祭，燒死女奴隸，以求雨。
　　沈妾：把活的女奴隸，投入水中，用以祭水神。

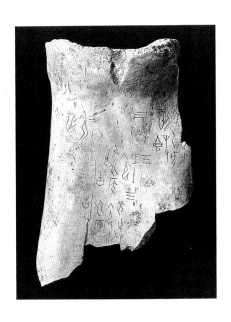

（圖一）雖然甲骨卜辭中，我們仍有許
多字不認識，但是，從已知的字中證實
，人殉記錄多達數千條，證明，商王朝
極端迷信、殘酷，與我們已往所認知的
「聖王之教」，完全不同。

（圖二）商的原始宗教內涵，我們目前
，并不能完全瞭解，尤其一些圖騰的意
義，尚待我們研究，但他與玉雕融合後
，卻豐富了我國近萬年的玉器文化；本
圖為安陽殷墟出土的玉雕神鳥，明顯可
看出宗教與藝術融合的影子。

伐羌：則是指殺死羌族的奴隸（多因戰敗被俘），用來祭拜祖先。

總之，在已出土甲骨卜辭上，記載人殉的條錄，目前所知，就有兩、三仟條，未出土、未記錄的，還不知道有多少。（如圖一）

此外，在殷商晚期出土的銅器簡略金文上，也有記載占卜與人殉的文字，並且似乎已經建立了一些規範，這種種現象，都告訴我們，有商一代，是極端迷信、殘酷的，而這些迷信殘酷行為的基礎，則是一類巫卜的原始宗教（筆者暫以此名稱之）。目前，我們研究殷商金文或甲骨卜辭，除震懾於商代統治者的殘酷無知與迷信外，我們也不能否認，這些原始宗教文化，在摻入玉器文化後，確也豐富了我國綿延近萬年的玉器文化內涵，這也許算是商代巫卜宗教，對我國文化的一點正面影響吧！（如圖二）所以，我們仍須對這種文化作些瞭解，而首先，我們必需先瞭解商族的祖先。

第一節 ◇ 商族的起源與興起過程

（圖三）據傳，商的始祖母吞玄鳥之卵，而生商的祖先契，故而，商一代的鳥圖騰，是這個王朝的主要紋飾，其中一些形而上的意義，我們到現在，還不能夠完全瞭解。

　　從上古史來看，商族是一個歷史相當悠久的部落氏族，世居在我國中原東方，為東夷族的一支，地點約為現今的的河南省西部到山東省東部，而這個地區，是新石器時代大汶口文化與山東龍山文化、河南龍山文化孕育的搖籃，所以，早商文化承襲這兩支文化，乃是必然的，從現今陸續出土的田野考古資料，也證明了這一點。

　　但是，從史記上來看，商族最早僅可追溯到他們的始祖是簡狄，據稱：她是有娀氏之女，而為帝嚳的次妃，從血胤的角度來看，商族是黃帝的後裔，但是，顯然不是嫡直系，因為簡狄僅是次妃，而簡狄生商，也是相當神奇而有神話意味的，因為據說：三人行浴，見玄鳥墜其卵，簡狄取吞之，因而成孕。筆者認為：這可能是商族，為提高本身的地位，所編造出來的神話；因為，雖然在夏、商之際，立嫡貶庶的宗法制度，還沒有完全形成，但是，嫡長子先天占有優勢，乃是必然的；後來商族一統天下，為示天命所歸，並洗刷始祖母為次妃的不利地位，而編造出一套神奇身世的說法。雖是如此簡單的推論，但是有商一代，卻與鳥圖騰離不開關係了，不論石雕、銅器、漆器、玉器，只要出現鳥形象的器形，這件藝術品，都是非比尋常的，因為決不可能是一件玩物，或一件普通的佩飾，他形而上所蘊含的意義，有很多，我們到現在還不能完全瞭解。（如圖三）

　　自簡狄以後，商族的世系，就記載的很清楚了。簡狄因食玄鳥之卵，而成孕生契，契即為商族的共同祖先，契約與大禹同時，因為，他曾輔佐大禹治水有功，而契本身，也是一個有良好能力與德行的人，所以，舜欲傳天下給大禹的同時，命令契擔任教化百姓的司徒之職，封於商，賜姓子氏；參諸近年出土的甲骨卜辭，契曾協助大禹治水，並受命為司徒之職，以教化百姓，都是可信的。

　　自契以至於滅夏的商湯，共有十四代，都臣服於夏朝，但是比較特殊的是，共遷居了八次，太史公是如此記載的：「成湯，自契至湯八遷。湯始居亳，從先王居，作帝誥。」的確，這些遷居行動，都可以從卜辭中印證出來，但是為什麼早商時期，每到一兩代就要遷居一次呢？筆者認為：契的封地在黃河下游，而這個區域，長遠以來，一直是水災最頻繁的地區，黃河流經陝西黃土高原，挾帶的大量黃土，淤積河床，造成黃河不斷的改道，水災頻仍，當為商族勤於徙遷的主因（有部份史者依據自契至湯共七遷，結論出：該時商族仍處在游牧生活型態，是完全錯誤的）。而這種處於定居農耕社會，卻有於天災，不能不經常遷徙的生活，使商族培養出一種冒險犯難、勇於面對新

（圖四）商族世居黃河下游，困於水患，時常遷居；也因為這種天災的頻仍與不可測，使商族的文化發展過程中，特重鬼神信仰，這也形了商代藝術，與世界 其他各早期文化，迥然不同的風格。本圖係商代的「龍紋觥」，前作龍首，身飾各類水族紋；顯示商族對水患的恐懼。

環境的堅韌精神。但是，同樣的，因為天災頻仍與不可測，使商族的整體文化，摻入了不少宿命與迷信的因素。自有人類以來，生活安危愈不確定者，愈易相信鬼神迷信之說，是可以確定的，故而，商族這種自發的鬼神信仰，形諸藝術品，具體表現在玉、石雕刻、銅器製作上，形成了商代藝術，與世界其他各早期文化，迥然不同的風格。（如圖四）

　　而長期頻繁的遷徙，也使商人逐漸領悟出「賣貴買賤」的商業定律，從許多方面資料顯示，商族在湯以前各代，除維持農業生活方式外，商旅貿易，也是許多商族的維生方式之一，而商業行為的出現，使玉石寶器逐漸為人們所重視，因為，不論作為計價交換的標的，或財富炫耀、儲蓄的用途，玉器都是很合適的，因為他具有稀少（在商代而言）、不朽、色澤易為人喜、便於收藏……等諸多優點，使我國玉器文化，在早商時期，就摻雜上了貨幣的功能。

早商時期（即商湯以前）的商君譜系是：

1. 契
2. 昭明
3. 相土
4. 冒若
5. 曹圉
6. 冥
7. 王振（系本作亥或核）
8. 微（上甲）
9. 報乙
10. 報丙
11. 報丁
12. 主壬
13. 主癸
14. 天乙（即湯）

前述的譜系，都是根據史記、殷本紀所列，另參諸出土甲骨文比對，是相當正確的。此外，依據世本記載，契的孫子相土，發明了馬車，相土的四世孫王亥，發明了牛車，原文是「相土作乘馬。胲（王亥）作服牛」。乘馬，就是以四匹馬為動力的載重車；另依據成書於戰國時期的管子、輕重篇，也提到：商朝的祖先，發明了馬車；雖然，有很多記載，稱我國車的發明者是奚仲，筆者認為：像車輿這種綜合性的工具，決不是一朝一代，或某一個人突然發明出來的，或許奚仲依據滾動的原理，造出了車輪，而商族的祖先，在頻於遷徙的生活中，發現用牛、馬等獸力來拉動車輿，是省力而又有效率，所以，把人推拉的車輿，改良成獸力的車。姑不論世本的記載，或筆者的分析，是否完全正確，但是，商族的祖先，在車輿的改良上，具有很大的貢獻，則當為一個事實，基於此，我們相信，商族的祖先，對車輿是相當有研究的。

從這裡，我們也可以引述出一個新的問題，多年前，筆者在古玉世界中探索，即曾在應屬新石器時代的出土玉器上，發現砣痕，所以，筆者一直相信，我國在新石器時代後期，已經有專供製玉的砣具了，為此，筆者曾親持玉器，請教一些專家、學者，所得到的答案，多將玉器斷代為西周之器，甚而有人連玉器的真假，都提出疑問，頗令人啼笑皆非；到近十幾年，良渚文化、紅山文化玉器出土多了，大家才逐漸瞭解到，眾多出土玉器上，明顯的弧形砣痕，不是喪葬用玉的刻痕，也不是有意識的作工，它直接證明：在新石器時代，專製玉器的砣具，已經存在了，目前，市肆有關玉器的書籍，都已承認新石器時代有砣具存在，但是個人因此見解所受的輕視，卻宛如日昨。

尤其到了商代，玉器中有許多和闐玉材，其上紋飾，一些常見的壓地、減地、平行紋、回紋、三角紋（壓地，即指先用陰線琢成輪廓

，再把陰線槽兩側的稜角磨成平緩的斜度；減地則是磨成平面、凸出陽線）……等，沒有精細、結構良好的砣具，是製作不出來的。目前，諸多學者將商代玉器上，所顯露出來的刀工之利，歸功於青銅刀具的發明與使用，這是當然的；但是，我們卻更應該知道，琢玉是一項綜合性的工藝技術，工匠精湛、純熟的技巧，良好、質純的解玉砂，穩定、高速的砣具，堅硬有韌性的刀具，再加上材質良好的玉材，才能作出精美的玉器；在商朝，因為銅器的出現，刀具更犀利了，因為冶煉青銅，對礦物分類的知識豐富了，人們能作出純度更高的解玉砂，再加上商族先祖，對車輿結構的深入瞭解，筆者認為：他們必對製玉砣具，也作了一些改革，方造成商代玉器燦爛、輝煌的一頁。因為，車輿雖只是一個最簡單的機械構造，但是，它卻包含著傳動、滾動、車軸支點、旋轉平衡、承受力平均……等，諸多運動與力學原理，而這些原理，與製玉的砣具，都是相通的；所以，筆者認為：砣具的改革與進步，是商代玉器製作精美的主要原因之一，而古史所傳：商族的祖先發明馬車、牛車，就是一個證明。（如圖五）

（圖五）據傳，商的祖先相土，發明了馬拉的車，足證商的祖先，對車輿、車輪都有研究，而這種轉動力學的原理，與製玉砣具是相通的；筆者深信，砣具改良，是商代玉雕製作精美的原因之一。圖示為秦代四馬拉車的壁畫，再早的資料，目前尚缺乏。

另對傳說發明馬車的商族三代始祖相土，詩經上也有記載，在詩經、商頌、長發篇：「相土烈烈，，海外有截。」這說明在相土時代，商族的勢力，已經到達海邊，可能即包括現在的山東半島與遼東半島，這時，商族已經是東方最強大的一個諸侯國了，我國東部產夷玉的地區，也可以說很早就納入商族的控制（或間接控制範圍），而在這個領土勢力的擴充過程中，新石器時代興起於我國東北遼寧、內蒙、熱河一帶地區的史前文化──紅山文化，對商文化的形成，想必有相當大的影響。（目前也有學者認為：商族最早的起源，就在遼東半島，但尚缺乏直接證據）

自相土以後，商族各代領袖，都迭有建樹，像相土的曾孫冥，就曾擔任夏朝的司空一職，因勤於公事，在治河時，落水溺死，所以，在商代，除一般祭祀祖先外，也在野外、水邊祭祖，所祭者，即為七世祖冥。這也是我國郊野祭祀的最早記錄。

第二節 ◎ 湯滅夏，所建立的王朝

自冥八傳而至天乙，即為成湯，湯本身也是一個極有才能與野心的人，他首先將定居地遷到了亳（大約是現今河南商丘附近，也就是原來湯祖先受封之地），這除了距夏較近外，也有在家鄉準備伐夏，具有地利與人和的便利。而該時，天下名義上是由夏桀統治，其實各地氏族、部落、諸侯，都已經各自為政，但夏桀卻仍沈緬於奢侈酒色之中，據說：除寵愛妖姬妹喜外，並廣徵暴斂，以建宮室，紀年敍述：「桀作瓊室，立玉門。」，而尸子則記述：「桀作瓊室、瑤台、象廊、玉牀。」，在這些形容極端奢侈的五個名詞中，有四個與玉有關，雖然紀年與尸子的年代都略晚，但也顯示出，玉材在當時，是極端、極端名貴的，在一般人心目中，瓊樓、玉宇只應是天上宮闕，人間是不可能、不應該存在的。

商湯在賢相伊尹的輔佐下，連絡諸侯，共同伐夏，夏師一戰而潰，桀逃往昆吾、南巢而死，湯遂得天下，這是我國有史以來，第一個以武力反抗統治者，並且成功建立政權的首例，所以，湯自稱：「吾甚武」，號曰：「武王」，而古史也多以「武湯」稱之。依據史記記述，夏桀敗亡時的記錄是：

「桀敗於有娀之墟，桀奔於鳴條，夏師敗績。湯遂伐三變，俘厥寶玉，義伯、仲伯作寶典，…………於是諸侯畢服，湯乃踐天子位，平定海內。」

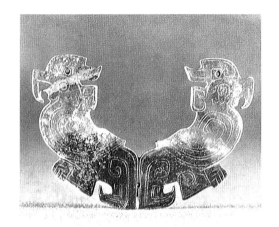

（圖六）「自彼氐、羌，莫敢不來享，莫敢不來王。」氐、羌部落的進貢，必有和闐玉材，更具意義的是：自此始，新疆玉材產地，與中原的連繫通路出現了，使我國自發的玉器文化，因為真玉材質的源源流入，更為錦上添花。

　　在這段記述裡，玉器已經明顯有政權代表的意義，「俘厥寶玉」，表示天命所歸，政權轉移的完成，筆者目前並不知道太史公這段記述何所來？何所本？但是參諸歷代史籍，每當改朝換代時，均有「傳國玉璽」出現的傳說，這種觀念，很可能就是在夏、商之際形成的。這也就是說，在我國歷史初期，國家剛形成的階段，玉器就已經有國家、政權的代表意義了。

　　在商湯時代，商朝的武力是相當強大的，國力也是鼎盛的，詩經、商頌曾敍述有：「昔有成湯，自彼氐羌，莫敢不來享，莫敢不來王。」這明白的說明，西方的羌族、氐族……等外族，都已經臣服於商，不敢不來朝觀，不敢不來進貢。另逸周書引伊尹的四方獻命，記載有：「命南方諸國，以珠璣、玳瑁、象齒……等為獻，命北方諸國，以槖駝、白玉、野馬……等為獻」，雖然逸周書內容極不可信，但是從詩經：「自彼氐羌，莫敢不來享，莫敢不來王。」之句分析，羌、氐部落若有進貢，在中原列為最貴重的和闐玉材、玉器，必然在進貢之列，這不僅解開了商代出土玉器中，和闐真玉的比例，相當大的

原因，更具有歷史意義的是：隨著朝覲、進貢的路線，先民找到了玉礦與中原連繫的通路，其後朝覲、進貢不再，但商旅貿易，已經可以藉著已知的通路，運玉入中原了，這個自商湯時期形成的現象，使我國自發演變的玉器文化，因為新疆和闐眞玉的源源流入，更為錦上添化，綻放出歷久彌新的藝術花朵。（如圖六）

湯的長子（太子）太丁早死，故湯崩逝後，傳國的前十個世系是這樣的：

1. 湯（太乙）
2. （太丁）
3. 外丙（太丁之弟）
4. 中壬（外丙之弟）
5. 太甲（太丁之子）

6. 沃丁
7. 太庚（沃丁之弟）
8. 小甲（太庚之子）
9. 雍己（小甲之弟）
10. 太戊（雍己之弟）

從商湯以後的前十個譜系，我們可以看出來，商朝仍有建立一個以嫡長子為傳位制度的傾向，因為，太子太丁早死，而湯崩後，國賴長君，由太丁之弟外丙與中壬相繼接位，但當太丁的兒子太甲（湯的嫡長孫）長成之後，賢相伊尹仍立太甲繼位，先前外丙、中壬以弟繼統的方式，也許是伊尹度視國家狀況需要的權宜之計，但是，卻也開了一個惡例，故而在商初十王中，以弟繼兄位，而再傳己子的行為，就已經出現了，這種未建立制度的繼承現象，必然造成宮廷分裂，各擁勢力，互相猜忌，甚至手足相殘，宮廷喋血。故而湯亡後，未及百年，國力即已衰弱，太史公曰：「雍己立，是為帝雍己，殷道衰，諸侯或不至。」幸而太戊即位後，立伊陟為相（據知是伊尹的兒子），自修其德，因而「殷復興，諸侯歸之……」，使商王朝渡過了開國以來的第一個危機。

但是，王位繼承問題，似乎一直困擾著商王朝，到底是兄弟相繼？還是父子相繼？自太戊中興以後，商王的傳位譜系是：

11. 中丁（太戊之子）
12. 外壬（中丁之弟）
13. 河亶甲（外壬之弟）
14. 祖乙（河亶甲之子）
15. 祖辛（祖乙之子）
16. 沃甲（祖辛之弟）

22. 小乙（小辛之弟）
23. 武丁（小乙之子）
24. 祖庚（武丁之子）
25. 祖甲（祖庚之弟）
26. 廩辛（祖甲之子）
27. 庚丁（廩辛之弟）

17.祖丁（祖辛之子）　　28.武乙（庚丁之子）
18.南庚（沃甲之子）　　29.太丁（武乙之子）
19.陽甲（祖丁之子）　　30.帝乙（太丁之子）
20.盤庚（陽甲之弟）　　31.帝辛（天下謂之紂，亡於周）
21.小辛（盤庚之弟）

　　商王朝的中宗（太戊）復興，似乎僅是曇花一現，司馬遷是如此記載的：「自中丁以來，廢適而更立諸弟子，弟子或爭相代立，比九世亂，於是諸侯莫朝。」很顯然的，天下又呈現逐漸離散的態勢，這除了內政不修，宮廷爭權外，長期居住在黃河下游的商族，也一直被水患這個天災困擾著，幸而殷商的第二十代君主，是一位有名的賢王，即盤庚，他作了一個很重要的決定，就是渡河將國都遷回成湯的故居亳地（因爲依據先人的長久住居經驗，亳一帶的水患比較少），定都在殷（即現今河南省安陽縣小屯村），並且爲規正腐化貴族的長期奢侈作風，以簡單的茅舍爲宮室，並且強迫浪費成習的統治階層，實行簡約，於是商朝又再復興起來，因爲盤庚遷殷，是商王朝治衰的一個重要關鍵，所以後世史家，多稱盤庚以後爲殷、或殷商，以爲區別。盤庚而後第三代，爲武丁，在前兩代節約、休養、生息中，達到了殷商最強盛的顛峯，他在拔擢於奴工中的賢相傅說輔佐下，修政行德，並討伐強暴，曾率兵伐鬼方、伐羌、征夷、伐荆楚，這也使殷商的版圖擴大了許多，詩經‧商頌‧玄鳥篇曾談到武丁爲帝時的武功：「邦畿千里，維民所止，肇域彼四海。」這裡所提到的四海，可能是一個形容廣大的詞句，也可能是殷商的勢力已經擴充，東到黃海，北到渤海，西到青海湖，南到古雲夢大澤（因爲武丁曾伐荆楚並大勝）。所以，在武丁時代，能大量取得新疆和闐玉材，已經是一個不爭的事實了。

　　一九七六年大陸中國社會科學院考古研究所在河南省安陽縣小屯村發現了武丁三個配偶之一婦好的墓，出土了大量的古文物，是我國有史以來，田野考古的一次重大收獲；因爲，雖然殷墟（安陽小屯村一帶）在清末就已經被發現，並且在民國十七年，由李濟博士率人在當地挖掘了十多次，也出土了豐富的文物，但不論是小屯村的宮殿遺迹，或大、小司空村、武官村的帝王陵墓或宗族墓地，不是無法確定年代、墓主身份，就是已經被盜掘破壞（甚至有三盜、四盜的情形）。而婦好墓完全沒有被擾，其中出土有一對銅鴞尊，在尊口下內壁

（圖七）本器即為「婦好鴞尊」，高四十五‧九公分，一九七六年在河南安陽小屯村出土，器口下內壁有「婦好」銘文；為目前所知，惟一一座能與甲骨文相印證、確定年代、墓主身份的商代墓葬，伴隨出土玉器七百五十五件，為我們研究商代玉雕的寶庫。

，銘有「婦好」二字，經與甲骨卜辭比對，是目前惟一一座能與甲骨文相印證，能確定年代與墓主身份的殷商墓葬（如圖七）。其中，各類隨葬品多達一千九百多件（另還有貝幣六仟八百多枚），玉器也有七百五十五件，容後略作說明。

　　依據殷墟已出土的卜辭分析，記錄與婦好有關的資料，即達一百七、八十條，敍述他曾主持祭祀、多次帶兵征戰，由此也足間接證明，武丁時期的國力強大，而婦好墓出土玉器，大多數都是新疆和闐玉，也正證明，武丁時期「邦畿千里，維民所止，肇域彼四海」，不是沒有根據的。

　　商代自武丁以後，就再也沒有出現過賢君，當國者，多行為乖舛，奢侈驕逸，八傳至紂，終為渭水流域興起的周族所滅。

第二章◈商代政治、社會形態與玉器文化的關係

第一節◇商的政治制度

　　商王朝是一個極端專權的朝代，商王是惟一至高的統治者，詩經・盤庚篇所紋：「聽予一人之作猷。」、「惟予一人有佚罰」，就足證明。在統治權方面，商王有廣大的王畿，王畿之外，並有分封的諸侯與方國，由商王設百官統治；方國與諸侯，均臣服於商王，按時納貢、朝覲，並接受各類服役與徵召。商王財富的來源：一是方國、諸侯的大量納貢，另一則是以「助法」爲稅收，孟子、滕文公篇記述「…殷人七十而助，…其實皆什一也。」也就是說，田地以七十畝爲一個單位，授得一個單位的田地後，自行耕種（當然包括自己擁有的奴隸），但是還要耕種七畝的公田，如果沒有公田耕作，則透過折算的方式，徵收替代物，這樣一來，普天之下，最富裕的，莫過於商王了，太史公記載，商紂之時：「厚賦稅以實鹿台之錢，而盈鉅橋之粟……」，確是有所本。

　　此外，商政府一直擁有一支強大的軍隊，在政府方面，王下有相，又叫「冢宰」，統率百官，向商王負責，而百官之下，各有所司，另有卜、史、巫、尹等，爲巫筮、記事的官職。這些官員都是商族，或與商族祖先合作過的統治階層，其下則爲商族的平民。平民之下，則有奴隸，這些奴隸，是完全不自由的，他的來源，包括戰爭的俘虜、方國反叛被滅國的臣民、商族平民犯罪……等，數量極多，有商一代，奴隸是完全沒有社會地位的，商代算是最賢的君主盤庚，都稱這些人是「畜民」，意指和牲畜一樣低賤，參諸卜辭資料，確是如此，因爲，一般要五個以上的畜民，才能換得一匹馬。而田野考古出土資料，也告訴我們，殷商製骨器場所出土的骨材，獸骨與人骨是混雜在一起的，正也顯示「畜民」與獸畜的地位是相同的。這些奴隸，依工作性質分：有農奴（像牲畜般，免費爲主人耕田），有工奴（從事各種手工業，如製銅、治石、治玉、製陶、木工、漆工、釀酒……等）。這些奴隸，專定於某一項工作，不得隨便移轉，因爲左傳很清楚記載商、周的制度是：「工商皂隸，不知遷業」，也因爲如此，久而久之，訓練出了很純熟的專業技術（如圖八）。

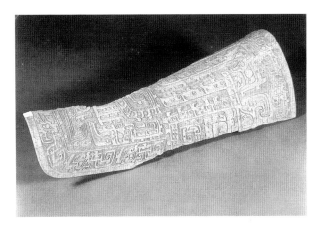

（圖八）本器為商代龍紋雕花骨枒，圖案瑰麗，雕琢精美，足可代表商代的藝術；但出土資料卻告訴們，商代製骨器場所的骨材，是獸骨與人骨，混雜在一起使用。

所以，商的政治制度，在中央極權方式上，可以從方國納貢與公開徵集的方式，取得大量玉材；而奴隸制度，又訓練出了一批畢生琢玉、雕玉的熟練工奴，如此，當然形成我國玉器文化第一個燦爛的高峯。即以前文所敍的婦好墓為例，婦好處於盤庚南遷的第三代，為殷商最倡導節約的時期，一墓就出土玉器七百多件，可見一斑；但是當時，玉器是一般平民無法擁有的，並且也擁有不起，幾乎都由王室與貴族專享。

第二節 ◇ 逐漸興起的商業

有一個莫可究詰的說法，我們現在稱生意人為「商人」，就是因為商族善於作生意，故而變成專有名詞；姑不論這個說法，是真是假，但商族精於貿遷，則是一個不爭的事實。因為，商族早期棲息地黃河下游，水災頻仍，造成他們經常遷徙的環境，而這種經常流動的生活型態，是很容易誘發商業行為興起的；從殷墟出土的古文物資料顯示，西方的玉器，東海的鯨骨，江南一帶所產的錫、金，及據傳產於印度洋的海貝，都有出土，而且數量不少，我們似乎不能只從王室徵集或方國納貢的角度來看，這應該證明，當時商業已經很興盛了。

（圖九）商代交易行為，以貝為主，十　　於河南安陽小屯村的商代貝飾。造型與
貝為「一朋」，貝即錢幣，但也雕作飾　　玉雕有類似之處，此即為藝術品共通的
品，或亡者入土的握器，本器即為出土　　時代風格。

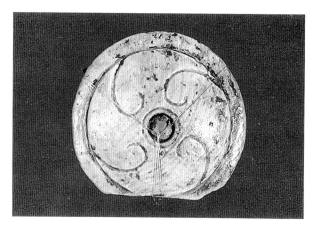

（圖十）商平民墓葬，出土飾品：以貝　　飾雖簡略，但刻紋流暢，其中鑲嵌綠松
製為主，偶有石製、骨製、但不見玉器　　石一顆，為平民佩飾器中較優美者。
，惟偶有美石器，本圖為殷商蚌飾，紋

　　此外，另一個明證就是：可通行的貨幣，大量出現了，一般都是
使用一種固定型式的珍稀貝類，（但商晚期，可能已有銅幣），所以
，商代的貨幣名稱，就是「貝」，每十貝為一「朋」（亦為貨幣單位

），婦好墓出土海貝六仟八佰枚，即爲六百八十朋，是很大、很大的一筆財富了，因爲在甲骨卜辭中有記錄，盤庚稱貝、玉爲「貨寶」（如圖九），當時是珍貴異常的，這也合乎古籍所載「珠玉爲上幣、黃金爲中幣、刀布爲下幣」的說法；但是，似乎在當時，玉與貝仍有一些使用上的差別，一般平民，因爲商業交易行爲，必需持有貝幣，但玉器，則似乎限制平民持有，所以，一般商平民墓葬，所出土資料告訴我們，墓主多有握器，但是僅有握貝而已，少者一枚，多者十幾二十枚；而墓主口中的唅，也多爲貝，飾品也多限於骨製、石製、或貝製，幾乎在平民墓中，見不到玉器，但偶有美石佩飾。（如圖十）。這可能和商的禮制有關，平民、奴隸不能也不敢逾越，因爲社會規範的刑罰，是很嚴酷的。

第三節 ◎ 商代的社會規範與刑罰

（圖十一）本器爲商代犀尊，造型寫實，比例勻稱，犀角、耳、眼，製作均極自然生動，爲商代造型藝術的代表作，但在這些精美藝術品背後，卻是工奴們的血淚，我們應該用虔敬的心情，來欣賞這些國之重寶。

　　戰國時代大思想家荀子認爲：「人本性惡」，所以在荀子・正名篇記有：「刑名從商。」意指針對人性本惡，訂定法律，應取法於商朝，而韓非子・內儲也記有：商法律，在街上棄灰的要斬手。另左傳昭公六年記曰：「商有亂政而作湯刑。」所以商初即有成文法律，應

是不爭的事實。而從甲骨卜辭的文字上研究，這些目前所知，我國最早的法律，卻是嚴酷的難以令人相信，例如：

商刑罰中，已經有肉刑與死刑，而死刑則又細分為炮烙（將人置於炭火中燒死），剖腹，族誅……等，不一而足，（因目前卜辭中尚有許多字無法辨認，所以有些重刑，還無法參透）。相信這許多刑罰，都是針對奴隸所設，使商朝的階層分明，不致發生亂制，而也就因為這種嚴刑的制度，使商各類手工藝，都能大放光輝。考諸中外歷史，幾乎人類所有的偉大建設（不論巴比倫、埃及或羅馬），都是在奴隸眾多、地位卑下，而又有嚴刑苛法的環境中完成的，不知這是否是人類宿命的悲哀？我國造型工藝美術，並不是很發達，但商玉器的精美雕工，卻不遜於世界其他各古文化的藝術品，但在其背後，卻是一段段極悲慘的故事，如今，我們應該用更虔敬的心情，來欣賞這些藝術瑰寶。（如圖十一）

第三章 ⊕ 商代宗教、藝術與玉器文化的關係

（圖十二）商代藝術、手工藝品，都圍繞在巫卜宗教的主題上，若抽離了商的宗教，他的文化內涵，將是一片空白；以往，學者偏重文史資料研究，但對商文化中的主要成份——巫卜宗教，卻鮮有深入的探討；本圖為商代普遍器形中的神鳥玉雕，明顯可看出，已脫離寫實的鳥類，而成為宗教圖騰。

　　商朝以武力建國，但在治國方面，卻自行發展出一套神權模式，並且視為國家基礎的準則，在這個基礎上，規範了商王與諸侯、方國的關係，統治者與平民的關係，平民為商族服務的合理化……等，而商朝的藝術、手工藝，都是在為這個準則服務，這個準則，就是商朝特有的巫卜宗教，如若我們抽離了商的宗教，則不論青銅器、石器、玉器，就都沒有意義，而商的文化，也將是一片空白。

　　從史前或史初的世界歷史中，我們都可看到，在文化初萌之時，統治者為合理化自己的統治與征斂，多用「君權神授」作晃子，以為愚民，這種現象，在我國尤其嚴重，並且延續了幾千年，歷代歷朝的開國君主，幾乎都有一段際遇特殊的靈異，或不同於凡人、一般人的異常，自「黃帝的生而神靈，弱而能言」、「舜的重瞳」、「漢高祖之母與神龍交合而生高祖」……等，都是一丘之貉；簡而言之，只是

強調「不同凡人，上應天命」而已。商朝建國之始，即已經很技巧的把這種精神，納入他們的民族宗教中，並巧妙的與巫卜之術結合在一起，形成了我國歷史上特殊的巫卜文化。（如圖十二）

從目前已知的我國新石器時代後期遺址觀察，各地區文化，多有原始宗教形成的現象，雖然，其中一些內涵，我們還不盡瞭解，但是，已可看到統治權與神權結合的現象。筆者曾記得有一本專書中，對君權與所謂神權相互為表裡的尖刻批評，略謂：「術士常為君王的附庸，殊不知，術士就是野蠻時代的君王，而君王，也只不過是文明時代的術士而已。」所以，在人類靈智初開的時期，宗教是影響人類生活極重要的一個因素，商族發源於黃河下游，承襲史前大汶口文化與山東、河南龍山文化，逐漸發展出巫卜宗教，乃是正常的；而龍山文化遺址中，目前已有卜骨的出土記錄，更足證明。

另商代卜骨上甲上的甲骨文，雖稱簡陋、幼稚，但是已經具備，象形、指事、會意、形聲等多種型態，而且字形也已經相當整齊，所以，筆者相信，甲骨卜辭絕不是我國最早的文字，應可再上溯到更早的源頭（目前據報導：山東大學考古實習隊在位於山東省鄒平縣丁公村的龍山文化遺址中，發現刻有十幾個文字的陶片，距今約四仟兩佰年以上，比殷墟甲骨文早近千年。雖然，筆者尚未見到這些文物，但相信它很可能就是殷墟甲骨文字上溯的源頭，如此，也為筆者推測商文化吸收了大汶文化與龍山文化的內涵，找到了另一個證據）。目前，我們對大汶口文化、龍山文化的宗教內涵，還無法瞭解，但是，對商的宗教信仰方式與內涵，我們透過卜辭，已經能瞭解一些。

第一節 ◇ 商的宗教

商文化的內涵，根植於他們神秘的宗教，而他們的宗教，簡而言之，只有四個字，就是「尊天敬祖」；「尊天」部份，在許多史前文化中，都有類似的情形，當人類思想混沌初開時，對天地萬物的運行、更替，日、月、星、辰的變幻、交替，及對人們本身生、老、病、亡的恐懼與迷惑；幾乎都曾產生過，對自然界庶物崇拜的本能反映，此即先民早期「萬物有靈」的思惟起源，在這眾多的神靈中，創造、影響人類，主宰世上一切的主神，則可能有不同的說法與定義，這牽涉到各民族的自然環境與地域因素，及史前文化遺緒的影響……等等。在商民族的宗教內容上，他們也相信山、岳、川、流、日、月、

星、辰，都有神靈，但是力量最大，主宰人類一切的，就是一天一，是神靈中的領袖，萬神中的帝王，而且主宰一切地上生命，人必須服從天的指示，與天的運行與規律；但是極有趣的是，商統治階層，很早就把他們的祖先，與天聯合在一起，這就是「敬祖」的部份，他們建立的思惟體系是：人死了會變成鬼，而鬼是與神一樣的，都可主宰子孫的一切；有關「人死了靈魂不死」的信仰方式，在我國史前文化中，發展很早，在舊石器時代中、後期的一些遺址中，就已經可以看到這種認知的形成，在新石器時代早期的裴李崗文化、磁山文化中，將石製工具、飾品隨葬於墓主，就是這種思惟的形式化；但是商族先民們，更把這種認知方式，建立了一個利於統治的哲學基礎，他們認為：商族的領袖，就是天神的「元子」，死了變成鬼，是與天神相結合；因此，地上的商族領袖，就是秉持天神的意志來統治人民，是合乎天的法則，是合理的。所以，商王也就是地上惟一合法的統治者，他地位的合理性，是不容置疑的，因而，古籍中多有記載，如盤庚說：「予延續乃命於天。」意思是：「我要求天神，你們的生命才能保留下來」。可是我們也要知道，並不是每一個商族的祖先，成為鬼後，地位也是如此之高，只有商王的祖先，才有這項特權，一般平民的祖先，死後成鬼，雖具有福佑子孫的能力，但仍臣服於天；如果子孫反抗商王，他們的鬼祖先，也會和天神站在一邊，消滅他們的；所以，禮記記載：「殷人尊神，率民以事神，先鬼而後禮……。」這一部份認知，是相當正確的；這種君權天授的「神權政治」，在賢君當國時，很容易藉著人的親和力，再加上牢不可破的神權意志，凝聚出極大的力量，此所以商湯得以建國，因為湯說：「萬方有罪，罪在朕躬。」並且，在這種最高思想指導原則下，延續了商王朝六佰多年之久；而到了商紂，用同樣的思想指導原則，但是卻說：「我生不有命在天乎！」所以，商王朝就滅亡了。

　　我們在瞭解商代的藝術、工藝時，必須要知道，他的內涵是宗教，一切都與宗教有關，一切都以宗教為依歸。在這種「尊天敬祖」、「率民以事神，先鬼而後禮」的宗教思想下，商朝還產生了許多詭異、殘酷的宗教行為與儀式，這源自於他們對鬼神的特別崇信，而又認為：人與鬼神之間，有一道不可克服的間隔，要彼此溝通，就要通過一些固定的行為或儀式，而這些，都有一定的程序，及特定的人員主持，並有特定的器具，作為禮器，所以，商朝的禮器，我們可以明確的說，都是商代宗教通天的工具，而在儀式行為上，又可區分為：

　　第一、就是「卜」，也有稱為「占卜」，這是商王朝管理、統治階層的行為依據，從已出土的十幾萬片甲骨文中，透過一些先進學者專家研究分類，占卜的事項包括：㈠祭祀、㈡征伐、㈢田遊、㈣來往行止、㈤卜旬、㈥卜夕，卜日、㈦天象、㈧年歲、㈨疾病、㈩生死、（十一）生育、（十二）卜夢、（十三）營建……等，內容極為龐雜、細瑣，幾乎是日常生活中，不論大小事務，都要請示鬼神。

　　請示的方法是：用龜的腹甲，或牛的肩胛骨，經修治整理後（有專門修整甲骨的奴隸），由人與鬼神的中間媒介者──我們現在稱為靈媒，或占卜師、神棍，商時則稱卜貞或貞人──，在甲骨背面，用銅鈷鑽上一些凹槽，占卜時，先由貞人將欲卜之事，詞禱於鬼神，再用燒紅的燋炬，在甲骨鑽鑿處燒灼，甲骨因火灼而裂開，並發出「卜」的聲音，這個出現在甲骨正面的裂痕，就是鬼神的答覆，又稱為「卜兆」，所以，在文字起源中，「卜」字是一個既象形，又形聲的字；商代的卜貞，就是根據卜兆的長短、粗細、橫斜、曲直、隱顯、俯仰……等的裂痕狀況，來解釋鬼神的答覆，並且把占卜內容，刻在這片甲骨上，這就是甲骨文，史家或稱為甲骨卜辭。（如圖十三）

（圖十三）商代的占卜之術，是用修整過的龜腹甲，或牛肩胛骨，在背面鑽些凹槽，以燋炬燒灼，待出現裂紋後，由名為「卜貞」的占卜師，依裂紋粗細、橫斜、曲直、俯仰……等，來解釋鬼神的答覆，并將事由、靈驗情況，刻或寫在卜骨上，這就是甲骨卜辭。

　　所以，甲骨卜辭也可以說是商朝的文書檔案資料，考古與文史價值，是極端重要的，可是，在清末光緒二十五年（一八九九年）以前，我國的歷代學者，無一人注意於此，要不是前清國子監祭酒王懿榮，因患瘧疾，到北平達仁堂抓藥，回家撿視藥材時，在一片中藥店稱為「龍骨」的藥材上，發現了刻痕，依王懿榮的金石學素養，意會到古文字的可能性，才算是正式發現了殷墟甲骨文。在此之前，這種珍貴的歷史資料，曾被我們這些不肖子孫，當作藥材，吃了幾千年；目前，世界各國都公認我中國人愛吃，且特別愛吃藥（平均個人用藥量，占世界第一），如果他們知道，我們曾把老祖宗最早的一批檔案，當藥吃了幾千年，不知會如何詫異！也因為甲骨文發現，距今尚不足百年，而內戰、外侮等的政治因素影響，又耽誤了許多研究時間，雖然，目前已有不少成果，例如，已識的字，近五佰多個，分期工作也有一些進展，但是在實質內涵上，如：卜兆的形式，如何代表鬼神的答覆；各個時代的卜貞，是否都有一定的思維模式來審視卜兆？……等，到現在，還是一片空白，這些，只有等待更多的出土資料，與投入更多的人力、物力來探索了。

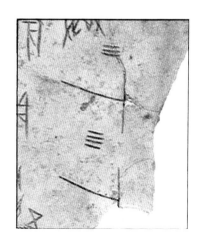

（圖十四、十四A）商代紋飾中，除造型紋飾，幾何紋飾外，一些裝飾線條，極特殊，筆者認為：應受甲骨占卜裂紋的影響，故予以名之為「卜兆紋」；例如本圖所示，就是玉雕、銅器上「T」形裝飾紋的起源，運用在玉、石雕上，則如圖十四A。

　　但是，從已出土的甲骨卜辭瞭解，商人幾乎無事不卜，無事不占的行為、生活模式，對藝術與當代的紋飾，都造成了一些影響，在玉、石雕中，商紋飾多將捲雲紋的反方向，再作一線頭，而且轉折，都傾向方硬，曲度、捲頭也不統一；筆者曾將商銅、玉、石器紋飾分析，除了造型紋飾，如虎、牛、鹿、羊、蟬、饕餮等，及幾何紋飾中的圓、方、長方、稜形等紋飾外，在剩餘的裝飾紋中，我們把他分割，幾乎都是由〰〜〰ＷＶＶＰㄟㄣヘ乚……等類構成，有人稱為卯刀紋、刀紋、Ｔ字紋、鱗紋等，不一而足，也沒有統一的名稱，筆者認為：這應是受甲骨占卜裂紋的影響，而在商代出現的新裝飾線條，我們似可以把他統一稱為「卜兆紋」，因為這類裝飾的紋飾，既像「卜」「ㄗ」「ㄈ」之字形，而「卜兆」也應該是這種裝飾紋的源頭；如果，我們把商代玉雕裝飾紋飾，用筆者的觀點來瞭解，則他的起源與運用，都可以找到答案了。（如圖十四，十四Ａ）

　　其次，商宗教的另一個重要儀式，就是「祭」，「祭」在商王朝，是頭等的大事，形諸文字，就是：「國之大事，在祀與戎。」從甲骨卜辭中，我們已經找到完整的干支名詞，再參諸古史商王自王亥以後，就常用天干作名字或諡號，所以，應該在早商時期，完整的干支記數概念，就已經有了；殆至商，則完全以干支記日，也因為如此，在某干支日，就祭與此日有關的祖先，祖先多不勝數，所以一年到頭，都有祭祀，周而復始，因之，到帝乙以後，「年」常用「祀」字來替代，就可知商代祭祀的頻繁了。中國俚語有云：「窮算命、富燒香」，在對人的潛意識心理分析中，祭祀根本就是對鬼神的一種賄賂手段，只是外覆以禮教或虔信的外衣，而商代先民，就在這種心態下，儀式化了各種名目的祭祀，從卜辭研究，商代的祭祀種類很多，如「彡」、「翌」、「祭」……等，有些內容，我們還不是很清楚，但是頻繁的程度，是可以想見的。另在祭祀中，所用的青銅禮器，為重要的通天工具，其上紋飾，具有通過人鬼（神）區隔的用途，這些禮器，在實用上，以裝酒、食為主，薦之神、鬼，儀式之後，共同飲用（但也有埋入地下）。在占卜中，貞人擔任解釋卜兆，傳達鬼神訊息的中間人；而在祭中，參與祭祀的人，為感覺人神的接觸，則大量喝酒，酒在祭祀中，有催化迷幻的作用，這也可以解釋，為何商代演變到最後，變成了一個大量酗酒的民族，國之上下，人人飲酒，殷亡以後，周公作酒誥，以戒子孫飲酒，這實在是有宗教與時代背景。

　　但是，我們從出土資料來看，祭所用的禮器，大多是以青銅器為

主，不見陶器與木器，但婦好墓曾出土了「玉獸面紋簋」，爲有完整出土資料的唯一玉製禮器孤品（一次出土兩件），顯示玉器也是具有作禮器的資格，但因大型玉材，在中原難覓，所以難得出現而已；另參諸其餘傳世與出土的殷商古玉，也有一些刻有玄鳥、饕餮等圖紋，也可證明，是圖騰標誌的禮儀用器。（如圖十五）

（圖十五）本圖爲商代人面紋鼎。作爲祭祀的禮器，不在他的材質，而在於他的紋飾，銅器上的紋飾，才是溝通天、地、神、鬼的關鍵；商代人相信，透過這些奇瑰的紋飾，才能通過人、神（鬼）之間的區隔。

　　第三種宗教儀式是「殉」，這在我國起源也很早，最初：是將死者的器用、飾品，用以殉葬，以供死者在另外一個世界使用，但是，當人類認知，動物、活人也有工具、裝飾的功能時，活物殉葬的行爲，就產生了；在河姆渡文化早、中期，就已經有段人以殉的現象，良渚文化也有，但是數量並不多，而在大汶口文化以至龍山文化，以活狗、活豬、豬下頜骨殉葬的例子，就很普遍，但以大量人殉的例子也不多；可是，到了商代，從鄭州偃師、銘功路、二里崗的一系列早、中期出土資料，接續到安陽小屯村的殷商後期，殺人以殉的風氣，就一直存在，而且愈演愈烈，目前，我們所知段人以殉的方式，約有：

宗廟祭祀、帝王貴族葬儀……等各種不同形式，例如，出土於殷墟安陽小屯村的類似宮殿宗廟遺址，在附近出土的小葬坑有四十多座，大部份爲砍首而埋的人殉墓，又稱「鹹首墓」（即用斧、鉞等重兵器，將人的頭直接剁下，再予以掩埋，埋時，先擲軀幹於一堆，再一一丟入頭顱），這些葬坑，每坑三到五人，大部份無隨葬器物，另還有以兒童或獸爲殉的人殉墓，一坑七童、一坑九童，羊坑一座，中有十羊。在這些人殉墓中，人頭與軀幹合葬在一起，不同於武官村帝王墓區的人殉坑中，採用身首分埋的方式，多數學者認爲：這是宗廟祭祀，所用的人殉，故而有所不同。而帝王墓區的人殉數量，也是相當驚人，從墓道、墓外，一直到外坑，一路以人爲殉，動輒數十，尤其到商後期的帝王陵寢，殺殉狀況，更是令人觸目驚心，迄今中央研究院史語研究所還保存有商代殉葬坑中出土的人殉頭顱三百九十八個（因爲帝王墓的人殉，多是將身首分開埋，較易區別），至於人殉的內涵，從早期「陪伴死者，供死者使喚」的原始心態，到商，則可能有「釁血」的儀式，因爲在這種殘酷的習俗下，隱藏著人類對血的神秘崇拜（這也許是因爲觀察人受傷，失血一定數量，就會死亡，引伸出血就是生命的代表），把人獸殺死，將血奉獻給死者，以供其延續靈魂的生命。

　　但是，在這些有殉人的商代大墓中，玉器常有伴隨出土，從墓中相對的位置分辨，首飾、財富的意義很明顯，但是，斂屍的意義，則似乎相對降低，或許，在商的原始宗教內涵中，這些死亡的統治者，已經確定可以成神（鬼），並永遠的活著，所以，玉器的斂屍必要性，就降低了；此外，人殉、獸殉的大量使用，顯示人們相信「釁血」功能的絕對性，也相對減低了玉器斂屍的功能。

　　第四種儀式，筆者暫稱爲「奠」，其實，這也是祭的一種，主要是用在營建上，商的建築，大到宗廟、宮殿，小到一般人民居住房屋的奠基儀式，也都有很多以人、獸爲殉的出土資料，就連在平民的房屋基址中，也常有成人、小孩、狗、羊的骨架出土，很明顯是在奠基儀式中殺殉的，筆者認爲：商時期，必然有奴隸買賣，身體差、體格弱的成人或幼童，都可買來作人殉用；在儀式內涵上，因爲商人相信天地、山川、萬物都有神，也就是所謂的「天神、地祇、人鬼」，而以人獸爲殉的奠基行爲，多少是把這些神、祇、鬼，人性化了，也就是說，可以透過這種類似賄賂的手段，使鬼、神出面，保護住居堅固，人畜安寧；這種習俗，在新石器時代中、後期遺址中，就有發現以

大貝殼成排埋入房基，以爲奠基祭祀（貝殼是否有貨幣的意義，目前尚不得知，詳見拙著「史前篇」），到龍山文化後期，如王油坊類型等，在房基發現殺羊、殺牛的祭祀坑，就很多、很多了。所以，商文化至少承襲了一部份龍山文化，是絕對可信的，只不過，在商代形成的特殊「先鬼而後禮」的宗教氣氛中，加入了人殉，並且更繁瑣、迷信而已，諸如：宮廷、宗廟的營建過程中，奠基、置礎、安門、覆頂、落成……等，幾乎每一步驟，都要用人與動物祭祀一番。但就玉器言，雖作爲禮器，是有確實證據的，但是筆者並不認爲，商代賦予玉器特殊宗教意義，尤其在史前良渚文化、紅山文化，玉器具有特定宗教用途的現象，到了商代，卻有倒退的情形；使用玉器，在於他的貴珍，而不在於他的材質，就如同使用銅禮器，則強調他的紋飾，而紋飾的功能，才是主要跨越人神樊籬的工具。

第二節◎商的藝術

　　商朝自地處東方一隅的小氏族，發展成一統天下的共主，人民長於貿遷，累積了大量財富，又有一個透過宗敎維繫政權的文化內涵，在這個前題下，商的藝術，是有相當進步的，但是，我們必需瞭解，這些傳世或出土的藝術品，都是依附在宗敎上，本身的藝術性，是不存在的，愈精美、高貴的藝術品，這種現象愈濃厚。（如圖十六）

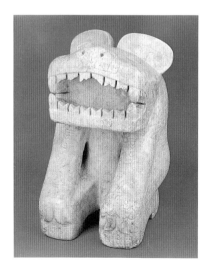

（圖十六）商代的藝術品，都依附在宗敎之上，本圖爲出土於小屯村一〇〇一大墓的大理石柱座，明顯可以看到這種現象。

從目前已知的商早、中期遺址中，我們可以歸納出，商的手工業是多元化的、專業化的。可分辨出來的遺址有：製骨場、製陶場、釀酒場、製石場、製玉場……等。其中最重要的手工藝門類是：

一、銅器鑄造的藝術貢獻

商代鑄銅場、鑄銅業，大約可分為「冶」與「煉」兩類程序，「冶」者，就是把銅礦石煉成粗銅，或精煉（再融一次）成紅銅；而「鑄」，則是把紅銅加錫或鉛，煉成青銅，並將這種銅液倒在範（即模，有陶製、泥製……等）內，鑄成器物。

這些銅鑄器物，可分為兩大類，即「祭祀器」與「武器」，這也合乎「國之大事，在祀與戎」的說法，既然是國家最重要的頭等大事，「祀」與「戎」（爭戰、征伐之意），都需要銅器為原材料，鑄銅業在商朝的重要性，就可想而知了。

（圖十七）本圖為商代的司母戊大鼎，全器高一三三公分，長一一○公分，寬七十八公分，重達八百七十五公斤，依據同期出土的商代熔銅坩鍋，容量在十二公斤銅液計算，若連控火、分銅汁的人員，粗估，至少要三百多人共同工作，才能完成，若再加上採銅、運料、製模人員，更不計其數，由此也可知，商代鑄銅業的規模了。

　　商銅祭祀器（或稱禮器），以酒器為主，食器類較少，這與宗教內涵與需求有關，型制包括有鼎、爵、鬲、斝、盉、觚、甗、罍、壺、盤、卣、尊、觶……等多類，但是，除少部份因器內銘文，有確定的名稱外，其餘名稱，多是說文解字或宋代的一些碩學儒士考證出來的，對後一部份，筆者並不敢深信，因為：第一、宋代偽器特多，常導誤研究者的認知方向。此外，宋儒多用僵化的腐儒思想，來解釋器形名稱，不但跳脫了社會、宗教考證的正確方向，尤有甚者，更強調聖王教化的用意，例如：在古器形學上，有一定份量的博古圖錄，是由南宋王黼所著，描述銅器云：「以通神明之德，以類萬物之情。」除認為器形有聖教之功外，並象徵天、地、萬物，這實在是錯舛的過份了。同書論鼎：「圓以象乎陽，方以象乎陰，三足以象三公，四足以象四輔。」……等，不一而足，這種從儒家禮俗的角度，來猜忖我國古器形，不但自陷於禮俗教條化而無法作考證工作外，並遺毒後世，嚴重影響了我國對器形學研究的進步。其實，從現有的出土資料分析，銅禮器圓形，他的祖形來自陶器；方形，則來自木器，實與陰陽無關。（如圖十七）

　　但是，在討論商代藝術品的時候，我們面臨了一個工匠與藝術家的問題，從已出土的商代銅禮器分析，我們可以知道，他是一種跨越人、神，人、鬼樊籬的重要工具，也就是通天的仲介，而其上的紋飾，則是這種功能的表達。這種藝術品的製作，並不是單純的個人工藝表現，而是形而上的宗教思維、幻想的具形化、想像的圖案化，方構成了原圖，筆者相信：這些原圖，必然受著某些約制，像眾多巫筮的同意，商王的核准，甚或經過占卜的程序，才完成草圖定案，繼而，則是一連串勞役與技藝相為表裡的工作活動，如採礦、冶、煉、製範、修模，……鑄而完成，在這些活動的結合中，筆者常思維，在商代銅禮器製作過程中，誰是藝術家？是：

　　原草圖構想的巫者？

　　核准或修改的巫者與統治階層？

　　製範修模的工匠？

　　掌握熟練青銅冶煉技術的低階工役與奴隸？

二、玉雕藝術

　　而玉雕藝術，也有相同的情形，在商代玉器中，除部份可能是方國進貢的成品，與戰爭、征伐中的鹵獲外，商王朝本身玉器的紋飾，筆者也相信，有一批專業的統治階層（可能是百工之首，也可能是巫

貞）來作設計工作，玉工只是運用熟練的技巧，把這些設計，從玉材上表現出來，參考卜辭記錄，提到工匠勞役的卑微，他們作壞了，違反了原始構想，下場是非常殘酷的，這與後世工匠（雖然階層也很低下，因為在我國歷代，這些手工藝大師的地位，從來沒有高過），多少能掌握一些相關划活的設計工作，是全然不同的，而這也是商藝術品出奇華麗、奇幻眩人、構思巧妙、難以理性分析的主因。因為構想設計的人，在與神靈交通，渾然忘我的時候，什麼圖案都能想像出來，而實際掌握技藝的工匠，不能照圖作成實物，後果下場是極慘的，可能滅族，也可能殉器。在這種無阻滯的藝術構想，與對技藝擁有者，極恐佈的壓榨中，成就了我國造型藝術，最燦爛輝煌的一頁。

　　至於前文提到玉器中，有商王朝本身所作，亦有方國的進獻，與征伐的虜獲，二者區別，主要在於玉雕的風格；因為，由於地理環境，以及史前文化發展的區域性，在夏、商期間，雖然已經建立了國家統治機器，但是，在這個疆域不大的國家外圍，仍然存在著一些部族、氏族、部落聯盟、方國，這些半獨立的團體，他們不論與夏或商政權的關係如何，只要與夏、商政權平行存在，我們用現代考古的眼光來看，他們既不是夏文化，也不是商文化，因為他們多仍保有自己區域文化的一些特色與特點。

　　我們用另一個角度，來分析這個問題，也就是說：在新石器時代後期，夏朝建立了政權，逐漸形成了夏文化，而這支文化，承襲龍山文化王灣類型的痕跡，是很明顯的，但是「禹會諸候於會稽，執玉帛者萬國」，其中就有一支在東方發展的商族（因為舜封契於商），他們所承襲的，則可能是龍山文化另一支的漳河類型，而其他地區，則有陝西渭水一帶發展的先周文化（周朝的祖先），也有龍山文化中其他類型的寺洼文化、湖熟文化、吳城文化、光社文化……等，此外，還有更外圍的細石器時代文化……卡若文化、卡約文化……等分支，仍在延續發展著。換而言之，在夏、商文化區域中，龍山文化已經被夏、商文化替代了，但是在夏、商文化區域之外，各類型的文化，則仍長期與夏、商文化共存，直至被夏、商或其他文化替代為止。

　　前述的現象，在目前已出土的考古資料中，顯示的很清楚，但是，卻常使我們對文化分類，造成困擾，而玉器的分辨工作，更是難上加難，筆者一直試圖在這上面努力，希望有所突破，但是在缺乏文史資料的支持下（殷商婦好墓出土，上刻有「卢方×入戈五」的字句，為方國進貢，則至為明顯），我們只有用器物的造型來作比對。基於

（圖十八）這一件殷商玉鱉，為我國目前所知的第一件俏色玉雕，這類雕作方式，最易討好，亦易吸引人，但婦好墓七百多件出土玉器，卻不見這一類「俏色巧雕」，顯示這類雕作方式，在中原還沒有形成，故而方國玉器的可能性很高。另據傳，婦好墓出土「俏色玉虎」，據筆者觀察，該件作品，稱不上是「俏色」作品。

前述，商玉工的自主性很低，僅能作技藝的貢獻，圖紋造型的設計，大多操縱在與宗教有關的統治者手上，而禮器中，又以銅器為最重要溝通鬼神的工具，所以，我們目前只能用玉器上的紋飾，與銅器作比對，風格相近、相似，當為商王朝製器，如若風格不相侔，不見禮器紋飾、圖騰，雖出土於商王陵，方國進獻或征伐虜獲的可能性，就很大了，即以殷墟出土的俏色玉鱉為例（如圖十八）：這件於一九七五年在河南安陽殷墟出土的玉鱉，在一塊黑白的玉材上，以黑色部份，巧作鱉甲與雙眼，白色部份為頭、頸、腹，形象寫實，神韻生動，色澤分明，尤其巧用墨玉部份，琢成雙眼，猶如畫龍點睛，使整體玉雕，更形可愛，因為，這是有明確出土資料的我國第一件巧作俏色玉雕，在我國玉器史上，有特殊的藝術地位，但是比照殷墟出土的其他玉器，只要是圓雕動物，身軀上都刻有或多或少的「卜兆紋」（筆者如此稱呼，一般玉器專家則稱卯刀紋），這種紋飾，在商玉、石、銅器上，處處可見，而此器卻不具。其次，俏色雕刻是造型藝術中，最易討好，最易引人興趣的藝術創作方式，為何只見玉鱉，不見其他動

物？在婦好墓七百多件玉器中，爲何無一爲俏色雕？商代其他王陵大墓中，爲何一件也不見？所以，純從玉器文化發展的角度，與玉器紋飾、風格的分析上，筆者認爲：這一件玉鱉，應不是商王朝的玉雕，至於出土資料，有稱此器出土於玉作坊遺址，筆者認爲：從方國的征伐中，虜獲這一批玉器、成品、半成品的可能性是很大的。

這也表示，在商代「崇神尙鬼」的文化氣氛中，玉器文化在延續發展著，而在鄰近商的一些方國部族的玉器文化，也有持續的發展，而某些造型創意上，並不亞於天下共主的商王朝，這件俏色玉雕，就是一個最好的例子。

三、甲骨卜辭琢刻，所造成的藝術影響

談商代的藝術，我們不得不再談到甲骨卜辭，這些骨片與龜腹甲上面的文字，如前文所述，就文化層面言，是商王朝的檔案資料，宗教上，則是商王朝巫卜宗教內涵的具體表現，但是不容否認，他對我國爾後的藝術發展，影響也是很大的；首先，我們前文所提到商代裝飾紋飾分解到最後，多是卜 ⺄ ⺈ 等線條，筆者稱爲「卜兆紋」，引用在玉雕、銅鑄上，豐富了我國非造型的圖案。

而就字體言，卜辭計有寫、刻兩種方式，「寫」就是用硃墨把卜辭寫在甲骨上，「刻」則是依書寫字體，予以鐫刻；甲骨卜辭的製作方式，以往常有爭論，目前出土資料多了，證實：有的卜辭，是先書再刻，有的不書即刻，也有僅書不刻，或刻後塗朱、塗墨等，各類製作方式；就文字本身而言，他雖以記事爲主，但爾後我國文字衍化成書寫藝術，甲骨文又爲我國最早的成篇記錄文字，習之表現，自然成爲藝術的一部份。且隨文字出現的書寫工具，爾後演變成製筆、製墨、製硯等我國手工藝獨特藝術，自然也不得不以商代甲骨卜辭爲濫觴。雖然，在仰韶文化陶器群中，所發現的眾多紋飾，以筆法與轉折的流暢，質硬的竹、木、骨片，是不可能表達出來的，我們相信，那時候，已經有雛形毛筆出現了，但當時用途，只限於繪彩，可是到了商朝卜辭中「先書後刻」與「只書不刻」的資料分析，我國以書寫爲用途的毛筆，已經確定形成了（所以，古籍記載秦時蒙恬造筆，顯然是不確實的，也許蒙恬以鹿毛爲柱、羊毛爲被、以竹木爲管，爲書寫的毛筆，作了一些改革）。此外，伴隨書寫毛筆的一些附屬品，如墨、硯等，在商代都已經完備了，例如，婦好墓出土的研磨調色器，我們就應該視爲硯的祖型，雖然當時使用的墨，都是天然礦物，如硃砂、赤鐵礦……等，但也可證實，研磨用墨的原理，也已形成了。所

以，綜觀卜辭對我國藝術的影響，除本身文體造型外，伴隨而出現的筆、墨、硯，在爾後，都形成我國獨特手工藝的一支，所以，他對我國藝術的貢獻，自是不能磨滅。且自商以後，琢硯、製硯，與玉雕有或多或少的工藝牽連與藝術相通，則容爾後於各朝各代，再作分析。

（圖十九）我國印章的使用，源遠流長，為我國特有的藝術，與玉雕文化，也有許多關連的地方；他的起源，目前所知，最早可追溯到商代的甲骨卜辭，本圖所示，就是刻在甲骨上的圖案，已明顯有璽印的雛形，我們稱之為「商鉨」。到了周朝，正式的銅印章就出現了。

　　此外，因書、刻並用，也啟發了我國的另一種獨特藝術，就是璽印的製作，從一些甲骨圖案上，我們可以視作商時期，就已經有璽印的雛形了（如圖十九），歷經西周，到東周的春秋戰國時期，玉印就開始出現，（如現藏上海博物館的「春安君」玉印，是覆斗紐的官印）自此以後，我國歷代，都有官、私玉印出現，形成玉雕藝術中，與文字相結合的旁支，上溯源頭，也可以看到商代甲骨卜辭所造成的影響。（如圖二十）

（圖二十）本圖為「春安君」玉印，是戰國時代官印，文字佈局，優美均勻，最難得的，是一方玉印，雖只是簡單的覆斗紐，但我們不得不承認，我國獨有的印璽藝術，已經發展完成了，與圖十九相比，我國這支藝術的演進，確是傳承有序。

（圖二十一）本圖為安陽一○○一大墓出土的大理石鳥形柱座，與圖七的「婦好鴞尊」相較，二者雖一為石製，一為銅鑄，粗看似不相同，這是受材質約制，所產生的現象，但從二器的裝飾紋，立雕的造型，足尾支撐的方式，仍可看到造型觀念相通的地方。另商代石雕的藝術性，為我國歷代之冠，但爾後，即逐漸消沈。

四、石雕藝術

　　商代藝術中，石雕所占比例相當大，從已出土的考古資料顯示，商玉工對玉材的分辨能力，極為專業化；而在我們研究新石器時代玉器時，都知道，治玉源自於治石（詳見第一冊），但自商朝起，我們可以確定，這兩項手工藝，已經各自因技術的成熟而分離，自此始，琢玉為琢玉，刻石為刻石，各自有獨立的發展路線，與藝術形成方式，互不相侔，「玉石不分」、「因材施藝」的玉石工藝，自此不再發生關連了，但是，在這個手工藝成熟的分水嶺上，我們仍可看到，在宗教的統一性下，二者服膺在特定造型與紋飾上的現象，茲以出土於河南安陽小屯村侯家莊一○○一號大墓（李濟博士所編）石鴞柱座為例（如圖二十一）：因為侯家莊一○○一號大墓，歷年來經過多次盜掘，文物早被一掃而空，此石雕材質僅為大理石，故為盜賊所不取，但若從藝術性來看，這柱座卻是難得一見的珍品，因為，在雕刻工藝

上，材質約制著技術的表現，而大理石硬度僅爲三點多，易雕材賤，易造就出極流暢的紋飾，及極凸出的造型，故此器純就藝術言，決不亞於同時代的玉雕。此外，在一九五○年前後，同樣在殷墟墓葬中，出土了一件虎紋大石磬，長八十四公分，高四十二公分，厚二‧五公分，是由靑石（石灰石）雕成，上飾以虎紋，兩端可以敲出不同的聲音，筆者相信，這也與前文所敍的石鴞柱座一般，因爲材質爲石，方爲盜掘者所棄。但是，這些體積碩大的石雕，不論線條、風格、造形，都像玉器一樣，帶著商時代的特色，統一在銅禮器的紋飾風格之下，並且可明顯看出，主導這一切藝術造型的，就是商代原始宗教的內涵與教義。（如圖二十一A）

（圖二十一A）本件石磬，出土於河南安陽武官村大墓，該地區屬殷商貴族墓葬區，證明本器爲殉葬器，全器長八十四公分，靑石製成，其上虎形紋飾與裝飾紋，均可見於玉雕與銅鑄，證明：當時玉、石工藝雖已分家，但紋飾，均服膺在銅器紋飾中。

五、陶藝的發展

　　對於我國源遠流長的陶瓷藝術來說，商也是處在一個關鍵的時代，在史前文化時期，我國中原一帶，自行演化發展出來的陶器，與東部沿海地區，自治石中發展出來的玉雕，是我國造型藝術的兩個重要支柱；其中，陶器最早可上溯到新石器時代初期的裴李崗文化，再早的源頭，目前還沒有找到，筆者相信，在木竹等原始容器，外敷黏土，以防器皿被火燒燬，可能就是陶器的起源，參考裴李崗與磁山文化的陶器，已經有藝術造型的傾向，筆者相信，我國陶器的起源，可能

在新石器時代初期，距今大約有萬年左右（目前尚不能證實）。這種我國自行發展出來的陶器文化，到了新石器時代後期，不論是龍山文化滲碳黑陶的燒陶技術，或馬家窯文化色彩斑斕的陶器紋飾，都達到了技術與藝術的顛峯，很明顯的，陶器文化已經走到了藝術的十字路口，就在這時候，銅器出現了，作爲器用與武器，成了主要用途，武器關乎國家的存亡，民族的生死，斷不可能回復到較差的石器，可是在生活器用上，銅器一出現，就被禮儀化了，上鑄紋飾，成爲薦神祭鬼的仲介，用途被神權與政治狹隘了，也就在這種時空背景下，我國的陶器文化，產生了重大的變革；首先，在採銅、辨玉的過程中，商朝先民對礦物方面的常識豐富了許多，也可能他們在冶銅製范的過程中，知道有些不同材質的細土（即瓷土，又名高嶺土），可以燒出比另一些土（陶土，黏土的一種）更好的器皿；另一方面，因爲冶煉銅汁的溫度，必須在攝氏一千度左右，使商先民在窯灶的設計上，也有一些突破，在這兩個客觀條件的成熟下，辨選出好的瓷土，燒成溫度的提高，我國的瓷器，正式出現了；雖然，瓷土的品質，並不是很純，燒出的成品，也有一些瑕疵，但是，從陶器過渡到瓷器的重大進步，卻是在商代開始的，因爲，我們從商代墓葬出土的大量陶器中，發現了以瓷土燒成的白陶，及塗釉燒成的原始瓷器。

（圖二十二）圖示這件陶豆，材質不是陶土，而是良好的瓷土，證實：商代因爲冶銅的啓發，對陶的材質，有深入的瞭解，才能作成此器；也因爲這種進步，才啓萌了我國最具代表性的手工藝——瓷器藝術。

　　（如圖二十二）這件在殷墟（安陽小屯）出土的白陶豆，分析他的材質，可以確定不是用含鐵量高的一般陶土，而是用含鐵量較低的瓷土製成（因為土質的含鐵量過高，在焙燒過程中，使陶胎體呈現紅、灰、黃、黑等不同顏色，並使成品胎質結構鬆軟，故而一般陶器，都具有份量輕、易滲水……等諸多缺點），而殷商的白陶，因為是使用瓷土，所以，燒成後，胎的表裡均呈白色（或略帶黃色）。目前，我們研究這些白陶的燒製過程，應是：先選得細緻的瓷土，再經淘洗篩檢，製成陶胚，再用陶拍拍打，待半乾時，細琢花紋，在燒成溫度攝氏一千度左右，燒成成品，這些白陶，雖已用瓷土，但是，因為未上釉，及燒成溫度還略偏低，瓷化的狀況並不完全，所以，吸水性還有百分之七到百分之十八之間。但與一般商代陶器相比，其明顯的進步，是不容否認的。據筆者所知，商統治階層對這類器物，是相當重視寶愛，否則，不會在一些精品上，精工細刻，具有溝通鬼神性質的紋飾（成品略差的，則只刻以幾何紋）。但是，因為生產上的困難，與清末民初，殷墟被各路人馬盜掘破壞的極嚴重，商代白陶器傳世非常少，目前據知，可信的殷商白陶成品，約僅一、二十件，殘片也僅有千餘片（例如河北藁城商代遺址，僅出土白陶殘片九片），我們就知道殷商白陶的珍貴了，但是，從這些有限的出土資料上分析，白陶應與銅器一般，是作為殉葬用的禮器，因為他都出土於墓葬，而且僅是重要都邑附近的大型墓葬。這種珍希的藝術品，在我國甚或世界的陶瓷界，都是極重要的歷史文物，因為他標示著，人類文明一個重要的進程。

　　此外，商代因為重視銅器的鑄冶，對高溫的掌握，已經具有相當的經驗，所以，釉瓷產生了。（如圖二十二Ａ），這件出土於河南省鄭州銘功路商代中、早期墓葬中的原始瓷，是盛酒器的一種，名為「尊」，經分析，他的材質，是由高嶺土（磁土）製成的胎胚，表面並施有高溫釉，從釉色燒結良好的狀況來看，窯溫至少在攝氏一千兩佰度左右，也因為如此，胎質磁化情形很好，吸水性只有百分之〇・五以下，輕叩，則有金屬悠揚之聲，這件器皿，不論從那個角度分析，絕對已經是完全的瓷器了；雖然，在同期甚或後期遺址中，也有一些類似青瓷片出土，部份則不是如此完美，但總的來看，商代瓷器形成，已經是不可否認的事實了，故學者多將這類瓷器，稱為「商原始瓷」。在一般瓷器的定義中，除胚為瓷土，燒成溫度高到足以使瓷土磁化，使成品有金屬清越之聲外，釉藥更是一個重要的關鍵，這種「變

（圖二十二Ａ）本器為商代墓葬出土
的原始瓷，造型端莊，樸實均勻，材質
是選用細緻的瓷土（高嶺土）製成，上
刻弦紋與幾何紋飾後，再敷釉入窰燒成
，整器燒結情形良好，釉色光潤，顯示
在商時，我國已經開始發展出瓷器了；
但是，仍有一些墓葬出土的原始瓷殘片
，材質酥鬆，表示當時，仍在發展的初
期。

瓷為玉」的化學變化，使瓷器表面具有玻璃一般的光澤與色彩，視感
與觸感，都足以引起人們對美的嚮往，兼而也增加了瓷器的堅度，筆
者深信：這也是在商代形成的，因為：上古燒窰，多用就地取用的木
材為原料，當窰燒到特定的高溫，材灰中的石灰鹼，因融化滴在焙燒
器上，形成了玻璃光澤般的效果，人們經過觀察研究，嘗試用柴灰，
事先塗在器表上，相信，這就是我國「變瓷為玉」的「釉」的起源。
這種推論，應是合理的，因為商的原始青瓷，都是鹼性釉，當是用木
灰或石灰石來配釉，也因為如此，釉中含有部份的鐵質，使瓷器器表
顯現青或青黃色；從此，我國歷代工匠們，在瓷土的淘洗上下功夫，
在配釉的方法上作研究，在窰溫的控制上累積經驗，形成了我國獨特
的瓷器藝術，光耀於世界。但是，不可否認的，在商朝，青銅器的冶
煉，提高了燒窰的溫度、礦土分辨的能力，是促成原始瓷產生的重要
原因，這也就是工藝技術彼此相關連，互相影響、帶動的一個好例
子。

六、貴重金屬藝品的出現

　　同樣的，因為青銅器的大量鑄造，熟練了工匠的技藝，更帶動了
其他貴重金屬的冶煉，例如：金、銀被提煉出來了（一般資料顯示，
金器的使用比白銀略早），在商代早、中、晚期遺址中，都有一些數
量不多的小型金飾出現，如金箔、金片、金葉等，顯示商先民，不但
可以提煉黃金，並且已經累積經驗知道，金的延展性比其他金屬高很
多，而且運用這個特性，來表現黃金，（黃金的延展性，為所有金屬
中第一）；近年，在北平市平谷縣劉家河的商代中期墓葬中，出土了

金臂釧兩件，金耳環一件，及一件金髮笄，重一〇八公克，經鑒定並作金相分析，確定爲鑄造物，含金量達百分之八十五以上，就是一個明證。

　　我國自古金、玉並稱，列爲最高價値之物，如：「金鑲玉」、「金玉艮緣」……等，此二類珍稀物品，一爲金屬，一爲礦物，但都有不朽的特性，金可再鑄、硬度低、延展性强，玉則硬度高、堅韌難琢，各具工藝美術製品的優缺點，但是黃金出現的時候，只因爲他的珍稀而爲價値的代表，而玉器除此之外，則更因爲他的歷史淵源（商以前的史前文化），已躍入禮器的範疇了。

第四章 ◈ 商代的玉器

第一節 ◇ 商王朝的玉器介紹

　　商代在我國歷史上，可以說是相當重要的一個朝代，因為，我國最早的成篇文字，就是出現在這段時期，可是，他出土的文物，卻歷經環境的變遷、人謀的不臧，造成大量的流失與湮滅（前文敍及甲骨文的發現，就是一個例子）。而從信史記載，歷代歷朝對商代古文物的重視，都以銅器為主，因為：

　　第一、自商中、後期，銅器上出現了銘文（即我們現在所稱的金文），這些古文字所代表的意義，為一般儒士所重視，認為是先王教化所遺留，具有聖學意義（其實並不是如此），如許愼在說文解字中曾記敍：「郡國亦往往於山川得鼎彝，其銘文即前代之古文。」所以，對三代銅器的蒐藏與研究，在我國是很早很早的，大約自漢初，就已經開始了。

　　第二、史記・封禪書記載：「黃帝作寶鼎三，象天、地、人。」到春秋時代左傳，則更明敍：「桀有昏德，鼎遷於商，商紂暴虐，鼎遷於周。」所以，鼎已變成政權的正式代表，在這種理論下，加深了統治階層對三代銅器的迷戀，每有出土，則以祥端視之，因而更重視銅器。

　　而對玉器則不同了，因為長遠以來，我國文士對玉器文化內涵的不瞭解，使銅器、玉器的古董價格，直有天壤之別，在這種風氣下，使歷朝歷代遭盜掘出土的商代玉器，被「輕視」「作踐」的很嚴重。例如，我們近代常會發現，商代傳世玉器中「古玉改雕」、「古玉重雕」的情形很多，就是在這種輕玉重銅的蒐古觀念下造成的；最常見的，就是磨去古玉上經土沁、土咬、土蝕過有紋飾的表面，露出玉心，作為配飾，筆者曾不只一次見過，磨去紋飾，僅留輪廓的商代鳥形佩，可見一斑。殆清末民初，列強窺伺，殷墟發現甲骨卜辭的消息，轟動世界，中外收藏家，走火入魔般蒐集甲骨，哄抬至甲骨中有文字者，以銀計數，每兩銀子一個字，在利之所趨下，愚民瘋狂盜掘，不但破壞了遺址面貌，更扭曲了古文物的內涵價值，每發現銅器、甲骨，古董商人則坐等收購，出土玉器，則隨意計價，漫不在乎，民初，古董商人盧芹齋、黃濬，都是專門蒐購中華古文物，售與洋人以漁利

的殷實古董商，親口謂曰：「玉器不值錢，遇到好欺的老實洋人，也只能一件賣幾個銀元。」在這種情形下，洋人多金，好欺老實的也多，所以，商代古玉僅自民初流落國外者，就不知凡幾，遇到好的收藏家，捐贈給博物館，尚成為人類共同資產，如若不幸，則這些珍貴文物，湮滅於異邦，永無歸日，筆者每聽遺老碩學談及這段往事，均愴然不已。

目前，傳世與近年出土的商代玉器，以商中、晚期居多，商代早期鄭州地區遺址，玉器發現的不多，型制上有環、佩、玦等飾品，與少部份肖生器，但製作多粗糙不整，數量也少（不知是否商墓多遭盜掘、擾動之故）；但是，在陳列器中，玉戈的比例，則相對的較多（比諸其他禮器），如若我們從文化發展、國家形成的角度來看，國家的領土、人口與武力，為形成國家的主要因素，從二里頭文化後期（夏末），到商初興起的玉戈形制，正是時代變遷、武力大興的徵兆，也是商代玉器的特色，因為商是我國第一個以武力奪得政權的朝代，商湯曾自言：「吾甚武。」號稱武王，而這種新形式的武器，使商建立了龐大的帝國，列入明等列的禮器，是自然而合理的，但自商以後，玉戈的出土資料，就漸漸少了，託稱西周禮器的玉戈，若不是斷代錯誤，就是偽製。春秋以後，除了古玉再入土的特殊狀況，幾乎已經沒有玉戈的製作了，玉兵器中，代而興起的，則為玉劍飾，這些玉具劍上的裝飾，雖詩經・小雅敍述：「瞻彼洛矣，維水泱泱，君子行止，鞞琫有珌，君子萬年，保其家室。」但裝飾炫耀的用途，已經超越禮儀用器的範疇了。

自新石器時代石武器轉化成玉武器，在器形上，由玉斧、玉刀、玉鏟，演變到玉鉞、玉璋，賦予禮器、權利的內涵，繼而商朝玉兵器中，玉戈大量出土，在玉器文化的演進上，是有關鍵的意義；而其後，玉劍飾的繼續出現，除了文化的演變外，我們也應該視為人文主義逐漸興起的現象，至此，玉武器就已經脫離器的範疇，逐漸消失，偶爾有些小型玉刀、玉匕首，基本上已經屬於個人玩賞品、裝飾品，已不再具有禮儀的文化意義。所以，商玉戈在我國玉器文化中，可以說是上承史前時代的禮俗，作為禮器，象徵軍事、政治權力的一個高峯，同時，也是玉武器作為禮器時代結束的開始。

筆者研究近年商玉戈的出土資料，再觀察各地博物館藏品（尤其是流傳海外，現分藏於國外各博物館的商代玉戈），筆者深信，在商代每一個諸侯、方國，都有商王室頒送的玉戈，以為實行統治權，代

商王行使軍事行動的象徵，諸侯或軍事將領死亡，則隨之入土；而方國諸侯，則也有製作玉兵，作爲儀仗，以示軍事力量，若呈獻給商王室，則表示軍事權納入商的統轄，有納貢與臣服的多層意義。

（圖二十三）本圖所示大玉戈，係一九七四年出土於湖北黃陂盤龍鎮商代墓葬，是目前所知，所有出土與傳世玉戈中，最大的一件，長達九十三公分，本器刃部一邊略平直，一邊弧彎，非製作不工整，而爲商代玉戈特徵之一。

　　（如圖二十三）所顯示的這一件玉戈，是目前所知商代玉兵中，最著名的一件，因爲他的體積，極爲碩大，全器長九十三公分，最寬達十三、五公分，於一九七四年在湖北省黃陂縣盤龍鎮的商代大墓中出土；出土時，此器的擺放位置，是在椁底的腰坑內，全器由靑黃色美玉雕成，重達十幾斤，在扁平形體上，未有紋飾，但刃、內（戈的後部，裝柲使用的部份）分明，刃部一邊略直，一邊略呈弧形，刃中起脊，而在刃前端約十公分處，刃面呈略放大狀，似爲加強此器的殺傷力，但全器卻不見使用痕跡；就工藝美術欣賞的角度來看，此器並沒有很高的藝術性，甚至在造型上，連美觀都談不上，但從此玉器的文化層面來瞭解，這件玉兵的價值就不同了，他是商方國在西南方統治者的信物，與軍事統治象徵，他的威權意義，是不容小覷的。這件玉器，是目前所知，傳世許多商玉戈中，最長、最大的一件，特具價值。依據出土墓葬相關資料研判，本器約屬商代中期（或中、早期），爲當時玉雕狀況，提供了第一手的研究資料。

（圖二十四）本圖即爲「乍册吾玉戈」玉質良好，作乳白色，微有褐色沁浸，全器製作工整，收尖銳利，但卻不見使用痕跡，從出土於甘肅地區得知，本器應爲商代方國的儀仗用器，但從銘文分析，恐爲商王朝所頒贈。

　　其次，大陸於一九七七年在甘肅省慶陽縣的商代墓葬中，出土了一件長三十八點六公分，厚約○‧六公分的大型玉戈（如圖二十四），這件玉戈，上有銘文，位置在內（戈柄）與援（戈刃）分隔的「欄」前方，如若「內」部份因裝柲而纏繩，或嵌入銅中，則銘文正好位於援的底部，銘文用陰線刻「乍册吾」三字，筆意似甲骨卜辭，而連續性略差，顯得刀工不夠犀利，但以字形比對，約爲盤庚遷殷初期的卜辭筆意，故約可斷爲商代中期的玉器，本器起脊平順，收尖工整，援部前端尖刃處，呈不等邊三角形，略向外凸，與前圖二十三大玉戈的刃面，有異曲同工之妙，前鋒銳利，無使用痕跡，「內」部末端作出一些小凸脊，其下用雙鉤碾刻殷商圖騰獸面紋，琢工精細，兩面都類似，爲典型的商代玉雕風格，並飾以「卜兆紋」。參諸卜辭，盤庚遷都殷後，曾多次討伐西方的方國鬼方（即今稱匈奴的一支），此器約爲方國臣服後，商王賜予的信物，以承認他的統治權。參諸墓葬其他出土資料，如此推論，應爲正確，而與甲骨卜辭筆意相合，亦足證明。

　　商玉戈型制複雜，大小不一，再加上宋代仿品，很難讓人理出一個器形規範的頭緒，筆者依個人鑑玉經驗，認爲分辨商代玉戈，可從

下列各點著手：

第一、從戈面前半部分析，有作對稱的三角形，或不對稱的三角形（即前述二圖），呈對稱狀，則收尖工整，脊線亦將戈面分割成對稱的兩部份；而不對稱者，戈刃端部，則多作成略向外膨脹，爲此類兵器，最凶猛部份，使戈面兼具「血槽」、「易使空氣流入」、「易拔出」等諸多殺傷力增強的效果。

第二、紋飾分佈，有在內、在援、內、援都有的各種形式，筆者研究，這與縛柲的方式有關，總以整支玉戈陳列後，獸面圖騰能顯露出來爲目的，若不如此，精雕細琢紋飾後，被器柄遮掩或分割，如「錦衣夜行」，所爲何來？但偏有許多僞器，未見於此，故眞假立辨。由此，我們也可知道，在商時期，戈雖爲最重要的武器，但尺寸大小，尚未劃一，縛柲方式，各代各地也有不同，而從出土銅戈觀察，亦有這種現象。（如圖二十四Ａ）

（圖二十四Ａ）本圖爲傳世的商代玉戈，我們細分析其上紋飾，分別飾於「內」的底端，與「援」的近「內」處，如此，縛柲展示時，紋飾均可露出，再參酌刀工、沁色，此器必然爲眞品；但據目前所知，商代戈形武器的縛柲方式，各地尚未劃一。

（圖二十五）本圖爲最具代表性的「銅
內玉戈」，考其源起，自商初期，即有
出現，顯示銅器製作，在商時，已可很
熟練的運用了；這種銅、玉鑲嵌的玉兵

器，常因入土久遠，致使銅、玉分離，
但從玉器「內」部沁色狀況，可以窺出
端倪。

　　第三，複合武器部份，有「銅內玉戈」及「內」部鑿孔，直接縛
柲兩類，銅內玉戈出土較少（如圖二十五），主因係銅、玉嵌接，二
者材質不同，入土銹朽程度也不同，造成銅內脫離，但部份出土玉戈
，「內」的部份，色澤灰黑混雜，兼或有朽蝕現象，而玉戈叉面，則
光滑平順，僅有沁斑，未有嚴重蝕咬，則多原爲銅內玉戈（銅部份已
湮失）。惟若此鑲嵌入銅的部份，既遭土咬，又滿佈紋飾，表現出曾
以銅爲內的現象，則當爲宋後仿品，這種後仿玉戈，筆者所見甚多，
當爲僞作之人，不明玉器型制，想像而作。毫不足取。

　　第四，玉戈上有銘文者，少如鳳毛麟角，極具考古與文史價值，
但筆意必當與甲骨卜辭相近似，若出現篆、隸書體，必爲贗品；另銘
文多極簡扼，字數特多，長篇累牘者，無一爲眞品；因爲，銅器上出
現銘文，都是在殷商中、後期的事，銘文亦僅數字，到西周中期，長
篇銘文的靑銅器，才逐漸多起來，故而若殷商玉戈出現長篇銘文，眞
假也就不辨自明了。筆者曾見一器，典藏者視如重寶，並不輕易示人
，戈援上刻有三十餘字，筆意似卜辭，紋飾、作舊極似眞品，但拓出
文字細予研究，居然是一篇完整的卜辭，包括有：

　　㈠敍辭：記述占卜的時間與詢問人。
　　㈡貞辭：敍述要詢問的事情。
　　㈢占辭：甲骨經燒烤出現的吉凶卜兆狀況。
　　㈣驗辭：占卜結果應驗的情形。

　　這是相當令人詫異的，玉器上面出現卜辭，不知道其中的占辭，

是否真是烤玉出兆？這件玉器的真假，也就很清楚了。

　　近百年來，我國古文物流失的情況很嚴重，而殷墟挖掘，不過近數十年的事，甲骨文的被發現研究，也不足百年，在這段商代文物流失的過程中，魚目混珠的情形，也是很多，早期，西方古文物收藏者，對我國文化，不甚了了，許多博物館依捐贈者的敘述來斷代陳列，而這些捐贈者的資料，則多來自古董商，所以舛錯、偽假甚多，即以紋飾言，商玉器上的獸面紋（饕餮紋）及其裝飾紋飾，只有一個源頭，就是商的宗教，別無他源；雖然，在造型分析與宗教意識形態的瞭解上，我們還有許多、許多疑問，但是，就已出土的銅器紋飾，作比對基礎的資料，已經夠豐富了，所以，近二、三十年來，世界各大博物館中，對紋飾不對、不合理的陳列品，都已經逐漸剔除，筆者就曾在一極知名的世界級博物館中，看見琢有忍冬花紋，標示為商玉雕的文物，早期列為永久展示品，近年被剔除的例子；在國外人士，大量投注財力、物力的研究下，對商代文物斷代、分類，均有豐碩的成果，反觀國內，一些雜有不明圖案，甚或雜有佛教紋飾的偽作商代玉器，卻大行其道，收藏者並不停購入，實為一大諷刺。

　　近年，研究商代玉器，較前清、民初，更方便一些，因為，有完整出土記錄的商代墓葬，較以往多了許多，其中尤以婦好墓的出土，使我們對商代玉器的瞭解，又跨出了一大步，主因係：

　　一、婦好墓從未經擾動，在安陽小屯村殷墟中，是極為難得的。

　　二、婦好地位特殊，為目前惟一可與甲骨卜辭相印證的商代重要人物，其墓所出土文物，對研究商史，甚具參考價值。

　　三、婦好墓出土玉器特多，一墓達七百五十五件，對傳世商代玉器的參考、比對，極具貢獻。

　　婦好墓所出土的大量玉器，可分為：儀仗禮器、工具、生活用器、裝飾器……等各類，從部份玉器所飾的特殊紋飾觀察，這些玉器，基本上都為王室所專用，一般商民是不能使用的，所以，除了少數進獻、貢品，具有方國特色外，一般應都具有禮儀性質（因為只限王室佩掛）；而以材質分類，新疆和闐玉所占的比例相當高，約在百分之八十以上，但仍有部份材質為岫岩玉、南陽玉與美石。

　　如圖二十六所示的「獸面紋嵌綠松石象牙杯」，在婦好墓中，一次出土兩件，置於墓主身側，雖不是青銅材質，但依筆者觀察，似仍具有禮儀用意，杯高三十點五公分，杯體是由中空的象牙根部，修整而成，杯口略敞，中部微縮，杯底則又略敞，並鑲有象牙材質的圓形

（圖二十六）本圖為「獸面紋嵌綠松石象牙杯」，一次兩件，出土於婦好墓。本器所嵌綠松石，極其細緻，圖紋結構美好，使全器因色澤的搭配，更顯高貴，我國自上古以迄明、清，牙雕、牙鑲工藝品甚多，但從未有過本器者。

底，整體造型，近於青銅禮器的「觚」，但杯身側，附有一象牙材質的鋬（把手），故名之為「杯」；杯身分四段，飾以獸面紋，紋飾眼部及部分花紋，選擇性的嵌上打磨精細的綠松石；鋬上端作出鳥形紋，臣字眼、鉤形嘴，為典形商代器形的鳥圖騰，這種源自：「天生玄鳥，降而生商。」的圖騰，不論出現在任何商代器物上，此器必為王室貴族器用，部份學者將此類造型與鴟、鷹混淆，實為嚴重的認知錯誤。

這件象牙杯，杯體為圓雕，紋飾用縷雕、陰紋、鑲嵌，作出複雜的圖騰紋飾，雜而不亂；鑲嵌部份，則運用綠松石與黃白色的象牙作色澤搭配，並透過陰線與縷空的不同光線折射，造成整器的強烈藝術效果。綠松石為我國自史前即常為先民選用的美石之一，又稱松玉，古名「琅玕」，在良渚文化、齊家文化、二里頭文化遺址中，多有出土，因其色澤特殊（有稱其色似松而名之，筆者認為，應係渠原礦石，狀似松果而得名），而又較一般美石略軟，故而常用作嵌飾，以至於近代；但據筆者所知，松石鑲嵌器中，作工之細，設計之美，則以此器為冠，歷代歷朝，未有再過之者，而由此，也可知商代手工藝進步的情形。

（圖二十七 A、B）本圖所示：即為「玉跪坐人」圓雕，雖僅高七公分，但以小見大，仍可看出玉人神態的安詳與高貴，尤其衣著的華麗，卷冠的端莊，顯示本器，絕非泛泛的「玉俑」；筆者認為：從本器耳形的雕琢方式觀察，與腰左寬柄形器的形式分析，本器可能是商王朝，極受崇敬人物的圖像。

　　另婦好墓中，出土玉雕人像一批，為商代玉雕所難見，如圖二十七A、B，此器雖僅七公分高，但雕作細緻，造形特殊、生動，為極有名的一件婦好墓玉器，但爭議也很多，就此器的用途言，即有不同的猜測，有人認為是玉俑，作為婦好的陪葬，有人認為是玉樂人，供婦好泉下享用，也有人自玉雕的神情與佩飾物分析，認為即是婦好本人；筆者認為：本器的地位，應較這些猜測為高，身份雖不能確定，但當為一件禮器，在墓中作為鎮墓之用；因為我們參考與此器一同出土的其他玉人像，即可知：（如圖二十八A、B）

（圖二十八 A、B）本圖所示玉人，氣質、姿態，均不能與前圖相比；尤其從衣著分析，前者長衣至足，著鞋穩跪，氣度安詳；而本圖玉人，則短衣至膝，赤足跪坐，身似前傾，明顯為服役的下人。

（圖二十九）本圖「人面紋方鼎」，係一九五九年出土於湖南省寧鄉縣黃材村，內壁有「禾大」二字銘文；目前所知，整個商代，以人面為鼎者，僅此一件，甚具參考價值；本器耳形，與圖二十七所示「玉跪坐人」相同，與面部寫實的狀況完全不同，證明圖二十七的玉雕，具有禮儀用意。

前者帶冠，身著衣，交領於胸、腰束寬帶，衣緣下至足踝，足似著履，並佩柄形器。

後者結辮，雖亦著衣，但露胸部，衣下緣僅至小腿，赤足無鞋。

二者從服飾上，就可看出有貴賤的差異；另在跪踞神態上，前者作跪坐狀，態度平和安詳，後者則明顯身往前傾，略作垂頭狀，二者身份懸殊的神態，已呼之欲出；另此二玉像，面部均極寫實，眉目宛然，鼻、口亦與近代常人無異，但耳部雕作方式，則明顯不同，後者以寫實的方式，雕出常人一般的耳形，而前者，則作成方形耳，依面部寫實的雕法，玉匠沒有道理在耳部無法寫實雕刻，我們參考一九五九年出土的殷商人面紋鼎，人面極寫實，與常人無異，而耳亦作成極不寫實的方形（如圖二十九），這件方鼎內近口處，有銘文「禾大」二字，屬商代晚期作品，確定為祭祀用的禮器，以此觀之，圖二十七之玉雕，為禮儀、祭祀用的圖騰，當具說服力。此外，這件玉器的髮辮、頭飾、衣飾、束帶，均雕作表現真實，但腰左側所插的一件柄形器，卻難倒了所有玉器專家，有稱為武器、佩杖、潔具（類似拂塵）……等，不一而足，但考諸其他出土資料與文史記載，均無法解開此器之謎，筆者認為：從衣飾寫實的狀況來研究，這件柄形器，沒有理由不寫實，除非這件玉雕所描述的不是凡人，則渠佩飾，自非凡人所能用！雖然，我們相信商代敬天尊鬼的宗教內涵中，並不很提倡偶像崇拜，但是筆者從人面紋鼎，及一些人面紋飾，運用在重要的青銅禮器上（就如人面飾於鼎上）來觀察，這件僅七公分高的玉雕，所表現的，應是商族最崇敬人物的圖像（可能是先祖）；所以，筆者一直思考，這件作品，是不是我國第一件神像圓雕？如是，則他的重要性，則不僅限於他的藝術性，而更具歷史與文化價值了。

此外，在婦好墓中，也出土了另一件極具爭議的玉人雕像（如圖三十A、B），這件玉器高十二‧五公分，厚約一公分，在一青灰色的和闐玉上，作出扁平的人像，而略現圓雕形式，但足下留有凸出的短榫，可與其他器物，插嵌複合，在拙著「史前篇」的玉器介紹中，曾提到：複合工具的器形分析，是玉器型制研究上，很困難的一個課題；本器就是一個明證，現在大家都認為，本器為柄形器的形式之一（見中國美術全集玉器篇），但筆者難以同意，因依此器形的製作形式言，為兩面雕，在面形、髮式、身高、四肢均相同的情形下，一面雕男性、一面雕女性，男女性徵，均表現的很清楚，如若作為柄形器，這種始於史前，盛於二里頭文化、商，到西周以後，則逐漸減少消

（圖三十Ａ、Ｂ）本圖即為「玉立人嵌飾」，從器形分析，本玉雕不可能是器柄；本器兩面雕，一作男性，一作女性；雖確定出土於婦好墓葬，但似具有濃郁的方國玉雕特色。

失的玉雕形制，雖然確實的用途與複合方式，我們目前都還不能完全瞭解，但是他的基本形式，已經固定了，多為方或圓柱形，有的光素，有的則鐫刻多節圖案（有圖案者，多為原始宗教的圖騰），作為宗教儀式器用的可能性，是很高的；但是綜觀本器，為扁平形，寬度是厚度的四‧五倍，下榫極小，末有洞穿可資固定，作器柄難以連接他器，亦易斷折，所以筆者認為：這件玉人，當不是器柄，而是直立插嵌、陳列之用，也惟有如此，短榫即足運用，但其下所複合為何種材質？形式如何？筆者尚不敢斷言；而其造形來源，則更令人迷惑，因其上紋飾，既不是卜兆紋（婦好墓出土圓雕，不論何種動物，表面多以卜兆紋裝飾），面部造型，也不見殷商王朝玉雕的特徵，這是：

　一、方國的進獻？
　二、方國被滅後，婦好鹵獲的戰利品？

　　三、婦好表彰自己的勇猛，不讓鬚眉，雕作女性，另一面又可轉化成男性？

　　四、人類畸形發育中的雙性人（即陰陽人，具男、女性徵於一體）被發現後，視爲靈異，予以崇拜，並製成圖像？

　　這些可能性，就只有從更多的出土資料，來找答案了。

（圖三十一）本器雕成戴冠佩環，卻赤身、赤足的玉立人，雙手拱抱於腹前，其上沁色眞實；尤其雙腿微分開、彎曲的造型，爲長期跪坐所形成，極寫實可愛，雖未有明確出土資料，當可斷定爲商代玉雕。

　　另殷商玉人雕像中，有一件「玉拱手立人像」（如圖三十一），這件現藏於上海博物館的人像，高十公分餘，沒有明確的出土記錄，因爲形制特殊，與一般殷商正統玉雕，紋飾不同，而受到許多學者的質疑；針對此器，筆者認爲：斷代爲商代器，確具慧眼，因爲我們參諸其他田野考古的出土資料，我國商代，以跪坐爲主，有「箕」與「踞」兩種方式，自漢、魏以後，才有垂足坐的改變，歷經隋、唐至五代，垂足坐的生活方式，才逐漸普及，而在長期的跪坐影響下，對人的下肢，可能造成一些影響，例如：近年仍以跪坐爲主的鄰邦，孩童自小訓練跪坐，久而久之，腿部即發育成兩腿分立彎曲（俗稱羅圈腿）的體態，即與本件玉雕，腿部表現方式相類似（前圖玉雙面裸人像亦可供參考）；商後周公製禮作樂，玉雕男女均作袍服，且很少出土，已不見針對腿部的寫實表現，故而本器也可作爲商代人物玉雕的特

徵之一，後代已不復見，筆者多年前，曾見一鑲嵌玉立人飾，足下有榫，兩腿亦雕此器形狀，據稱確爲小屯墓葬中出土，從玉質、刀工、玉色觀察，確爲出土老玉，但缺乏資料比對，直至本器圖片公開，筆者方恍然大悟，至今印象深刻。

（圖三十二）本圖爲「玉獸面紋簋」，婦好墓一次出土兩件，置於槨頂，東西排列，并配有骨勺與銅匕，從出土位置與其上獸面紋飾分析，本器當爲「禮器」，亦可證明，在商時，不論銅、玉材質，都可作禮器，而禮器的「通天」功能，主要在於紋飾。

在婦好墓中，尚發現了一對玉獸面紋簋，一件材質似青色和闐玉（如圖三十二），一件似獨山玉製成，出土相對位置，是在槨頂上，東、西相對排列，內置有骨勺二把，銅匕（盛食用具）一件，二器大小相若，口徑均在十六、七公分之間，高約十一公分，器壁厚約〇·六公分。「簋」，爲我國早期盛食物（如稻、稷、黍、梁）的器皿，從竹部，是一種相當普遍的盛食器，後至商，以銅鑄成，飾以宗教紋飾，成爲禮器之一；此一對玉簋，未置棺內，而置於槨頂，並配以骨勺、銅匕，顯爲薦供上天鬼神的禮儀用器，以求保護死者婦好的墓葬。故而這一對玉簋上的紋飾，與銅器紋飾相類似，雖僅以陰線琢成，但仍强烈保留了銅鑄器形與線條的特點，爲我國目前所知，最早的

一對玉製器皿，也爲我們所認知的，<u>商</u>獸面紋飾，才是溝通人鬼之間
的關鍵，作了完整的註腳。

（圖三十三 A、B）本圖即爲失傳已久
的「玉韘」原形，用途爲拘弓弦之用，
一般多石、銅製，後則以皮革製作居多
；從甲骨卜辭查考，婦好爲巾幗英雄，
曾多次代武丁征伐四方，其墓出土玉韘
，當爲合理，但從其上紋飾觀察，本器
爲皇室專用，一般<u>商</u>代兵卒用「韘」，
當無紋飾。

　　在我國固有文化中，「射」爲六藝之一，僅排名在禮、樂之下，
爲文士君子所必習，但他的配件，「韘」的形式，卻無人可知，雖<u>詩
經</u>記載有「童子配韘」之語，<u>說文解字</u>也解釋：韘是骨製皮繫的拘弦
器，但我們一直不瞭解，直到<u>婦好墓</u>出土了一件玉韘（如圖三十三A
、B），才使我們知道它的確定形制，但是，這件卻是用<u>和闐玉</u>雕成
，玉質爲青綠色，因入土久遠，沿著玉材原有的玉璺（玉材上的冰紋
），已沁成褐色，表面也因受地熱、地壓，吸收土層中的色素，形成
土染的現象，加上器形的特殊，其上獸面紋飾的配置勻稱，使整器呈
現出極優美的曲線，這件海內孤品的玉韘，給了我們一些提示，對瞭
解爾後玉器形制的發展，有相當的助益，如：
　　第一、參諸古籍，本器應稱「韘」，爲我國射箭佩具之一，應無

疑問，早期爲骨製，爾後沿革成皮革制（因較柔軟，好操作，易護指），又因骨器易朽，故而形制失傳了很久。

第二、塞外民族長於騎射，亦有拘弦器的使用，後至清代，演變成指飾中的「扳指」，此二者用途相同，而源起各不相干。（惟從拘弦後扳的用途，稱「搬指」、「般指」、「斑指」均不妥，應稱「扳指」。）

第三、本器所飾紋飾精美，布局均勻，參諸青銅器圖飾，可知此爲「統治者」（王戚與貴族）的專用紋飾，一般「民」、「奴」是沒有資格享用的，應爲婦好生前用器。

可是，這件玉韍，到底是否爲實用器？抑或爲實用器的型制，以裝飾爲主？目前還有爭議，但筆者仍傾向，將此器列爲「武器」類。

（圖三十四）本件玉斧，材質精美，當爲和闐玉，形制、雕工均佳，惟其柄端呈黃綠色，一般出土古玉，難呈此類沁色，可證明本器，原有銅「內」，其後再縛綁於柄，如今銅內銹蝕湮失，方呈此類品相。

另在婦好墓出土玉器中，有一件武器形制的禮器，更值得我們探討，就是圖三十四的這件玉斧（或稱玉鉞），長十公分，厚約二·六公分，是由青綠色和闐玉雕成，剖面爲扁橢圓形，上厚下薄，由兩面斜削成弧刃，曲線勻稱、優美；在斧面上，由商代傳統玉雕紋飾的繩眉、臣眼，構成一獸面，獸眼滾圓突出，表達出獸面慧黠而不猙獰的形象，使象徵爭戰「兵凶器危」的武器，轉化得較具藝術性。本器上

端末作修整，但出土時，呈青、黃、褐、白等沁色，當可證明，本器頂端原鑲嵌於銅內之中，再從孔中縛柄，從此器造型分析，即可知，當爲象徵墓主軍事權威的禮儀用器。我們也可以想像到墓主婦好，生前身著征衣，指掛玉韘，手持柱斧，身佩玉飾，四周玉戈儀杖環伺的盛大場面，與瀟灑英姿。

（圖三十五）婦好墓共一次出土玉龍九件，但本器頭大猙獰，身卻纖細卷曲，且不成比例縮小，這是否爲「有首無身、食人未咽，害及其身。」的饕餮圖像，值得我們探討。

　　此外，在婦好墓中也出土了一批玉龍與玉鳳（玉龍九件，玉鳳一件）的玉雕，雖均爲佩飾，但因墓主身份特殊，在具有王族專用的紋飾下，亦極具參考價值。如圖三十五這一件玉龍圓雕，爲深綠色和闐玉雕成，高五‧六公分，長約八公分，龍頭部在比例上略大，張口露齒，狀似凶猛，繩紋眉、臣字眼、磨菇角……等，商代玉雕造型特點，一應俱全，體飾方矩紋，身有兩足，背有凸脊，但身體後一半，明顯細小，尾部曲捲，與頭部相比，狀極纖細瘦弱，略顯畸形，另下頜中，有一對穿的小孔，可穿系作佩飾用；從這件玉飾中，我們可以找出一些疑問，像：婦好墓一次出土龍形玉雕九件，爲何作此紋飾入墓？若當時龍已有帝王符命的象徵意義，爲何出土在后妃之墓？且數量如此之多？爲何僅作成佩飾？筆者認爲：殷商銅器常作獸面紋（即

又稱饕餮紋），參考古史傳說，及呂氏春秋・先識覽提到：「饕餮，有首無身，食人未咽，害及其身……」是否這就是，殷商人認爲具有溝通天地、跨越神鬼樊籬功能的神獸，如果如此，這件佩飾不成比例的下半身與凶猛的頭部，似乎就可以找到答案了；但到底是否如此？在我們沒有把商宗教的內涵，完整的研究出來前，筆者亦不敢肯定。

（圖三十六）本器爲婦好墓中惟一一件玉鳳，其紋飾不同於「殷商神鳥」，且更簡約，但造型之美，玉材之佳，卻爲婦好墓中第一；尤其似仿璜的身軀與尾翎，把玉材的堅硬特質，也能掩蓋，眞爲神來之筆。

除了前述似龍形佩飾外，婦好墓也出土了一件「玉鳳」（如圖三十六），筆者認爲：這是殷商承襲史前文化，對鴉、鳥的崇拜，與本身始祖爲玄鳥之後的傳說，融合而成的一個新造形，從這件最早的玉雕鳳形佩飾出土，可使我們對殷商玉雕的造型方式，有更深入的認識。

首先，我們先瞭解「鳳」在我國的起源，自史前，人類在蒙昧時，就對飛翔有無限嚮往，致而對猛禽產生了崇拜的現象，迄今爲止，我們所知道世界各地的史前文化演進中，都有以鳥羽爲佩飾的階段，這就是人類心底對飛翔嚮往，引伸衍化而成的行爲，其後，則各有不同的演變與發展；在我國，則發展出飛翔成爲超自然、超人類、超現實的表徵，尋常可見的馬，若能飛，則成了「龍」，怪獸、獅子具有翅，則就不再是獅子，而是「辟邪」、「孤拔」了。可是在現實世界

中，眞正具有飛翔能力的鳥類，不論大、小、凶、猛，還是受到自然法則的控制，與其他生物一樣，也有生、老、病、死的限制，但是，基於對飛翔的嚮往與迷信，先民們從自己的想像中，創造出了一種，在自然界並不存在的神鳥，他有各種鳥類的美麗與優點，爲祥端的表徵，代表了喜慶、吉祥、和平……等，號稱爲「百鳥之王」，這就是鳳的起源。參諸後世的記載，如晉朝皇甫端對鳳的敍述：「雞頭、燕啄、龜頸、龍形、鱗翼、魚尾，其狀如鶴，體備五色。」與此件玉鳳作比較，雖然在造型上，還稍有差異，但我們可以確定，鳳的造形，在殷商時代，已經完成了。

綜觀本件玉器，是使用一塊扁平的黃褐色玉，用類似近代側面剪影的雕法，作出輪廓，使全器呈似璜的半弧形，從外側的凸圓紐分割，兩個弧度是相當對稱的，全長十三‧六公分，厚約○‧七公分；在其上琢出陰線圓圈形的眼，利用鏤空雕法，作出鳳冠與短翅，在翅上，只象徵性的作出剔地陽紋，略爲勾捲，顯示翎毛，這種在寫實風格上，摻雜寫意的象徵手法，爲殷商玉雕藝術的最高成就，後世有模仿，但無一可及，僅以此玉鳳身翅上象徵性的翎毛而言，任何藝術家，都無法再斟酌的增減，確爲神來之筆；鳳的尾部，出二長翎，略以鈎翎互連，不作任何紋飾，而鳳尾的飄忽自然，躍於器表，筆者對此器的曲線，曾作分析，發現每一部份的線條，都極流暢自然，表現在極硬的玉材上，似使玉材產生隨手可彎的幻覺，這種高水準的藝術表現，除了顯示商代玉雕造型藝術水準的高超外，更表現出商代玉工的刀工之利與磨工之深了。

（圖三十七）本件玉鵝，雖亦爲商代玉雕精品，但造型之美，仍差前三六圖玉鳳甚多，這種玉雕的藝術性，非僅刀工的多寡，也非圖樣的模仿，而是玉雕者，靈光乍現的捕捉，本器雖費工甚多，造型也甚凸出，但仍無法與前器相比。

　　除了這件玉鳳外，婦好墓也出土了大量的鳥禽玉雕（如圖三十七的玉鵝），這件玉雕手法，與前圖玉鳳相似之處為：同用側面剪影的方式，作出輪廓，紋飾採用陰線與雙鈎來表現，兩面都作相同紋飾；不同的是：此件玉鵝眼作鏤空，身上紋飾結構略異，雙足并立，在頭部與足部都有小穿。這件長約九‧八公分，厚僅○‧二公分，玉鵝的用途，大部份學者認為是佩飾，亦有人從上下各有一穿孔的現象，認為是嵌飾，可縫在皮毛、布革上，筆者雖較認同前者（因為嵌飾不可能作雙面雕），但從頸、足各有一穿的狀況分析，可能是婦好的組珮之一（下尚繫其他玉飾或珍飾），但從未有人提出這種說法，而筆者手頭亦缺乏當初出土相關位置的資料，不知是否正確？

（圖三十八）本圖二器，無穿孔可繫，且足下有榫，當為嵌器中的直立飾件；商族居處黃河下游，長期為水患所困，屢有遷居，陰濕之地多蛇，而鵝自始即有剋蛇的天性，不知是否因此，使商族常雕琢鵝形以展示。

　　但圖三十八兩件玉鵝的用途，則可確定與圖三十七是不同的，因為此二器，不但頸上無穿，而且明顯的足下有榫，當可認定為嵌器。雖然，目前幾乎所有器形學者都認為，這類器形為「器柄」，但長遠以來，筆者一直存疑，因為，用扁平如這兩件玉鵝的形狀為器柄，是很容易折斷的，尤其鵝頸部份，特細又呈彎曲狀，卻為全器受力的支

點，是很不合理的，所以筆者認為：此二器應與前三十圖，同為直立插嵌、陳列之用，本圖右較小的玉鵝足部榫旁，鑽有一穿，應為恐榫嵌不牢的加強狀置（可再用繩縛）。如若我們的推論合理，則圖三十九的玉鳥形玉雕的用途，也就不言而喻了，這件玉雕，極具特色，全器長十三公分，略帶土斑與黃褐色沁，這種沁色，在入土古玉中常出現，偽作者常以燒烤著色，但二者很容易分辨，本器僅從刀紋中入沁的狀況觀察，即可知決非偽作；在器形上，以雙足與垂尾構成平衡直立的造形，是商立體鳥造型的共同特點，本器雖有下榫，但仍作成這類造型，顯示本器決非泛泛佩飾與器柄，再參諸本器材質的精美，雕工的精細，當為婦好生前的主要儀杖之一，尤其奇特的是，這件玉鳥頭上，飾有層疊矗立的冠飾，極為難見，這到底是殷商重要的冠飾（王后之冠）之一，抑或為「工就料」，在玉器設計時，特作成這種裝飾，因為缺乏具體資料，目前無法比對。

（圖三十九）本器材質精美，耳、目、爪、翅、喙，都表現出商代神鳥玉雕的共同特點，但頭卻飾一矗立的冠，不知此為商代正式冠飾，亦或工就玉料形狀作成；惟從足下有榫可知，此當為婦好個人主要儀仗之一。

（圖四十）殷商服飾，極重冠飾，本件石雕出土於安陽小屯村，鳥形的花紋、造型，與一般商代器風格相同，其頭部凸分出二支，有人稱之「角」、「耳」……等都不對，與圖三十玉立人嵌飾比對，應均為頭飾。

（圖四十一）商族起源，傳說是「天生玄鳥，降而生商」。所以，商族的共同圖騰，即為此類鳥形，造型雕琢，雖有不同，但卻都是「小異」而「大同」。筆者認為：應稱此類造型為「商代神鳥」，在早、中、後期商墓葬中，均有出土，為商玉雕中的一種普及器形，世界各大博物館多有收藏。

　　但是，從已出土的銅、玉、木雕中，我們可以觀察出，商的衣冠傳統中，特重視頭冠與頭飾，并且，在許多禮器圖騰上，賦與他冠飾，以像徵人、獸的合一與親近，例如圖四十（這是現存於中央研究院的石鳥形立雕，一九三〇年代在安陽出土）他的頭上角狀物，有人稱

耳，有人稱角，有人稱羽，筆者認為：與圖三十的玉立人嵌器相比較，則可知為頭飾，此外，從前述玉鳳、玉跪坐人……等，都可看出，殷商王朝對冠飾的重視。而其中表現最具代表性的，則為如圖四十一的玉鳥，這種鳥形飾，在世界各博物館中，偶有典藏，可稱為商玉雕中，較普及的器形，但是據筆者所知，目前對他的名稱，就沒有統一，有稱為鴞、鳥、鳥紋、鸚鵡、怪鳥……等，不一而足，筆者認為：他既然為商代較普及的禮儀器形，在以前或以後都不復見（偽作則另當別論），在史料沒有確定他的名稱前，我們不妨統稱為「商玉鳥」，以免因為各家對器形認定的不同，各自命名，混淆不清；類似這種鳥形，在婦好一墓，即出土二十多件，姿態不同，但整體造型，卻大同小異，以此件玉雕言，作簡單的側面剪影，但略現圓雕，足與尾羽作平衡的支撐，臣字眼，彎鉤嘴，兩面雕，花頭冠內卷，形成一種華麗之美，全器長十三公分多，厚約一·五公分，最寬三·二公分，經品評，均公認此器為殷商鳥形玉雕中最佳作品。

綜合前述「商玉鳥」的異同之點，我們可以規納出：

第一、商玉雕，已經有具體的紋飾規範，可以互相結合堆砌，但似乎有專業藝術修養的人，作審核或設計。

第二、商玉器的雕工順序，在作成粗胚後，先在預定的位置鑽孔，再用銅線鋸沾解玉砂作成器型，所以在鏤空部份，雖經修整，但仍可看到先鑽孔，後鏤空的痕跡。

第三、從商禮器動物造型，重視冠飾的習慣來看，台北故宮博物院典藏的商玉鳥嵌飾（如圖三），應該不是「龍食鳥」、「龍鳳交合」或「神鳥馱負龍升天」，筆者認為：這僅是一件玉鳥圖騰，而頭上的龍，則可能是冠飾（龍冠飾，首大身小的琢刻風格，與前文似龍形佩飾相近。這種特徵，也可作為我們分辨商代似龍玉雕的依據）。

除了片狀剪影造型的玉鳥飾外，婦好墓也出土了一些圓雕，如圖四十二A、B，這兩件鳥形玉雕，一為直立，一為臥伏，但所表現的玉雕風格，卻是相通的，與其他殷商工藝品相比較，也都可以看到相互模仿的影子，即以本圖的直立型玉鳥而言，與同墓出土的婦好鴞尊，就相當類似（如圖七），這件鴞尊，圓眼彎嘴，小耳高冠，胸部兩側飾以夔紋，兩翅飾蛇紋……等，許多地方，與本器不相似；但以整體風格而言，玉鳥粗壯直立的雙足，與下垂的尾羽，平衡支持軀體，鳥嘴的造型，併攏的雙翅，都可以看到造型相關連的地方，此即為工藝美術品，表現出時代風格的共通性，二者雖大小不一，用途不同（

（圖四十二 A、B）此二圖均為圓雕，形式上一立一臥，但細分析其風格，卻仍統一在「商代玉鳥」的造型下；世界各史前文化中，形成對動物崇拜的例子不少，多把動物圖案化而為圖騰；商代對鳥的崇拜，圖騰的形成，也是如此。

尊為酒器，後有一鋬，故在造型設計平衡上，較挺胸），但他的時代特色，卻仍可觀察出來；如果我們用這個角度，來看本圖的臥伏玉鳥，就更可知道，前面外伸，飾有三爪的，當為鳥足，而後部似足的支托，我們就不應該認為他是足了（而且其上也無爪飾），應當是想像力豐富，精於造型的藝術家，用象徵的手法，雕出垂羽，以作為全器平衡之用。這兩件玉鳥圓雕，前者在頂部，有一圓穿，可作佩飾，是

很明顯的；但後者，許多人認爲：鈎嘴自然彎成圓穿，可佩掛，筆者則不敢確定，也許這是一件陳設用玉器呢！否則，爲何雕作時，強調置放的平衡。

（圖四十三）本件玉虎圓雕，材質爲新疆和闐綠色玉，亦有稱「和闐碧玉」者，與前述玉龍材質相近，而頭形雕作、表現方式也相同，不知爲何如此巧合？但本器造型，無論如何觀察，必當爲虎無疑，故本件玉雕，亦爲我國目前所知，第一件玉雕虎。

　　在婦好玉器圓雕中，也有一些動物圓雕，如圖四十三的玉虎，高三‧五公分，長約十四‧一公分，玉料呈青綠色，虎似伏臥，方頭圓體，長尾斜直，但尾尖上捲，這是目前所知，我國最早的一件虎形圓雕。我國地處亞洲大陸，虎爲其中最大的貓科動物，殘忍凶暴，來去無踪，長期以來，居民都以「山君」稱之，信史所記，春秋、戰國時期，就賦予了「虎」神化的地位，所謂「雲從龍、風從虎」，在四靈中「青龍、白虎」併列，明顯的把這種動物，提升到與龍併駕齊驅的神靈異獸地位，筆者相信，早在商的巫卜宗教時代之前，就已經開始把虎神化了。而且巧合的是，這件玉虎與前圖三十五的玉龍比較，二者雖有差異，但頭、嘴雕法，卻極相似，都是方頭，張牙咧嘴，獠牙猙獰，欲作噬物的形態，並且兩件玉雕所用的材質，也很相近，沁斑也類似，約都是和闐綠玉，不知爲何如此巧合？
筆者註：目前所知，仰韶文化中蚌砌龍、虎造型，爲我國將虎神化的起源。

（圖四十四）本件玉象，高僅三‧三公分，長六‧五公分，象身圓潤，象鼻高舉，並回捲成一小圓孔，尤其象鼻的雕作，雖似柔軟，卻又表現出力感，配合面部的細眉小眼，使全器產成一種諧趣，爲商代動物雕中的上品。

　　而在婦好圓雕中，有二隻玉象，如圖四十四所示這一具，高三‧三公分，長六‧五公分，象鼻高舉，四足平穩站立，在祥和中，透出些許動態意味，爲殷商動物玉雕中，難得一見的佳作，因爲，殷商玉雕動物的製作，大多傾向於穩定、靜態之美，而本器卻顯示出靜中有動的特殊風采。

　　在呂氏春秋‧仲夏紀‧古樂篇中記載：「商人服象，爲虐於東夷。」證明商朝有騎象的部隊，並且曾出動討伐過東夷族，而從甲骨文中，我們也找到「獲象」的記錄，證實殷商時期，象在我國黃河下游，是普遍存在的，並且也爲商族利用，作軍事力量與運輸工具，也許就在這種對它神力與貢獻，感恩的心態下，作成象形狀的禮器，往年，曾有一件製作精美的殷商銅象尊（其背蓋爲一小象）流落國外，令我們婉惜，幸好一九七五年，大陸在湖南省醴陵縣也出土了一座商代象形尊，如圖四十四Ａ，造型與流落國外的象尊極相似，雖背蓋已失，但與本件玉雕象比對，二者的造型，確是相互貫通，而且相近，只是青銅象威武端莊，而本玉象，則在平和中，透露些許諧趣而已。

（圖四十四Ａ）本器青銅象尊，出土於湖南省醴陵縣，造型風格與圖四十四玉雕象相似，雖然銅器紋飾較華麗，但整體造型，仍有相通之處；從此二器觀察，商代宗教，已把「象」列為神物，具有通天的功能。

第二節 ◈ 已知商方國的出土玉器介紹

　　已往我國對疆域、領域的劃分，都是採用華夏、東夷、北狄、西戎、南蠻的五分法，雖然我們現在來看，是有一些大漢沙文主義的意識型態，可是從玉器文化發展的情形分析，自夏以迄商，中原玉雕已不像新石器時代，沿海高於內陸的發展形態，中原確取得了宗主的地位，姑不論他是殘酷宗教培養出來的，亦或是壓榨、剝削形成的，自此之後，我國玉雕藝術，已在中原匯成主流，代代推陳出新，迭有佳作，而東、南、西、北，則因國家疆域的擴大，而逐漸融入其中，不再顯現出強烈的地方特色了；而商時期，方國因向中原貢玉……等，多層政治、經濟的原因，更顯示出地方玉雕，被融合匯入中原主流的現象。

　　從詩經‧商頌：「相土烈烈，海外有截。」的記載，再參考商族發展於黃河下游的記錄，在東方的方國，不但很早臣服於商，而且被商文化取代的很徹底，所出土的玉器，都有商玉雕的特色。

　　在西方，則有發跡於渭水平原的周族興起，到商末，紂王就曾賜他討伐諸侯與其他方國的權利，可見在長期的兼併中，周族是形成在商西方，主要的一個文化圈，古本竹書紀年曾記載：

（武乙）三十四年，周王季歷來朝，武乙賜地三十里，玉十瑴，馬八匹。

除了證明周族的強大，商王武乙必須對他相當假以辭色外，也證明，他們已經有自己的琢玉手工業了，有關這一部份，我們留待周文化中，再作討論。

但在北方的方國，卜辭中記載相當多，而且名稱也很複雜，例如：目前已經出土的夏家店文化，分佈區域就很廣，最北已經超越了遼寧省的西拉木倫河，最南則越過河北省的拒馬河，也就是從遼河以西，包括北平的燕山南、北路，都在這一支文化的範圍內，他的時間延續，自早商到西周時期，左傳昭公九年，記載：（周景）王使詹桓、伯辭於晉，曰：「……及武王克商，……肅慎、燕毫，吾北土也。」從西周初年，所謂的北土，應該就是商王朝的北方邊境，肅慎、燕毫也就是夏家店文化的主要部份（但還是有一些更小的氏族方國），這些區域，與商往來密切，出土玉器，也多帶有商器的風格，但數量不多，少數墓葬出土一些個人飾玉，卻未見精美，參考前述夏家店文化的範圍，我們知道，他涵蓋了新石器時代的「紅山文化」，而這支文化，本來是極具玉雕特色的，但是到了商時期，除了普遍器形璧、琮、璜、環、玉片、串珠外，已不見地方色彩，顯然紅山文化玉雕，除了少部份爲中原吸收，已隨著原始宗教的衰退、式微而消失了，璧、琮……等形的玉器出現，也顯示中原玉雕的型制，已經影響了這個區域。

而在卜辭記載中，與商族衝突最多的是鬼方、土方、舌方、山戎……等，這些居於商朝北方或西北方的民族，從史籍資料分析，土方、舌方爲塞外民族之一支，而鬼方、山戎則爲匈奴之別名，因爲史記、匈奴傳中記載的很清楚：「匈奴，其先祖夏后氏之苗裔也，曰淳維。唐虞以上有山戎、獫狁、葷粥，居於北蠻，隨畜牧而轉移。」史記・五帝本紀索隱謂葷粥曰：

「匈奴之別名也，唐虞已上曰山戎，亦曰熏粥，夏曰淳維，殷曰鬼方，周曰獫狁，漢曰匈奴。」

目前，從已出土，但不是很明確的這些塞外民族遺址中，可以看出，玉器文化在他們當中，並沒有形成，在夏、商時代，這些塞外民族的控制範圍，因爲勢力的消長，時大時小，燕支、祁連、崑崙等產玉山脈，常爲其控制，但卻不見出衆的玉雕，這當然與游牧民族的習俗有關。

　　所以，自商起，我國玉器文化的中心，就一直在中原延續，其他地區，或曇花一現，或僅具個人首飾特色，已不足為道了。但是，每當塞外民族，入主中原一段時日後，不但融入了中原玉器文化中，並且為我國玉器文化，增添了許多的異族風味，也豐富了我國玉器造型的門類，如遼、金時期的「春水」、「秋山」帶板，元朝的「瀆山大玉海」，清朝的「乾隆雕」與翡翠的興起……等，容爾後各篇章中，再逐一介紹。

（圖四十五）本圖所示為鈴首劍，出土於我國北方原細石器文化、紅山文化區域。筆者曾言：我國玉器文化得以萬年延續，因為賦予玉器一種不能替代的價值。但這支文化，則似乎沒有形成這種現象，所以，初期雖有玉（美石）工具、武器，但更好的材質青銅出現，玉器就被淘汰了。

　　另我們從夏家店文化範圍的遺址中，出土的銅製鉤內刀與鈴首劍（如圖四十五）來看，這些極為特殊的刀劍形制，也許就是紅山文化早期，一些片狀玉製刀器的流緒吧！筆者在本書史前篇中不斷強調，我國玉器文化，得以萬年延續不已，除了與政治、文化、宗教相結合外，最主要的，就是：我們先民賦與了玉器一種不能替代的價值，而在我國北方的紅山文化及部份細石器文化，因為沒有產生這種現象，所以，當新的、更好的材質，如青銅出現後，玉石刃器即迅速被取代，轉眼即已消失無踪了。

　　可是比較特殊的，卻是在商西南方的古蜀方國，也許因為宗教的因素，仍然保有用玉的傳統，其型制、發展，與中原殷商略有差異，筆者在前文中，曾提到四川廣漢出土玉器的資料，因為這些玉器，在我國流傳頗多，故亦於此，作一說明。

（圖四十六）本件青銅人像，出土於四川廣漢三星堆遺址，全器高六四·五公分，寬一三八·五公分，是銅器中的大件，其上紋飾，刻、鑄并用，使整體造型，顯示出神秘奇奧的風韻，雖目前我們尚不瞭解其用途，相信必與宗教有關。

　　對照甲骨卜辭，古蜀國是商時期方國之一，是毫無疑問的，因為，甲骨文中有：「貞蜀不受其年。」就是一個例子，從廣漢三星堆遺址的堆積層研究，這支先蜀文化，應是獨自演化而成，到了新石器時代晚期，也受到夏文化的一些影響，他的區域，大約在現今四川境內的成都、雅安、漢源一帶，而以成都平原為中心，並且建立了相當龐大的都邑與市廛，在藝術文化表現上，他的青銅器，獨具風格，與中原殷商及其他方國都不同，尤其一些大件的銅鑄器，如重達數百斤的青銅人面像與青銅神樹（如圖四十六），都顯示這支文化，宗教藝術的地方色彩；而在大量的出土玉器中，璧、琮、環、璜都有相當數量，顯示古蜀方國在玉雕型制上，雖有新石器時代的地方特色，但已逐漸與中原玉雕，趨向統一，但在玉兵器方面，則既具地方特色，又可看到二里頭文化影響的成份，最為特殊。

　　依筆者對三代玉器的瞭解，廣漢出土的玉器，除了型制較特殊外，沁色特顯斑爛，這除了玉器材質多為地方美石外，蜀地陰濕，也為主要原因之一。

　　如圖四十七，這件素面玉琮，就是在四川省廣漢縣三星堆遺址出土，高十一公分，直徑九公分，中心為一透穿的圓孔，外體則呈略弧

形的方角，上、下有射口，從器形來看，與中原西北出土的夏、商玉
琮，形制大體相同，而這種奇特的琮造型，決不可能在不同地區，同
時發展出來，這除了顯示古蜀國的玉雕技術，與中原有交流外，也證
明，在大的方向上，是匯流於中原。

（圖四十七）本圖所示玉琮，爲四川廣
漢三星堆出土，這種我國特有的玉器形
制，不可能在兩個史前文化區，同時發
展出來，足證明：先蜀文化仍受到中原
玉雕影響，本器材質，略現黃色，亦具
有蠟狀光澤，但應爲地方美石。

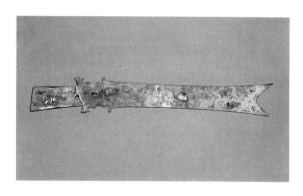

（圖四十八）本件玉璋，長達五十六公
分餘，出土於廣漢遺址，依地層資料分
析，其年代約在商、周之間（前圖四十
七玉琮亦同），但因目前先蜀文化分類
工作，未臻周全，故筆者暫將此二器列
爲商後期；本器材質呈褐色，而有粉白
色斑紋，當爲地方美石。

　　另如圖四十八的玉璋，也是在廣漢同一地區出土，在形制上，與本書第一冊所介紹的二里頭玉璋，造型相類似，這也證明，古蜀國在文化交流上，與夏、商仍保有連繫，但很可能夏對他的影響大於商，因為，在眾多玉器形制上，都有二里頭玉器的風格，但是，他本身仍作了一些修正，加入了自己獨特的玉雕特色。

（圖四十九 A、B）參考此二件出土於廣漢三星堆遺址，屬於商代的牙璋，明顯具有地方玉雕特色，同時也看到，受中原二里頭文化的影響。古蜀國玉器出土，特顯斑爛風采，因其材質并非和闐玉，而係地方美石。

　　（如圖四十九 A、B）的璋形器，雖然在援部刻有扉齒，略帶二里頭文化玉器的影子，但在整個形制上，仍充滿了獨特的地方風格，尤其大開的刃部，已有向刀發展的趨勢，也都表現出方國的特色。

（圖四十九 C ）本圖所示，為先蜀文化出土的璋形器，因形略似魚，故出土時，即命名之為「魚形牙璋」，但此器僅為武器，為地區特殊形制，與「魚」無關。

　　又如圖四十九 C 的這件玉武器，許多專家都認為是魚形牙璋，以附會古蜀國為魚鳬氏所創的傳說，筆者認為，是不對的，古蜀國玉器偶有鳥紋，這是一個事實，參考銅器，也足證明，但硬把這件武器說成魚，以附會魚鳬氏，是完全錯誤的；筆者認為：這是古蜀國受中原夏、商兩朝玉雕的影響，所作出來的新型制，他既有夏代牙璋的特點，也有商代玉戈的部份造型，因而形成此器，若硬說成魚形，是不合理的。

（圖五十）本器作有邊牙的斧形，近斧背處，有一對穿的圓孔，此孔與邊牙，均為縛柄所用，本器弧刄雖未見使用痕跡，但從器身所留，略暗色沁痕觀察，本器確曾縛柄使用，但可能以儀杖展示，為主要用途。

　　另又如圖五十的玉斧，為廣漢玉器中，出土較多的一類，但大小不一，有略圓，或略方之分，但基本造型，都與此器相近，本器長十八公分，刃寬八·五公分，厚約一公分，近斧背處中央，有一個對穿的圓孔，斧腰兩邊，各有五個外突的扉牙，這種扉牙，在廣漢玉器中，常雕成五個（但也有例外），可能與捆紮木、銅柄的習慣與方式有關，此器仍具有濃厚的夏文化玉器風格，可足證明：在商之前，古蜀國與夏朝的文化交往，是相當密切的。

　　在商代建朝的六百多年裡，因為爭戰的併合，疆域的擴大，交通的便利，使玉器材料、製造技術與器形創造上，都已經不像新石器時代，由各地區獨自發展，古蜀國玉器就告訴了我們這一點；雖然，筆者僅簡單的介紹了殷商四鄰少數的幾個方國，但實際上，數目還要多很多，我們從有限的甲骨文字中，就可列出如：亘方、邛方、龍方、黎方、基方、犬、郭、旨、雀、盂……等，不勝枚舉。

　　但是，我們必須要認識的是，在我國文明起源之初的新石器時代，玉器文化依附政治與宗教，隨之興盛，在不同的文化區，都有不同程度的發展，彼此之間，無所謂主從，無所謂隸屬，可是到了商朝，我們已可認識，中原商王朝的玉雕，已是主流，方國對玉器文化或造型藝術上，偶有貢獻，但都匯流到商（筆者認為貢獻不是很多），主從關係已經很明顯了，自殷商始，我國玉器的主流，就是中原，爾後歷代歷朝，從未動搖過他在這方面的宗主地位。

第五章 ◈ 結語

　　從我們前敍的資料，總結商王朝的狀況，他的軍事力量，一直保持強大，社會階層、樊籬，明顯而嚴格，一般平民之下，尚有大量的奴隸，這些身不由已、命賤如畜的工奴，在主人的驅使下，從事各種工役，也就在這種不合人性的制度中，造就成了商代極其燦爛輝煌的藝術成就，如牙雕、製銅、玉器、石雕……等。

　　而一般的商平民，或耕種、或從商，但都須對商王有所助耕或貢獻，在個人財產中，以貝爲主，個人佩飾有貝，也有美石，但是不得具有商代禮器的紋飾，生活上食用五穀，平民多食豆（貴族吃麥），服麻布衣服，居住在半穴居式的房屋內，而王室與貴族的宮室，則爲夯土台基，明闊廣大，衣服則爲絲帛。在信仰上，商人迷信一種自然崇拜與祖先崇拜揉合的原始宗教，任何大事，都需要向鬼神詢問，擔任中間工作的占卜師，爲貞人，使用的方式，是骨卜與甲卜；此外，爲了紀念祖先，要求鬼神保佑，則定期實施祭祀，所使用祭祀的禮器，以青銅器爲主，其上的紋飾，具有討好、溝通鬼神的功能。

　　在藝術文化的成就，不論陶器、玉器、骨器等各方面，都能呈平均發展，但都圍繞在宗教、祭祀的主題上，若抽除宗教，商則無文化可言。而在宗教祭、奠等儀式中，除了殺奴隸與動物爲殉外，更大量使用酒，因爲酒後的醺然狀態，似可幫助人、神溝通，所以商代青銅禮器中，特多酒器，而商末的統治階層，幾乎個個「酗酒」。

　　也因爲在商宗教中，相信某些特定的紋飾，具有溝通天、地、鬼、神的功能，所以，紋飾也就成了探討商宗教文化的重要資料，但殷亡後，周公制禮作樂，並作酒誥，勸導子孫戒酒，並以商亡爲戒，繼而孔孟的人文哲學思想中，也對商朝明神尚鬼的思想，很不以爲然，孔子甚至公然說：「敬鬼神而遠之。」，所以，殷商很多祭禮、奠禮的資料，都已經失傳了，自宋以來，歷代都有學者研究，也有不同的論點，本書不再轉述，但與玉器有關者，筆者略提數點，以爲本篇的結束。

　　第一、商的宗教哲學思想，是建立在以神鬼意志爲主的思維方式上，包括王室、貴族，都必須服膺，而王則是在地上執行神鬼意志的最高代表，簡而言之，就是某種形式的「君權神授」。人與神、鬼的交通，占卜時，用甲骨來卜，中間人是貞人；祭祀時，要靠銅器皿上某些特定設計的紋飾，才能完成溝通，這種思維模式與行爲，造就成

了商代最偉大的文化成就，那就是「甲骨卜辭」與「青銅禮器」。商
一代的玉雕，除極少數的個人首飾、佩飾外，「玉仿銅」的說法，基
本上是正確的。（如圖五十一）

（圖五十一）商玉器的風格，「玉仿銅 　上紋飾，雖極繁複，但仍可看到玉器模
」的現象，非常明顯，本圖爲山西呂梁 　仿的影子，而本器形，也就是爾後玉雕
縣商代後期墓葬出土的「龍紋觥」，其 　「角形杯」的起源。

　　第二、因爲商王朝的宗敎、政治型態特殊，在朝廷、貴族、諸侯
的廟堂上，都有一些知識份子，即包括貞人的一些巫師，他們浸淫在
特殊的宗敎思維中，創造出了眾多的圖案化紋飾與特殊藝術造型，而
同時，商的王室、貴族，又擁有眾多的奴隸，畢生從事一種工役，在
這兩種社會地位極端不同的專業人士結合下，創造出了商禮器中，繁
褥、美麗，後世難以理解的眾多藝術精品。所以，商代玉雕中，具有
圖騰紋飾者，我們都應該用這個角度來理解，在判別眞僞上，與靑銅
紋飾多作比對，是可行的方法之一，此外，亦可從圖紋結構的鬆緊分
析中，尋見端倪。

　　三、基於前述兩點，在商大多數的人物、動物玉器圓雕造型中，
形成一個奇特的現象，就是造型極寫實，刻虎似虎，雕象似象，琢人
類人，但是，在造型表面，則刻上一些由卜兆紋組合而成的怪獸、圖
騰圖案，與動物的毛色，人類的衣飾，毫無關連（但偶有少部份例外
）。

　　四、除了前述宗教主題外，商代玉雕造型的另外兩大來源，一是生活用器，如武器、工具中的戈、刀、碎、鐮、鑿……。另一種來源，則是史前玉器文化的餘緒，如琮、璧、環、璜、玦……等。所以，想僅從形制來分辨商代玉雕，是很困難的，因為他出土的造型品類，實在太多了。

　　五、從商大墓已出土的玉器資料觀察（包括婦好墓），在商時期，禮器的主流是銅器，玉器雖也有禮儀用意，但較凸出的，是他的價值性，筆者深信，在商代，玉材、玉器也是代用貨幣的一種，更是財富的象徵。雖然，從和闐玉、南陽玉、岫岩玉……地方美石，混雜使用的狀況，我們知道，該時「玉」的定義，還很模糊，可是，從精美的作品，多是和闐玉所製來看，商代玉工對玉材的分辨能力，已經很高了。

　　商朝最後一個君主是紂王，是歷史上有名的暴君，其實，紂的能力是很強的，司馬遷記載形容他：「聞見甚敏，材力過人，手格猛獸，知足以距諫，言足以飾非，矜人臣以能，高天下以聲，以為皆出於已之下。」所以，紂本身天賦的能力，再加上商宗教的理論，使他成了一個自大以至於自狂的獨夫，「厚賦稅以實鹿台之錢，而盈鉅橋之粟」，殺忠臣，虐百姓，醢九侯、脯鄂侯、剖比干，終至眾叛親離，而亡於渭水平原興起的周族。

　　依據逸周書、世俘解稱：「商王紂，取天智玉琰五，環身厚以自焚。凡厥有庶告，焚玉四千。」同書中，另載有：「凡武王俘商舊玉，億有百萬。」參考史記所載：「紂兵敗，登鹿台，衣其寶玉衣，赴火而死。」的敍述，逸周書‧世俘解的記載，似有所本，但是，「俘商舊玉，億有百萬」的數量，實在多的離譜，童稚亦難以深信，所以，有多位碩學大儒考證這個數字，有的認為：應該再除百；也有的認為：應是「一萬四千塊寶玉」……等。但筆者是相信「億有百萬」的這個數字，因為我們從玉器文化的角度來分析，商代玉器，已具有貨幣功能，其意應該是：「武王俘虜了商的大量庫存舊玉，價值億有百萬貝（為商幣制的單位）」，如此就合理了，參諸卜辭中，商王稱玉為「貨寶」的狀況，及紂王「實鹿台之錢，盈鉅橋之粟。」的財富累積，及甲骨卜辭，也常有這種用字遣辭的文法；所以，筆者認為：將玉器量化成貨幣數目的推論，應是正確的。

　　此外，「紂王衣其寶玉衣，赴火而死。」顯示紂王既求死，又衣寶玉衣，乃是取玉的珍貴裝飾，以示盛裝而亡；也間接證明，起源於

新石器時代的玉器斂屍觀念，在商時期，因爲巫卜宗敎的發展，而有頓挫。

目前，我們雖然已經知道，禮記成書的時代很晚，約在戰國時期，記載的許多玉器形制，滲雜了戰國時期思想，並不足徵信，但是，在某些立論、評論上，則頗有見地，例如在表記篇中，對商朝的批評，確是一針見血，筆者茲錄之於後，以爲本篇的結束：

「殷人尊神，率民以事神，先鬼而後禮，先罰而後賞，尊而不親，其民之弊，蕩而不靜，勝而無恥。」

【第二編】製禮作樂，分封諸侯的西周

依正史記載，周朝是我國有史以來，歷時最長的一個朝代，達八百多年，但是實際上，他統治中原的時間，僅限於西周，到了東周春秋時期，雖然，諸侯霸主常以「尊王」為口號，並奉行「周」王朝的年號，但周王室對諸侯，已無拘束力量，甚至周王室本身，也有了分裂；繼而戰國時代，覬覦周朝王位的強國，此起彼落，只因彼此的牽制，方使周王室在不足數縣的領邑上，苟延殘喘，到了西元前二五六年，東周王連絡諸侯擊秦，為秦所敗，並被攻破周都洛陽，秦廢周王為平民，至此，周正式滅亡。所以，把周朝八百多年列為一個階段，雖有統一之便，但從政治、經濟、文化、藝術上，來觀察這八百多年，我國各方面的進步，不但是相當快速，也是階段清晰，尤其從玉雕的風格上細分，銜接轉折、段落分明；故而筆者為便於介紹玉器，將周朝劃分為：一、西周，二、春秋時代，三、戰國時代，的藝術階段來作說明。

第一章 ◈ 周朝代商而興

第一節 ◎ 周族的起源與興起過程

目前，我們對商王朝的確實享年，與紂亡的年代，還無法算的很準確，因而有不同家派的說法，例如：依竹書紀年記載：商享國四百九十六年。三統曆則說六百二十九年。筆者認為：籠統的計算，從西元前十六世紀，到十一世紀的這一個階段，劃分為商代，就可以了。

在商最後一個君主商紂的後期，社會狀況，已經失序，就如詩經・大雅篇所描述的：「如女（汝）殷商，如蜩如螗，如沸如羹」。平民生活到如此地步，紂王仍作瓊室、玉門、酒池、肉林，作長夜之飲，並大殺諫臣；相反的，西方興起的一個諸侯西伯，卻崇文修武，平

諸侯爭端，陰行其善，在此消彼長的情形下，商紂卻一再稱：「我生不有命在天乎！」於是，注定了商紂兵敗，穿著他的玉製寶衣，赴火而死的後果。

其實，周朝的祖先，發跡也是很早的，但似乎出身不明，甚至為母所遺棄。據修飾過的正史記載：周最早的始祖，與夏、商的祖先同源，惟周始祖為帝嚳高辛的元妃。司馬遷記載周朝始祖的傳說是：「有邰氏女曰姜原，為帝嚳元妃，姜原出野，見巨人跡……踐之而生動如孕者，居期而生子，以為不祥……初欲棄之，因名曰棄。……及為成人，遂好耕農，……帝堯聞之，舉棄為農師，天下得其利，有功。帝堯曰：『棄，黎民始飢，爾後稷播時百穀。』封棄於邰，號曰后稷，別姓姬氏。后稷之興，在陶唐、虞、夏之際，皆有令德。」所以，周族這一支氏族，是歷經夏、商近千年的蕃衍，才逐漸興盛起來的。

大陸田野考古學家，目前依據卜辭、竹書等相關資料，找到了部份周族活動的區域（即時代屬商，卻為周族遺址），我們統稱為先周文化，他的起源，再早可以追溯到陝西龍山文化的雙庵遺址，在延續過程中，摻雜了部份其他文化因素，與自行發展出來的文化，形成了先周文化的特色。例如，后稷之子、孫三代去夏，「奔於戎、狄之間」，尤其曾孫公劉，定居戎、狄之間的豳地，從事農耕開墾，蕃衍後代，這就是詩經·公劉篇所歌頌的：「瓜瓞綿綿。」，周族在擴大興盛的過程中，首先遇到的，是近鄰戎、狄的侵略與欺侮，在豳傳了九代，到了古公亶父時，戎、狄來強索財物，給了他們，又來強索居地與居民，古公亶父就只有帶著居民，遷徙到岐下的周原一帶定居，「古公乃貶戎、狄之俗，而營築城郭室屋」，所以，除陝西龍山文化外，周族受豳地一帶胡人戎、狄的文化影響，也是很大的。但是，在前篇中，我們曾提到，自商起，我國玉器的文化發展，就是以中原為主導，諸侯、方國皆為從屬，例如：近年在陝西門雞台下層出土的先周文化玉器，有柄形器、璜、鐲、首飾……等，幾乎與殷墟發現的風格相同（如圖五十二）。另古本竹書記年記載：（商朝武乙）三十四年，季歷來朝，武乙賜地三十里，玉十穀，馬八匹。」季歷就是古父亶父的小兒子，周文王的父親，商王賜地、賜玉、賜馬，表示玉與土地、牲畜一樣，是財富的表徵，更間接說明了，商王朝是美石、玉材來源的擁有者與支配者，先周文化的玉雕，受殷商文化的主導與影響，也是必然的。

季歷的兒子名昌，就是周文王（當時稱西伯），文王「則古公、

（圖五十二）先周文化的特色，因周祖先，曾奔戎、狄之間，而略帶西北異族色彩，但仍受商的影響，本圖所示，為甘肅省靈台白草坡二號墓出土，時屬先周時期，器形似佩飾器，但造形卻雕成獻祭的俘虜。

公季之法，篤仁、敬老、慈少、禮下賢者，日中不暇食以待士，士以此多歸之。」，這時，居住在歧山一帶的周族，已經不是再三受戎、狄欺負，要財有財，要地拿地的弱小民族了，這導致殷商的一個諸侯崇侯虎，密告商紂：周族將謀反；紂召文王，囚於羑里，文王的謀士閎夭等人，蒐找了許多美女、珍寶、奇物，獻給紂王，以求贖回西伯，紂王見貢物大喜，不但赦回西伯，並賜他弓、矢、斧、鉞，准其征伐，於是，從第二年開始，西伯先伐犬戎、密須，敗耆國，接著伐邘，伐崇侯虎，把西方統一起來，並且自周原遷都於豐，準備要滅商了。周族自棄起，以至文王，共十五主，其世系如下：

1. 棄（后稷）
2. 不窋
3. 鞠
4. 公劉
5. 慶節
6. 皇僕
7. 差弗
8. 毀瑜
9. 公非
10. 高圉
11. 亞圉
12. 公叔祖類
13. 古公亶父
14. 季歷
15. 昌（周文王）

第二節◇武王滅商，建立周朝

　　據傳：周文王被商紂囚於羑里（商朝的國家監獄）時，在獄中，把傳說始自上古伏羲氏的八卦，衍化成六十四卦，以卜天命。基本上，這是一種哲學意義大於實用意義的數理之學，後世江湖術士，把他衍化成命理讖禱之術，已經完全離開了他的主題。

　　但是周文王治國，確有仁德，例如孟子梁惠王篇（下）記載：「罪人不孥。」就是說，一人犯罪，不及家屬；就是自周文王的時候開始實行的，他完全不像商朝的法律，一人犯罪，全家都將貶成奴隸，二者相比，僅此一點，就可看出周文王的政治智慧與民本思想，較殷商高出了很多。其實，在先周文化早期，周族是依附商文化發展的，不論在涇、渭流域、周原所出土的禮器、銅器、銅兵刃、陶器，與商的形式相近，雖然也有一些陶器、銅器與商不同，是受北方民族影響，或自行發展出來的，但是從文化整體來看，所占的比例並不多，尤其近年，在陝西省寶雞縣鬥雞台遺址所出土的先周文化墓葬，可以看出，有很長一段時期，隨葬以陶、石工具、實用器為主，後來，逐漸有銅兵刃、銅工具加入殉葬，並且小型墓，有在腰坑中殺狗以殉，中型墓葬，則普遍使用人殉，少則一兩人，多則三、四人；而周原地區也出土大量甲、骨，足讓我們知道，巫卜之風、蓄養奴隸……等，在先周文化早期某一個階段，確實存在，這是受商文化的影響。（如圖五十二 A ）

（圖五十二 A）本圖所示為「銅鉤戟」上之人頭浮雕，出土於西周早期墓葬，其上人面的裝飾，顯示本器為獻俘血祭的法器；證實，早期周文化，受商影響很大。

　　也就在這一個相當長的階段，周族自殷商王朝，吸收了當時通行的文字，因爲，在周原出土的近一萬六仟片甲骨中，近兩佰片有文字，數量比例不多，但我們明顯可看出，周族自殷商王室，吸收、學習文化的過程，在這些少數屬於先周文化的文字，記載的占卜事項有：征伐、祈年、祭祀、與商王入周境巡查遊歷等。

（圖五十三）商王朝以「鬼神崇拜」之教立國、治國；最後，卻陷溺在這個迷信宗教中，不能自拔而亡國；本圖所示「人面紋銅鉞」，造型簡單，但張口、瞠眼的獰厲之狀，顯示此器所欲表現的，應是商宗教中的鬼神面型。

　　但是，就如前述孟子・梁惠王（下）的記載，周族領導階層的自省能力是很強的，筆者因蒐古、玩古，曾廣泛的蒐集殷商資料，歸納出一個結論：商朝以神鬼崇拜之教立國、治國，最後，則因溺陷在這個迷信宗教中，不能自拔（相信自己所建立的崇拜體系）而亡國（如圖五十三）；周族雖在殷商的鉅大影響下，建立了似商的文化體系，但因爲人文思想的抬頭，與政治智慧的高超，不斷有調整、有改善，終於能滅商而代之，概括言之：「周雖舊邦，其命惟新。」爲他政治成功的關鍵（如圖五十四）。

（圖五十四）本器出土於甘肅省靈台白
草坡一號墓，屬先周時期方國玉器，周
族祖先曾奔狄、戎之間，吸收了一些我
國西北方的方國文化，但「周雖舊邦，
其命維新。」，周族在發展過程中，對
所吸收的文化內涵，不斷有調整、改善
，終成天下共主。本器材質似地方玉，
髮作「盤蛇髻」，首似虎形，與同期中
原玉雕相比，方國色彩濃厚。

　　但是，周文王並沒有完成伐商的任務。他死後，武王即位，不但
國力日強，而且人才眾多，其中最重要的有兩個人，一個是太公望，
即民俗所稱的姜太公，武王尊他為師，而姜太公確為足智多謀、老謀
深算，是協助武王滅商的主要人物；另一個，則是武王之弟周公旦，
他長於規算，仁人愛物，協助武王建立典章制度，是為周朝立國奠定
基礎的功臣。

　　武王即位三年，會諸侯，集結兵車四千乘，與商紂十七萬大軍，
戰於牧野，一戰而得天下；得殷商蓄積財富後，命令南宮括散鹿台之
錢，發鉅橋之粟，以振貧弱，並命南宮括、史佚「展九鼎寶玉」，從
這裡，我們可以知道，周武王得商天下以後，還是用展示九鼎、寶玉
於諸侯的方式，來表示天命所歸，「鼎」，為代表國家政權的禮器，
「寶玉」（雖未記載形制），則為代表國家政權的符命信物。

西周王朝的世系是：

1. 周武王發　　　　　8. 孝王
2. 成王誦　　　　　　9. 夷王
3. 康王　　　　　　10. 厲王
4. 昭王　　　　　（共和行政）
5. 穆王　　　　　　11. 宣王
6. 共王　　　　　　12. 幽王
7. 懿王　　　　　13.（平王東遷，進入春秋時代）

　　與商王朝的王號比較，商王多以干支記名，而周則已經在名字中，賦與祥瑞、期勉、勵志、誌事的用意。這除了證明我國文化有進步外，也顯示周朝繼商之後，文字的使用，更靈活、熟練。（如圖五十五）

（圖五十五）本器爲「天亡簋」局部的夔紋銅飾，雖商代風格依在，但腹內壁有銘文八十六字，敍述周朝開國，貴族「天亡」助武王滅商，又在開國祭典中，因助祭受賞，故鑄器以誌其事；在此以前，從未出現如此多銘文的銅器，故其紋飾、字風，均可作爲斷代周初銅器的標準，也顯示：周繼商後，文字的使用，更靈活熟練。据知，本器係前清道光年間，出土於陝西、歧山，爾後流傳、經手，都有可信的記錄，爲我國極具文史價值的一件周初禮器。

第二章⊕西周政治、社會型態與玉器文化的關係

　　西周的政治制度，是以倫理上的宗法制度為基礎，來分封諸侯，建立藩衛；這種制度，在中央擁有強大支配權的時候，是一個有效率的封建制度，但是，當中央權力削弱時，必然造成弱幹強枝，分崩離析，各自為政的割據局面。

　　而所謂的宗法制度，是由原始社會中「父系家長制」演變而來，每一個家庭中的嫡長子為「宗子」，其餘兄弟為小宗；以周王室而言，嫡長子為宗子，是王位繼承者，庶子為小宗，由周天子以他的政治權力，分封為諸侯；同樣的，諸侯、卿、大夫、士，各為本支的大宗，由嫡長子為職位承襲者，庶子為小宗，再予分封。在這種金字塔式的封建制度上，最高的頂端是周王。因為，周族相信，周王是天的元子，受天的命令，君臨人間，所以又稱「天子」。

　　周武王即天子之位後，為鞏固本身的政權，以「追思先聖王」的名義，先後分封了神農、黃帝、帝堯、帝舜、大禹的後裔，並且把紂的兒子分封到殷，但是，同時也把自己弟弟管叔等人，封到殷地附近，作為監視；此外，便大封宗親、功臣，列為首封第一的，是師尚父太公望，領地曰齊；其次為弟弟周公，領地曰魯；召公為燕……等。所以，周朝的封建制度是：國都附近的區域為王畿，由王室直接統轄，王畿以外的廣大區域，則分封給諸侯，作為封國，以為王畿的藩衛，這些諸侯，包括：

　　一、古代帝王的後代，臣服於周者。

　　二、周王的小宗親屬。

　　三、有功於周王室的功臣。

　　諸侯們對下，則再分封小宗為卿、士、大夫，以此類推；對上，則有對王室納交貢稅、守衛疆土、朝覲述職、捍衛王室的義務；所以，雖然荀子記載：「周初立國七十一，姬姓獨居五十三人。」但詩經、小雅、北山篇卻吟稱：「溥（普）天之下，莫非王土，率土之濱，莫非王臣。」了。

　　另周王室在中央政府方面，設有不同層級的官員，最高級的是「冢宰」，就是宰相，協助天子，綜理國事，另有：

　　宗伯：管理王室家族的事務。

司馬：軍事方面的總管。

司寇：主理刑罰、司法的官員。

司空：專管公共事務、百姓事務的官員。

在其他層級，則有左史、右史、內史、小史……等。

這些官吏中，地位高的，也有自己的采邑，為天子所封，作為俸祿。在這個龐大的中央機構與地方封國中，階級的層別劃分，是很嚴格與正式的，依左傳昭公七年記，解釋周朝的官位等第：

「天有十日，人有十等，下所以事上，上所以共神也。」

在十個等第中：

「故王臣公，公臣大夫，大夫臣士，士臣皂，皂臣輿，輿臣隸，隸臣僚，僚臣僕，僕臣台。」

其中王、公、大夫、士，為不同等級的貴族，其餘的，大約是貴族以下的小吏、司役與賤役。而廣大的被統治人民，則統稱為庶民、或庶人，從可信的史籍記載：這一整套官僚制度，多是由太公望與周公，輔助周武王建立的，在這個政治階級、等第的劃分過程中，運用玉器，作為諸侯與貴族身份、等第的標誌與符信之物，也就是從這時候，玉器正式邁入了我國政治舞台，形成我國玉器，不同於其他藝術品而最特殊的地方。

我們從我國玉器文化的演進過程來看，從最原始，以裝飾為目的，成為首飾開始；繼而，首飾隨著墓主入葬，漸漸我們賦與他神秘的斂屍意義，成為原始宗教中，極重要的成份；再因為政治與宗教，常結合為一的原始社會形態，玉器逐漸涵蓄了政治符信的成份，與朝天、祭地的祭祀禮儀意義；到了周初，在國家統治機構重整時期，玉器則成了國家認可的、重要的等位符信用器。在禮記、周禮、儀禮中，有許許多多有關周朝玉器為禮器，及器形的描述記載，目前，已可確定，三禮都是戰國時期的偽書，為當時儒士，撫取傳聞所記載，在玉器形式上，並不可信；但是在西周，玉器作為「分貴賤，辨等列」的禮器，則是確有其事，是不容否認的。

此外，西周的刑罰，較殷商改變了一些，也減輕了很多，但依目前的刑罰標準來看，仍舊是很嚴厲，例如：所謂墨（臉上刺字）、劓（割去鼻子）、刖（削去足部）、宮（閹割，顯然針對男人）、大辟（處死）的五刑，都已經具備，其中最不合理的是：這些刑罰，有選擇性，參考出土銅器，西周、牧簋上的銘文：

「丕用，先王作刑，亦多虐庶民。」所以，禮記曲禮上所云：「

禮不下庶人，刑不上大夫。」的這一段記載，是正確的，但所謂禮不下庶人，並非庶人不必講禮，而有一部份涵義是：庶人沒有資格持用玉製的禮器。（如圖五十六）

（圖五十六）本器稱「鬲」，為銅禮器中的煮食器，紋飾美觀、造型工整，較奇特者，為鬲下部作成屋形，門、框具全，左門外鑄一刖去腳足的奴隸，懷抱門閂守門。足殘之人，行動不便，僅可守門，故此器的出土，已提供了一些，當時的社會生活資料給我們，并且也告訴我們，西周時，殘酷的肉刑，早已具備。

第三章 ◈ 西周的工藝技術與玉材來源

　　我們從周朝的起源分析，周族以農立國，在眾多部族中，是比較儉樸的，尤其在公劉居豳，遭受狄、戎的欺壓，被迫遷居到歧下周原時，幾乎被掠奪、洗劫一空，所以，在滅商以後，周朝所承襲的少部份殷商典章制度，也都去蕪存菁，避免奢侈，例如：在王室與庶民的關係上，就從「商視民為王室所有」的觀念，巧妙的轉化成，王室被賦予「敬天保民」的責任。而在周武王死後，周成王年幼，周公攝政的七年中，周公依據先周文化的精華，參酌殷禮，有所損益，建立出一套完整的國家政治、禮儀規範，僅以「國之大事，在祀與戎。」的大祭典而言，殷商時用牲，有時多達幾百頭，甚或大量殺人以殉祭，而到了西周，這些大祭典，用牲只不過一牛、一羊、一豕、或二牛，殺殉以祭的情形，基本上是消失了；要用，則以草人、土人代之（但偶有例外）。

　　所以，從周初開國的狀況來看，不論外在的環境，與內在的立國精神，都是比較崇尚儉樸的；可是，滅商時，周王室不但獲得了殷商的大量財富、物質，更鹵獲了大量擁有工藝技術的工役、奴隸、及領導他們的首領，在當時，這些工藝首領，掌握了各類手工藝的技術與技巧，如製玉、製石、製骨、鑄銅、漆工、木工⋯⋯等，而這些人才，卻是周室極端缺乏的，例如：周初，周公鑑於殷室嗜酒而亡天下，曾作酒誥，以喻令宗室、貴族、官員戒酒，但是依據可靠的史籍所載，周公卻不殺犯了酒禁的百工，這表示，周公是極端重視這些手工藝人才的；所以，從工藝技術的角度來觀察，周朝是因襲殷商而繼續發展，但是，因為對這些人才更加珍惜，也是周王室的工藝技術，能迅速發展的主因。而在各類工藝美術品中，玉器是表示等第的信物，是貴族行禮的必需品；所以，玉工不但為王室造玉器，也為政治上的官制造玉器，更為貴族、諸侯造玩賞的玉器，使在西周一朝，最高的政治地位，是用玉器作代表；最高的藝術成就，是用玉器作代表；最高的物質價值，也是用玉器作代表；而這些技術精湛、技巧熟練的製玉工匠們，代代相傳，在周室衰微後，分散星落到各霸主、諸侯的府第中，是造成春秋、戰國時期，玉雕工藝極其輝煌燦爛的主因。（如圖五十七）

　　至於玉材來源，在前篇中，我們就曾提到，新疆和闐玉材，已經透過方國的進貢與商旅的貿易，大量進入了中原；武丁之妃婦好墓葬

（圖五十七）周初，工藝技術并不是很進步，人才也很缺；此所以，自商朝接收的百工，周王室非常重視，周公曾喻命，不得酗酒，但卻不殺犯酒禁的百工，其中一些技術精湛的玉匠，代代相傳，在周王室衰微後，分散到各諸侯、霸主的府第中，造成我國春秋戰國時期，玉雕工藝最燦爛輝煌的一頁。圖示白玉龍形衝牙，作成龍鳳合體，為戰國時期風格，也為我國玉雕造型的代表作。

出土的玉器中，和闐玉占了相當大的比例，就是一個最好的證明；基於貨物的貿易往來，是往供需平衡的方向流動，故筆者深信，商末周初的這一段時間，和闐玉材仍是大量流入中原，而周初版圖的擴大，對邊疆影響力的提高，更加強了這種趨勢，「普天之下，莫非王土，率土之濱，莫非王臣。」就是版圖擴大，對邊疆影響力提高的具體證明。

如此，到了周王室第五代穆王時期，據推算，周王就可能曾到達和闐玉的原產地——新疆和闐一帶。史記曾簡單記載：

「周穆王征犬戎，得四白狼，四白鹿而歸。」

可是，在晉武帝時，汲郡人盜掘戰國時代魏王的陵寢，發現了一本逸書——穆天子傳；所以，這本書最晚，也是成書於戰國時代，否則不可能從魏王墓中出土，穆天子傳是採用，對帝王生活逐日逐條記錄的「起居注」方式書寫，記錄了周穆王巡守遊幸的事，據載，穆王得了「盜驪」、「綠耳」、「白義」、「渠黃」、「華騮」……等八匹駿馬，號稱八駿，可日行三萬里（當然是誇大之辭），由最好的駕御高手造父為車夫，巡遊四方，以觀四荒，北絕流沙，西登崑崙，曾見西王母。依據竹書紀年計算，見西王母的時間，約在穆王十七年（可能不確），周穆王在西王母處，停留了一段時間，再辭西王母，登弇山，刻石「西王母之山」而賦歸。

　　自「穆天子傳」出世以後，西王母即成為一個謎樣的人物，山海經中西山經稱：玉山，為西王母所住的地方，又名「羣玉山」，瑤台、則為西王母之宮殿；而西山經又演繹出西王母是：虎齒、豹尾、蓬首、帶玉、穴居、善嘯的人物；雖有一些荒誕不經，但是從「蓬首帶玉，穴居善嘯」的句子分析，西王母很可能是一位邊疆地區的氏族領袖，而當時，這個部落氏族的文化，還很落後，仍停留在最原始：「人生只知其母，不知其父」的早期母系社會階段呢！可是，這一段似有若無的故事，落入文人雅士的吟詠中，則譜出了不少千古絕唱，而且都與玉有關，其中最有名的，莫過於李太白的清平調，形容楊貴妃出世絕塵的美麗，就是用西王母作比喻：

　　「……若非羣玉山頭見，會向瑤台月下逢。」

　　而這些眾多詩人的吟哦中，李義山（商隱）的想像最豐富，他把周穆王與西王母，譜成了異地相隔、相思至死不渝的戀人：

　　「瑤池阿母綺窗開，黃竹歌聲動地哀，八駿日行三千里，穆王何事不重來？」。

　　在眾多的演義、傳說中，郭璞山海經中的記載，不足盡信，詩人墨客的吟唱，更不足採信，但是蠻荒一片的新疆和闐一帶，在「瑤池」、「羣玉」、「瑤台」的名詞形容下，成了仙境，成了神仙的居所，千百年來，為文人雅士所吟哦，這不能不說是因為產玉，所被幻化、營造出來的。因為，在中原，玉器是最高貴、最美好的代表，作為玉原產地的西王母居所，則當然是人間仙境了。從正史到逸書到傳說，很顯然扭曲了周穆王見西王母的故事真象，但從很多史跡、遺跡、及故事的邏輯推論，筆者相信，在周穆王時期，確曾因巡守的原因，到過新疆和闐產玉的地區。

　　民初，曾有西方學者多人，研究西周穆王西幸，面見西王母是否為事實？他們也認為：可能性是很高的；尤其英國人 E.H.Parker 估算，認為穆王行經的路線，與近代從灃、鎬到新疆的路線相似，約自蘭州、西寧間，經新疆之羅布泊，可能到達烏魯木齊一帶，他並且用穆天子傳所敘，來計算行程：「去時用三百日，回時三百日。」共行一萬三千三百英里，大約每天走二十多英里。

　　自周初起，由於祭祀、禮制、等級、聘禮、首飾……等眾多玉器的用途，使對玉材的需求量，增加了很多，而穆天子傳中的一些記錄，至少也顯示了，玉材進入中原路線的暢通與源源不斷，如此，大量的玉材進入中原，不但使玉雕藝術，得到長足的發展，更可貴的是：

使先民們對玉材的特質與品相，有了更深一層的瞭解，相信從這時候
起，玉材的顏色，開始在禮制用途上，發揮了初步的作用，為我國玉
器文化的發展，增添了新的因素。三禮為戰國時期，儒士記取傳聞，
所記錄的禮儀用玉形制，當不可信，但是，我們把他當作戰國時期，
對玉器觀念的參考資料，則深具價值，尤其：「蒼璧禮天，黃琮禮地
，青圭禮東方，赤璋禮南方，白琥禮西方，玄璜禮北方。」的說法，
我們可以認知，是東周後期（戰國時代），對玉器色澤的認識，而在
這些玉材色澤中，賦予他特定的方向意義，除了相關的陰陽五行思想
，已經發展出形而上的思維體系外，相對的，玉器材質中，豐富的玉
種，引導教育識玉、雕玉、作玉的人，也是不可或缺；雖然，在西周
玉器文化中，我們還看不到，賦予玉器有關色澤上的特定意義，但是
筆者相信，在這方面的一些觀念形成，必然與這一段時期，玉材大量
進入中原有關。

第四章 ◈ 西周工藝發展與玉器文化的關係

第一節 ◈ 銅器

　　西周銅器，是繼承商代製作而繼續發展的，紋飾上，從殷商的繁複縟麗，走向規正簡樸，這與商重視宗教，而周重視禮制有關；在器形上，西周爲矯正殷商酗酒亡國的缺失，在殷商禮器中，大量的酒器，逐漸減少了，而爲凸顯周的以農立國，食器、烹飪器爲主的各類禮器，則大量出現。

　　即以有名的「大盂鼎」爲例：依鼎內部十九行，二百九十一個字的銘文分析，這個鼎，是鑄於周康王二十三年（西元前九百九十年），內容第一段敍述：周康王對貴族盂，訓示周朝得天下的原因，是：因爲文王、武王這些賢王，在祭祀、辦事的時候，都恭敬認眞而不飲酒，殷商王朝則因沈緬於酒而亡國；所以，康王告誡盂，以他的祖父南公作榜樣，並命令盂替他掌管軍事，與管理人民，且賞賜給盂香酒、禮服、車馬、儀仗、與一千七百二十六個奴隸……。從大盂鼎這篇銘文記載，我們可知：

　　㈠周初，確是一矯前朝亡國之失，經常告誡子孫，不得酗酒；尚書‧酒誥篇中所表達的精神，是可信的，而西周禮器形制中，食器的增加，酒器的減少，可視爲這種立國精神的具體表現。

　　㈡天子對下屬的任職、賞賜、褒揚，甚或貴族個人的成就、事蹟，都經常鑄器，刻以銘文，爲傳之後代的紀念器用；雖然，從商後期，極少數有銘文銅器的出現，我們已經看到有類似的傾向；但在西周，銅器則不僅是政權、地位的代表，祭祀的禮器，而更具有歷史記錄，與文字藝術多層的意義，在銘文特多的毛公鼎、散氏盤、大克鼎、虢季子白盤……等，都可看出這個現象，其中，諸多西周出土銅器的銘文，文字馴雅，字體秀麗，顯示我國文字，到這個階段，已經完全成熟了。

　　㈢天子任職、命官，所受任命者，鑄成有紀念性，並祭祀祖先的銅器，銘文中所敍，多有接受賞賜，而賞賜中，則有儀仗、奴隸及作爲符信等第的玉器。

　　此外，我們從銅器銘文中證實，一些禮儀形制的玉器，也可以作餽贈、聘禮，甚至用作賄賂；例如：早年出土的瑪生簋，學者對他銘文的內容，並不很清楚，看似不完全，後經研究，才發現這件高二十

二・二公分，口徑二十二公分的銅器，一次出土兩件，而兩簋的銘文，是上下連成一篇的，記事有五年、六年之分，所以一稱「五年琱生簋」，銘文十一行，一〇四個字，此器已流落到美國；另一稱「六年琱生簋」，銘文十一行，一〇三個字；把銘文連在一齊，才知道；是琱生記敘一件重要的纏身官司，大約是琱生私自擴大所受封的地，而致干法，他去求助同宗族的召伯虎，並贈送了帛束與璋、圭、璧等玉器，作為禮物（很顯然的有賄賂、禮贈的意味），而召伯虎在受禮之後，對於這件官司，顯然幫助了琱生（五年之簋的大約內容）；經過近年的爭訟，琱生終於贏得了這件官司，於是他作銅簋來紀念，並且把事由刻於器上，傳之後世（六年之簋的大約內容）。從這件史料證實：玉器中的璋、璧、圭，雖為表明等列的禮器，但在貴族、諸侯、士、大夫之間，彼此可贈送合乎對方等列的玉器，以為交際、酬庸。

　　綜前所述，西周建國之初，建立許多典章規範的思維體系，影響修正了，傳承自殷商的鑄銅藝術，由於禮教替代了原始宗教中鬼神崇拜的內涵，所以銅器紋飾，反而趨向簡單、莊重，而有嚴肅、謹飭的風格，不像商器的繁複奇譎；這顯然是思想的改變，影響了藝術。簡而言之，袪除已往傳統的束縛，人文思想、理性主義的逐漸興起，為西周藝術的重要內涵，在銅器的沿革變化，確是表露無遺。而就器形言，以酒器為禮器的式微，為西周銅器的特色，但是，自西周中期開始，除了原就具有禮教、政治意味的「鼎」，繼續存在外，「簋」也成了禮器中主要的器類，為貴族身份的重要表徵，在墓葬中，列鼎與雙簋一齊入葬，是高等第貴族的重要喪葬明器（如圖五十八）。

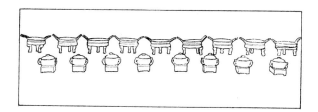

（圖五十八）西周時期，除鼎外，銅簋也開始作為禮器的主要器形之一，到了春秋時代，諸侯僭越，列鼎、列簋常一墓出土，本圖所示，即為出土於湖北隨州，東周時代諸侯墓葬中的「升鼎」與「簋」的示意圖。

此外，水器與食器的數量與等列，也提高了很多；其中水器中，倒水的「匜」，顯係模仿酒器而成，在使用上，是用匜倒水，供賓客淨手，倒水時，下則以盤承接，這明顯的禮儀過程，顯示出西周生活，與禮教、藝術結合的現象。而在玉雕的風格上，也表現出類似的特色。

第二節 ◇ 銅、漆、木器，嵌合的手工藝

在我國漆器的使用，是很早的，目前出土資料顯示，在六、七仟年前的河姆渡文化，就已經發展出調朱為漆，裝飾器皿了（詳如史前篇，河姆渡出土髹朱木殘碗），而簡單木器皿的使用，則更可追溯到舊石器時代。後因青銅時代的來臨，西周在掌握了更精細的鑄銅技術後，發展出在木、漆上，鑲銅、包銅，作成「銅、漆、木的複合器用」，這種型式，具有下列特色：

（一）、表現多種材質的複合之美。

（二）、可用較堅韌的銅，來保護木、漆器。

在世界許多歷經青銅文化的古文明中，都曾發展出這種工藝技術，但在我國，因為銅實用器，多作禮器（國外則以生活器皿為主），因對材質價值觀的認知不同，使這種手工藝，在我國發展出獨特的風格，影響所及，時至今日，我們仍不時看到，包銅、鑲銅的漆木器用、傢俱及藝術品。

目前，我們所知的一些，出土西周鑲嵌銅器的器皿，包括有銅足的漆案，包銅的漆木方盒，包銅的漆木壺及車輿的銅飾件……等，所用的手工技術，約包括：

（一）、用銅箍鑲：即用銅材，在木、漆器的底部、腹部、或口部，作成銅箍。

（二）、用銅包鑲：用銅片將漆、木器全部或局部包覆，以複合成器。

（三）、將銅件嵌在木器上：這種方式，類似近代的木箱銅鎖，多以裝飾為目的。

（四）、銅材組合：如漆案的銅腳，壺的把手、器耳、蓋鈕為銅組件等。

前述四種銅、漆、木材，綜合在一起的手工藝，基本上，是擷取了銅材延展、可彎撓的特性，也擷取了，木材、漆器易於成形，便於複合的特點，形成我國極為特殊的一類工藝。

而玉材不同於銅、木，在前述的四種工藝方式中，並不完全適用，但是，這種銅、漆、木器嵌合工藝的形成，也爲爾後玉、漆、木⋯⋯等材質，複合成藝術品的鑲嵌玉器工藝，提供了一個新方向；至於銅、玉鑲嵌器，則不同前述，顯然早了許多，而出土於早商的銅內玉戈，即是證明。（如圖五十九）

（圖五十九）本器爲人形銅車轄，通高二十五‧四公分，係於一九六七年，在河南省洛陽地區西周墓葬出土，此鑄件爲飾於車輿，供貴族所乘用；「車轄」作成人形，曲膝而坐，雙手置腹前，面容寫實，頭戴束髮狀冠；從本器的藝術性表現，我們可以知道，西周時期，銅、漆、木器的嵌合手工藝，是相當進步的。

第三節 ◇ 其他工藝成就

除前述兩種工藝門類外，西周時代的陶、瓷、木、牙⋯⋯等手工藝，在目前，並沒有特殊的藝術品傳世，所以不再贅述。但是，西周在工藝技術上，有一項特別重要的成就，就是「瓦」的發明，這在我國文化史上，是一件重要的大事，雖然，他僅是工藝中，陶器的一支，可是他的出現，卻表示我國在物質文明上，又進入了另一種境界，當然，這也和西周禮制的規範有關，如：史籍記載，天子有明堂、宗廟、朝堂，諸侯有泮宮，庶人無廟有寢⋯⋯等；而我們從西安客省庄、洛陽王灣，西周遺址出土的宮瓦殘片，足可認定：我國建築用瓦，是在西周時期出現的，尤其特殊的是，在這些屋瓦殘片中，也夾雜有半瓦當，顯示西周在建築上，確有長足的進步。

　　而自瓦當出現後，爲求裝飾效果，常將圖紋刻琢其上，基於時代藝術的共通性，這些瓦當，其上的圖案花紋，對我們鑒玉斷代的比對，有參考價值。（如圖五十九Ａ）

（圖五十九Ａ）本圖爲母子鹿紋瓦當，現藏北平故宮博物院，出土資料不詳，約爲東周時器。歷年出土瓦當，其上紋飾，都對玉雕斷代，有參考作用。

　　筆者註：瓦當，就是瓦擋，也就是古建築，使用筒狀瓦前端的遮擋，這個遮擋，作成半圓形的，一般習稱「半瓦當」，作成圓形的，稱爲「圓瓦當」；在這些瓦當的前端，常塑刻出各種紋飾，與當時藝術紋飾，多有關連，爲研究各朝藝術造型、斷代分析的重要依據。西周遺址所出土的，均爲「半瓦當」，圓瓦當出現時代較晚，約在戰國早期。（如圖六十）

（圖六十）我國自西周起，正式出現了陶製屋瓦、及半瓦當，但多爲素面，可是，到了東周，瓦當上就開始飾以圖案，這種圖案，題材雖多，但多與時代風尚有關，爲我們鑒玉比對的重要資料。圖示爲東周戰國時代半瓦當，出土於河北省易縣，爲燕國舊物，其上圖飾，與玉雕相通，均有濃郁的戰國風格。

第五章✥西周的文化發展與玉器文化的關係

第一節◇文字的成熟使用

　　有關我國文字起源的記載，有易經曰：「上古結繩而治，後世聖人，易之以書契。」但到春秋、戰國時代，大家都相信，我國文字的創造者，是倉頡，筆者也一直相信，我國上古史前時代，確有倉頡其人，對我國流傳、起於不同源頭的文字，作了一些整理，並有所增加，因為，在先秦諸子文籍中，一些比較可信的記錄，都有相同的記載：像韓非子·五蠹篇，荀子·解蔽篇及呂氏春秋·君守篇，都稱「倉頡造字」，所以，應該不是憑空杜撰而成。我們現在從殷商甲骨卜辭研究，雖然當時字數還不多，文句構造也不工整，但是我們不能否認，在我國，文字已經形成了，所以，起源於原始圖畫、陶器符號等，不同源頭的原始文字，在眾多龍山文化系統中，曾被倉頡整理並加增，形成我國初期文字的主流，而商承襲，用之於占卜的記錄，應該是可信的。

（圖六十一）本圖係屬西周中期的「盠駒尊」，一九五五年出土於陝西郿縣，西周窖穴，尊蓋已失，整器造型寫實，尤其可貴的是，在頸下鑄有銘文九十四個字，敘述：貴族盠參加周王的執駒禮，并受賜兩駒，故鑄器以誌其事；觀其銘文，字體優美、語句結構流暢；證實，周時我國文字的運用，已經趨於成熟。

　　但自西周立國起，在眾多出土的銅器銘文中，不論記敘何類事物，在敘述、表達、記錄，甚且質疑的眾多語句中，顯示我國的文字，已趨於成熟，文句的構造，也趨於完美，在許多銅器銘文中，文字敘述的簡約、優美，決不亞於尚書各篇。這些銅器銘文，與爾後陸續出現的碑碣銘刻，使金石學的研究，成為我國歷代文人、雅士、官宦，顯要，公餘的消遣與交際活動，而使我國源遠流長的古文物收集，熏染上了濃重的藝文色彩，成為古董收集的主流，而玉器，則明顯不受重視，也缺乏有系統的資料整理。金石之學的研究，至北宋末、南宋初的山東諸城人趙明誠（即名女詞人李清照之夫），著金石錄六十卷，而集其大成，後世則鮮有過其成就者。（如圖六十一）

　　但是，在我國自文字形成後，一些與玉有關，或以玉為部首的字，幾乎都有美好、高尚、純潔、貴重……等含義，這種現象，對延續我國玉器文化，自有不可磨滅的正面意義。

第二節 ◇ 詩歌文學的產生

　　我們都知道，詩經是我國最古老的優秀文學作品，全書三百一十一篇，其中白華、華黍、南陔、由庚、崇丘、由儀六篇為笙詩，有聲無辭，所以現存的是三百〇五篇，年代約起於周初，而至於春秋中期，在這些詩歌中，有成康時代的宗教詩，如周頌；也有厲平時代的敘事詩與社會詩，有宮廷的田宴、遊獵詩，也有平民男女的情詩；在詩經內容上，依據史記‧孔子世家云：「三百零五篇，孔子皆弦歌之，以求合韶武雅頌之音。」，孔子修訂詩經，是一個事實，但孔子卻把詩經，當成倫理行為規範的道德書籍，由他所提到的「思無邪」與「雅頌各得其所」就可以知道了。這種把一些優美的戀歌、情詩、敘事詩，硬安裝在倫理的框架內，筆者長遠以來，一直是反對的，個人認為：應該拿掉儒士強加於詩經的一些政治、禮教、倫理的解釋，還給他本來的文學面目，才是對的。

　　在這三百多篇的詩歌文學鉅著中，各種比喻、引喻，都常引用「玉」作形容詞，所以，在周朝，玉器不但與政治、宗教有結合，而更與文學結合了；在西周，許許多多不知名的詩人，用玉歌頌純潔，用玉歌頌高貴……。這種超越物質的想像，透過詩人的吟詠，使一般人對玉器，有了心靈的接觸，這種根植在內心深處的影響，對我國玉器文化的發展與延續，也是重要的，因為，在詩歌中，玉器已經不再是具體的物質，而是美好的抽象代表。（如圖六十二）

（圖六十二）在西周時期，因為詩歌的
興起，透過詩人的吟詠、歌頌、比喻，
使玉器文學化了，他不單是堅硬的礦物
，珍貴的首飾，更是「美好」的代表，
「高貴」的化身；時至今日，我國文字
中，「玉」部首的字，幾乎都還蘊涵有
這種含意。

第六章 ✛ 西周王室的衰微與沒落

第一節 ◇ 罷黜天子的「共和行政」

在西周後期，出現了周朝開國以來的一件大事，對我國歷史紀年，有重要的指標意義，那就是「共和行政」。據史籍記載，周厲王即位三十年，漸趨腐化，暴虐侈傲，並且命令衛巫掌管秘密警察，監視毀謗厲王的人，一發現就處死，在這種統治下，史記記述，對外：「諸侯不朝」，對內：「國人莫敢言，道路以目」。終於，在西周的京城鎬京，激起了民變，周厲王在百姓的極端不諒解與仇視下，逃到彘地，不敢回京，在國無君主的狀況，由召公與周公兩位宰相（冢宰），共同攝行國政，實行以召、周二公為首的貴族共和政治，此即「共和行政」；如此，執行了十四年，周厲王死於彘，二相共立厲王的兒子為王，是為宣王（宣王十二年，魯武公來朝周王），才結束了西周這一段，比較特殊，人民放逐天子的「共和行政」時期。從這一段史實顯示，西周封建的統治方式，已經鬆動了，周王室的地位，受到質疑而動搖了，諸侯不朝，逐漸變成慣例，以強悍能幹的諸侯，為主導的春秋時代，也就在這時候，開始逐年形成了。

同時，「共和行政」也是我國上古史中，紀年的一件大事，因為，太史公從共和元年，算出了確切的紀年，依據十二諸侯年表，司馬遷確算出是庚申年，距春秋一百一十九年（如此，史籍上就推算出，共和元年為西元前八百四十一年，民國紀元前兩千七百五十二年；我國歷史，在共和以前的年代均不詳，只能概略估算）。自此以後，我國繼續綿延的歷史，就有了確切的年代，以至今日。

第二節 ◇ 平王東遷，西周結束

周宣王即位，早期受召公、周公兩大貴族的輔佐，「修政，法文、武、成、康之遺風。」，號稱賢王，但在後期，則大肆征戰，擴張領土，據知，他在征玁狁、西戎的一連串戰役中，獲得勝利，但是在宣王三十九年，討伐「姜氏之戎」時，一戰而敗，不但損失了大量的部隊，甚至差點被俘，宣王逃到太原，清查人數，亟欲大肆征兵再戰，引起臣民的不安，宣王四十六年，宣王卒，子周幽王立。

從史籍上記載來看，宣王多次征戰，雖有窮兵黷武的傾向，但邊疆民族，強侵中原，造成軍事磨擦，也是一個事實，而從西周中、後

期，邊疆民族的入侵，就不斷發生，尤其北方民族的戎、狄（這支部族散佈的區域很廣，陝西西部、北部，山西、河北都有他們的足跡，周人稱之鬼方、混夷、犬戎、犬夷、玁狁，可見對這支民族的憎恨厭惡），勢力最為強大，周都鎬京，因為北方民族的興盛，已經開始不安全了。

在如此的大環境下，周幽王時，又連續在關中地區發生大地震的天災，詩經・小雅記述：「三川竭、岐山崩。」（三川應係指洛、渭、涇三水），又記：「百川沸騰，山冢崒崩，高岸為谷，深谷為陵。」，這是非常嚴重的天災；並且，發生日蝕等天象異常，如幽王六年十月，就有日蝕（如註）；但是，周幽王顯然不知修德勤政，除強征暴斂，崇尚奢侈外，尚寵愛一個討伐褒地，當地民眾奉獻的美女褒姒，並且廢了皇后申后與太子宜臼，立褒姒為后，褒姒之子伯服為太子，這在重宗法、尚禮教的西周來說，是極端不對的，也為眾多諸侯所反對，終於在申侯的連絡下（申侯即幽王廢后申后之父，廢太子宜臼之外祖父），與犬戎合攻幽王，都城灃、鎬被攻下，幽王被殺，西周遂亡，時為周幽王十一年，西元前七七一年。

在這一次討伐戰爭中，犬戎與申侯各得所需，犬戎擄褒姒與西周王室財物、珍寶，滿載而返；申侯則與諸侯恢復其女申后的名位，並立廢太子宜臼為王，即位為平王；可是，在這場各取所需的戰爭中，周王室因早在宣王末年，就喪失了大量軍隊，如今北方防線盡失，而京城又被毀壞、洗劫一空，只得避禍遷都到洛陽。這個王朝，在既失其實，又無武力的環境下，日益削弱，對國家幾乎已經沒有主控的力量了。

在這個時代的變動中，有一支比較殊的氏族，獲得了很大的利益，那就是秦，比起齊、魯、晉、衞、宋、陳、蔡、鄭、燕各諸侯，秦的出身很晚、很低，在西周中期的周孝王時代，封給養馬人非子一塊邊陲的貧瘠封地，地名秦（約在現今甘肅東部），而這塊地，又處於戎、狄之間，他的主要任務，是作為王室的屏障，並為王室牧馬，到了非子之孫秦仲，因協助周宣王討伐西戎，被宣王提拔為貴族身份的「大夫」，周幽王被犬戎攻擊時，秦是少數幾個協助幽王的氏族，並且出力甚多，及至幽王被殺，平王東遷，秦卻以小藩身份，派兵護送，周平王對這種雪中送炭的舉動，顯然是很感激的，於是，他封秦仲的兒子哀公為諸侯，並賜他西歧以西的廣大土地，但是，這片地卻是可望而不可及，因為周平王說：「戎無道，侵奪我歧、豐之地，秦能

攻逐戎，即有其地。」而秦自襄公始，陸續驅逐戎、狄，合法的擴張勢力，終於成為西方的強國。

　　註：詩經・小雅有十月之交篇，敍述日蝕，其文曰：「十月之交，朔日辛卯，日食之。」據鄭箋註：「周之十月，夏之八月」，另依汲冢紀年記載：「幽王六年十月，辛卯朔日有食之。」
　　西方歷史學家以歷法推算，該次日蝕在西元前七百七十六年八月二十九日，與詩經及鄭箋所記均合；這是我國有史以來，經中西學者考證文史記載，相吻合的第一次。

第七章 ❖ 西周的玉器介紹

　　幾乎所有玉器專家，在談到西周玉器時，都有一個共同的迷惑，那就是，確定西周墓葬出土的玉器，材質多不佳，且傳世的西周玉器相當少。這和文化上，明白把玉器表明爲，排比等列的禮儀用器的政治、社會狀況，顯然不相符；其實，這是有原因的：

　　自田野考古興起以來，我們統計，除了個別特殊狀況外，玉器大多出土於墓葬，而少出土於遺址，這是因爲在史前時代，我們先民就賦與了玉器斂屍的意義，這種現象，隨著原始宗教的興盛而達到高峯，在商一代，明神尚鬼，崇信巫卜，似乎較不崇信玉器斂屍，但卻習慣聚斂財寶，故而入墓隨葬玉器的比例，依然不減，隨著西周的興起，與政治制度的建立，在重視禮教規範的社會裡，「越禮」與「失禮」，同樣是不被允許的，再加上周朝以農立國，崇尚儉約，使西周墓葬中，殉玉的比例，大幅減少，這是第一個原因。

　　西周自「共和行政」（西元前八四一年）元年起，我國有了確切的歷史紀年，從此，帝王、諸侯、貴族的墓葬，都有較正確的記錄，而周代禮器，又爲禮制符信的代表，特具政治與儒學意義，自戰國始，盜掘周陵、周墓以取銅、玉禮器者，即已興起，及至漢、唐，儒術獨尊，周代禮器在古董交易中，更身價非凡，使周墓被盜掘，更形嚴重；依筆者個人瞭解：傳世古文物，以每百年爲一單位來計算，每過百年，十不得二、三，這除了戰亂、天災的非人爲因素外，不諳古物收藏之道，爲主要原因，即令最樂觀統計，一家五代均未出不肖子孫，家道亦未中落，但收藏古文物，取存觀賞之際，不可能代代都瞭解古文物特性，這種折損，難以數計，筆者即曾有兩次，蒙寵專赴收藏家宅中觀玉，主人在取玉時，不愼跌傷玉器的例子，這種場面，極其尷尬，除主人強顏待客，場合不豫外，筆者個人心中，感觸亦多，古玉湮滅在古墓葬中，固然可惜，但出土後，落此下場，則更令人心痛，但自古以來，除王室或少數大家族，有受過專門訓練的司役，對古文物作專責處理收藏外，一般出土玉器的下場，已經可以預料；在此狀況下，因爲西周玉器的地位特殊，長期出土，人爲的保存不當，造成毀損、破壞，當然傳世的西周玉器，也就少了。

　　此外，西周末年的幽王之亡，是我國有史以來，第一次首都爲外族攻陷，諸史記載，豐、鎬被攻破後，幾遭犬戎掠奪一空，依當時北方民族的文化水準，西周禮器當時就可能遭到重大的破壞：即以，較

有具體記載的異族破京城，掠奪、搶劫的事例，北宋末年「靖康之難」為例，金兵破汴梁，虜徽、欽二帝、宮眷，綑載金玉珠寶北返，徽宗專用瓷器之「宋瓷汝窰」，目前全世界僅有數十件，號稱「國寶中的國寶」，可見文物歷劫遭破壞的嚴重性，而靖康之時，金人已漢化的相當深，與再早近兩千多年，半開化狀態的戎狄相比，幽王被殺，鎬京被掠，周代玉器當時毀損的狀況，就可想見了，故西周玉器，目前所見，數量不多（扣除宋偽），材質不佳，也應是合理的。

　　另有關西周玉器的形制問題與佩掛方式，因為史料的充足，與禮儀專書的流傳，已有不少碩學儒士，予以解釋說明，其中尤以「三禮」中，對玉器的一些記載，最為人津津樂道，其實「三禮」的文義、敘述，確有引人之處，但他成書的年代，是在戰國時代，已可確定，我們蒐古、遵古而不「泥古」，當為研究古文物的客觀之道；所以，筆者認為，三禮有他可取之處，大部份的文義，表現出戰國時期，對玉器的嚮往與憧憬，但若以其所敘形制、尺寸，作為西周禮器的惟一規範標準，則可能偏頗甚多；而出土資料也證實，三禮所敘，與西周實際用玉情形，有很大的出入。

　　因為，戰國後期距西周末，已有三、四百年，距周初，更達六、七百年，在那段禮崩樂壞、征戰連連、諸侯僭越……的大環境影響下，三禮所敘周初禮器形制，可信的比例，是很少的，但對西周用玉的精神，則因為直接承襲的關係，反而掌握的比較完全，值得我們參考。例如：

　　禮記、聘玉：「君子比德于玉。」
　　禮記、玉藻：「君子無故，玉不離身。」

　　西周貴族、文士，以玉自況，是可以肯定的；自周公製禮作樂，把玉器當作排比爵位、等列的禮器；使一般人對他的認知，從殷商高價值的「貨寶」，逐漸有了轉變，從高官的符信之物，轉變到以玉代表高官、厚爵，也就在這個周初禮制形成的階段，西周社會開始賦與玉器，一種道德上的比附性格，再摻雜以往玉器在政治上、社會上的多種意義，玉器被擬人化了，他有完美的「德行」，合乎禮制社會的禮、義、仁、智、忠、信……等，統而稱之為「玉德」，一個力求完美的正人君子，他應該像玉一般，於是，玉器成了德行完美的標準，故而「君子比德于玉。」而詩經、秦風所載：「言念君子，溫其如玉。」也是對這種「比德于玉」君子的歌頌。但是，玉器之德，實在

太高、太高了，一般士、大夫是無法達到的；所以，只有佩玉以自勉，佩玉以儆身，因為，人是不能欠缺砥礪的，而能砥礪君子德行的最完美物質，就是 ——玉器——，所以，「君子無故，玉不離身」。從前面的敍述，我們可以瞭解到，西周玉器文化的進步，是向兩方面發展的。

第一，是禮器；代表國家爵位的官爵證明，他廣義的，包括國家祭典時，各統治階層，依身份佩掛、執掌的玉器；也包括王室、諸侯，祭天、禮地、祭拜四方、祈雨、禳災⋯⋯等的祭祀用玉，這一部份禮器，數量極少、極少（想像即可知），除爵位玉器外，很少出土於墓葬，湮滅、散失的情況很嚴重，傳世玉器中，亦不多見，目前所見，且略似三禮所敍，幾乎均為宋代偽作。

第二，由於「言念君子，溫其如玉」、「君子無故，玉不離身」的玉器比德觀念成形，一般士、大夫、貴族的私人佩玉，開始興起，這些玉器，大小不一，也沒有固定的形制，但從雕工分析，較殷商佩玉，有自繁縟趨於簡樸的傾向，這與西周的立國精神、社會崇尚有關，當可作為西周玉器的時代風尚。

以往，研究玉器者，只要談到西周玉器，都提到周禮、春官、大宗伯所敍的「六瑞」、「六　器」，及圭、璋、琘、笏⋯⋯等，這其中有部份，可能是西周禮器的名詞，但他的意義，不在玉，也不在雕工，而在他所代表的爵位，迄今為止，我們對於這些玉器大部份的形制、尺寸，甚至名稱，都無法完全掌握，就驟下結論來斷代，造成市面上所標示出來的西周禮器，自新石器時代的美石工具、武器，鏟、斧⋯⋯等，到南宋初，三禮圖說作者聶崇義，憑想像所敍的型制，無所不包，但幾乎無一是真。

殊不知，西周受禮制影響，比德於玉的一些個人佩飾，方為我們探討西周玉器的重要資料；雖然，這些佩玉，仍受到濃厚的禮儀用玉影響，但他的束縛較少，器形變化較多，在玉器藝術研究上，反而會讓我們有更多的收獲。在有關這方面，長時間的研究中，筆者發現，這些以「比德」、「儆身」為目的的個人佩飾，玉質一般都較差，美石材質多於和闐玉，偶見和闐玉，材質也多有瑕、有髒、或較粗礪，這是否為西周禮制的規範，個人用玉材質，不得高於國家符信用玉的材質呢？我們只有期待更多的出土資料，來作比對、歸納了。

目前，有明確出土記錄，並能與正史比對符合的，西周大型墓葬並不多，偶有，也已遭盜掘多次，不具文化意義了，惟近年，時屬西

周早期墓葬的一批玉器，自山東省滕縣莊里西村出土，使我們對西周佩飾玉器的瞭解，有一定的參考意義：

玉鷹（如圖六十三）：一九七九年在山東滕縣莊里西村出土，這批墓葬，可確定屬西周早期，依陶器、銅器資料分析，大約在西周成王、康王前後。

（圖六十三）在西周時期，玉器「比德」的觀念，已經形成，故而社會上，貴族、士、大夫的私人佩玉，開始興起，但是西周立國精神，崇尚儉僕，使玉雕也有從繁縟趨於樸實的傾向，本圖玉鷹所展現出來的，就是前述特色；但造型的藝術性，仍頗可觀。

這件玉鷹，材質為青綠色，因入土受浸沁，使表面呈現，深淺不一的「雞骨白」沁色，和闐玉入土，很少形成這種品相，此器材質當為地方玉，本器高七‧六公分，厚約○‧四公分，全器作扁平狀，兩面雕，鷹身直立，但頸向左平伸，而鷹嘴回鉤，與尾部上捲的羽翎，略呈對稱，本器頭形雕作特美，圓潤有曲線，其上大眼圓睜，嘴部呈誇大狀的回鉤，使全器在莊重中，不失諧趣，為一藝術價值極高的佩飾，本器下頜與頸根各有一穿，為佩飾無疑，筆者認為：頸根處之圓穿，為全器重心的上方，當從此穿繩佩帶，而頜下之穿，可能為繫絲絛或小珠墜，以使全器在組合中，更形美觀；從本件玉鷹的造型、雕工，我們可觀察出：

　　一、由殷商雙陰線，或陰線減地的雕法，到西周，演變成陰線斜刀的琢玉風格，已經形成。

　　二、以片狀玉，作動物剪影形式的造型，還是承襲殷商而來，本器與殷商婦好墓出土的玉鳳（如圖三十六），在造型上，顯為類似。

　　三、在表面紋飾，與造型特徵上，殷商玉器較重工整，顯然宗教意義很高，而西周玉雕，似乎已經從這種思想禁錮中，逐漸脫離，開始求取生動、開放、活潑，顯示在西周，神權已衰落，崇尚自然、理性的人文思想，已經開始抬頭。

（圖六十四）本器雖作璜形，但兩端的修飾，內外側的牙脊、凹槽，非關玉器形制的演變，而是造型藝術化的傾向，這種傾向，我們看到了，從平板狀的璜形飾，走向鏤雕玉璜的過程。

　　另如圖六十四的玉龍紋璜：在最長八公分的圓弧上，作出身尾相互交接的兩條龍，都是用雙鉤夾雜單陰線琢成，龍雖仍作臣字眼，但已作變形，與殷商典型臣字眼的造型，大有改變；龍頭有髮，均平行上指，待到圓穿處，再鉤繞而過，不但使全器裝飾得更華麗，也對孤立在兩端的圓穿，達到了一定的裝飾效果，頗具匠心。本器整體造型，弧彎明顯，內側各截去一小方角，配合內、外緣的外凸牙脊，使此僅〇・四公分厚的平面玉璜，表現出曲線玲瓏的造型，參考早期扁平玉璜的形制，可知我國玉雕的造型藝術，的確隨著時代在進步。本璜內、外側的鋸牙狀凹齒，在造型上，略顯突兀，此器是否與大溪文化出土有鋸齒邊緣的玉璜，在造型紋飾上，有承襲關係，因為相關出土資料極少，尚難確定。惟本器，從兩面雕的方法，穿孔的位置，整體造型比例，都顯示出，是佩飾用玉璜無疑；而此器的造型、刀法，都

可作爲玉璜至戰國時期，紋飾完全成熟階級，一個重要的演進、變化指標。

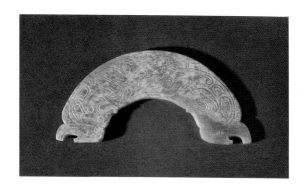

（圖六十五）本器雖與前圖所示之玉璜，一墓出土，但從龍髮冠的造型觀察，仍可看出藝術性的進步；尤其紋飾的表現，雜而不亂，刀工流暢、犀利，確爲佳作。

　　如圖六十五的這一件玉龍紋璜：長十三公分，雙面雕，在兩端各琢出一隻低頭對視的龍，龍髮冠的造型方法，顯較前器更具藝術性，精心修整而成的邊端，爲爾後戰國時期半鏤空的玉璜，開啟了先聲；此器二龍身體，於器中斜面交會，各紋飾線條，雜而不亂，確爲一件難得的高藝術性佩飾器。

　　從前述二器，及殷商婦好墓出土的玉龍，分析可知，在周初時，我們先民，已經開始把始自於紅山文化的玉龍，透過主觀的想像，以藝術的方式，壓縮、調配、擺放在平面玉器中了，這明顯是受了銅器鑄造紋飾中，虺紋、龍紋，變體平面鑄造的影響，所引導出來的藝術觀念，但「刻」難於「鑄」，卻是一個事實，在鑄前的修模過程，我們可以一再修改，但玉雕就不同了，所以在工藝技術上，顯然延後了一些。但從造型的平面化，我們可以認定：在我國流傳數千年，可作爲民族紋飾的龍造型，在商末西周初，就已經完全定型了。

　　此外（如圖六十六），本器出土時，命名爲「玉夒龍佩」，長八

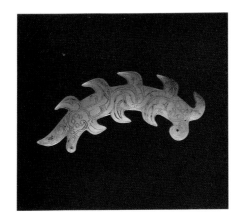

（圖六十六）從本器材質的光潤性觀察，本器當為西周玉雕中，難得的和闐玉材製品；其上雕作兩隻虺，配合造型的翅鰭，作出牙支，琢工精細，線條玲瓏，幾已掩蓋了他的祖型「璜」。

‧九公分，厚〇‧二公分，與前述三器，一同出土於山東滕縣莊里西村，可是從材質的透明度、光潤性可知，此器與前三器，材質不同，且入土受沁，形成的品相，也不相似，本器應為透閃石材（與和闐玉相近，或為和闐玉），本器整體，略呈彎弧，左右各出五枝「牙」，圓弧內側兩邊牙支，作成圓形，上各有一穿，似可以璜的方式繫佩，其餘八支牙，則作成魚鰭狀，均呈現飄動之姿，器表則以雙陰線雕出兩隻虺，變形翅伸展於牙支，虺身交結於器中；此種紋飾，脫胎於商代的銅器，為自此時，直至明、清玉雕，常見的運用素材。本器琢工精細，紋飾佈局，均勻大方，但整體器形，卻極為罕見，依筆者觀察，此器當為璜的變體。

　　從前述三圖，我們可以歸納出一個結論：起源於浙東地區新石器時代遺址的璜形飾，歷經夏、商的文化融合，至周初，已發展成我國玉雕的一種通行佩飾形制，這種半弧的器形，極少見於世界其他史前文化，可作為我國玉器文化形制的代表；但在器形的修飾上，則明顯有不同的變化，筆者認為，這種變化，主要形成的因素是：

　　一、藝術性的著眼：雖爲一弧形器，器表、器端的紋飾，如何分
配置放，能更美觀，當爲考慮的因素之一。

　　二、就器形佩掛的實用性，爲考慮設計因素。例如：如何穿孔，
能顯出繩系與玉器的整體美，如何穿繫，可使玉器顯得凸出……等。
爾後東周長串組佩發展出來，這種現象，則更明顯。

　　所以，筆者認爲：璜形飾自西周始，在已固定的形制下，有所變
化，是純以藝術性與實用性爲考量重點，而與禮制無關，這也證實，
周禮‧春官所紋：「……以玄璜禮北方。」的概念，在周初還沒有形
成。

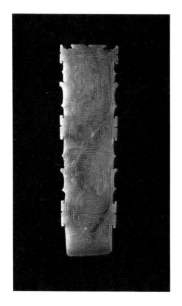

（圖六十七）本器雖未有明確出土資料
，但其上紋飾，與西周銅器紋飾相類似
，線條亦流暢不造作，刀工流露出強烈
的西周玉雕風格，依据「玉仿銅」來斷
代，本器當確爲　西周中期玉雕。

　　另如圖六十七：爲一把長十三‧六公分，寬三‧五公分至三‧八
公分之間的「鳳紋玉刀」，刀體下方，有由兩面磨成的刃，略不工整
，其餘左、右及上邊，琢出一些略對稱的齒脊，使單調的扁平長方形
，顯出強烈的曲線之美，本器現存於山東省德州市文化局，據知，是
在一九八○年，自山東省濟陽市征集而得，沒有明確出土資料，筆者
認爲：將本器斷代爲西周之器，應當正確，因爲：

　　第一，本器兩面雕，各作出兩隻相似疊立的鳳鳥，羽冠、鈎嘴、

圓眼、粗足、瓜分兩趾，而我們查考鳳鳥的紋飾起源，現有資料出土最早的記錄，是商中、後期的玉鳳佩（如圖三十六），但到了商末、周初，銅器的紋飾中，出現平面扭身，粗足、兩爪的鳳蚊，至西周中期，鳳紋就成了銅器的主要紋飾，與虁紋、龍紋鼎足而三；本器粗足，爪分兩趾，明顯係自銅器模仿而來，所以本器不可能早於商，再參考鳳體的造型，與西周中期的銅器鳳紋，風格極相近。所以本器的時代，幾可斷定。

第二，本器紋飾的線條，流暢自然，布局均勻；在刀法上，使用斜刻的寬陰線與細陰線結合，這是自西周初，發展出來的新刀工，殷商時不見，春秋時亦有修正；所以，在此器各部份都無作偽痕跡，以紋飾與刀工斷代爲西周中期，當爲合理。

本器材質，略呈青色，但玉質細膩透潤，爲和闐玉無疑，作成此形，當爲西周貴族的玩賞之物。

除前述各器外，西周中、早期的諸侯強伯墓，於一九七四年在陝西省寶雞市茹家莊出土，在出土的墓葬中，包括強伯及其妻妾的大墓三座，參考史籍資料，周分公、侯、伯、子、男五等爵，「伯」的爵位，已經相當高了，（例如：周初晉國是侯爵，曹國、鄭國皆爲伯爵），強伯與其封地的有關資料，經與金文及其他史籍核對，都已考證出來。爲目前所知，西周出土墓葬中，墓主等列最高者，出土文物中，除了有陶器、銅器外，玉器所表達出來的時代風尚，最令人驚訝，因爲，他與我們已往所認知的西周玉器，有相當的差距，極具參考價值；首先，此墓未出禮儀用器，既不見璧、琮，也不見圭、璋之屬，這是相當令人不解，但反而出土了相當數量，以玩賞、佩飾爲主的玉器，且一些動物造型，極爲逼眞、寫實，特具時代特色，可使我們對西周中期玉雕的風格，有更深刻的體認。其中，具有代表性的，有下列各類：

一、玉鹿珮（如圖六十八）：此器一次出土兩件，一大一小，均以側面剪影方式，作出輪廓，一昂首，一回首，均生動自然，大鹿昂首挺立，怒目前視，鹿角枝枒，彎扭自然，顯然製玉者對鹿的觀察，極爲細緻，並在鹿角根處，琢有一圓孔，當爲佩飾。小鹿造型，作成回首巡視狀，鹿角以橫枒爲主，顯有工就料的傾向，並在角中，留一圓鈕，上鑽一孔，當亦爲佩飾；此二器玉質不佳，依沁浸狀況分析，當爲材質較差的岫岩玉系；從此二器造型觀察，不論腿、蹄、耳、胸，都表現出田野鹿隻的特點，就寫實的觀點來看，是很成功的，這也

（圖六十八）此二件扁平佩飾，均作鹿形，自然逼真，顯露西周玉雕，樸實、崇尚自然的時代風尚，此一特色，常為鑑玉者所疏忽，西周動物玉雕，常顯露出這種風格，可作我們鑑玉參考。

顯示，西周玉雕藝術，雖某個程度的繼承了殷商，但是，已從層層束縛的宗教思想中，逐漸解放出來，走向寫實，並崇尚自然。

鹿，在我國動物紋飾中，使用很普遍。他雖不列於十二生肖中，但在早期，卻被認為是一種神物，是人升仙時所騎乘，也具有人神溝通的靈性功能，楚辭、哀時命中就有：「騎白鹿而容與。」之句，形成這種觀念，應該在殷商（因有鹿鼎），及至西周，更將難得一見的白鹿，視為祥瑞的象徵，所以說：「道備則白鹿現。」，而詩經‧小雅有：「罄無不宜受天之百祿。」自漢、唐起，因鹿與祿位中的「祿」字為諧音，在「福祿」、「福祿壽」、「百祿」（以百鹿喻之）……等眾多寓意紋樣中，與蝙蝠（象徵福）、桃（象徵壽）……等，構成不同組合的圖案，並常使用在玉雕上，在這種變化下，鹿就已不再是神物、祥瑞，也不是叢林野獸，在我國民俗圖案中，他成了官位（祿）的代表。

註：另有以鹿、鶴，寓意六合同春。

二、圓雕玉鹿（如六十九）：這一件高僅四公分，長三‧七公分的小件玉雕，作成一回首佇立的幼鹿，通體光素無紋，獸身圓實，獸足也琢刻粗壯，但是製玉者，僅用一對大耳，就把幼鹿的特徵，技巧的表露出來（鹿性溫馴，易遭攻擊，故小鹿初生時，耳部特大，聽覺靈敏），為一難得的立雕藝術品，本器在大耳下方，作一透空直穿孔，以示雙眼，臀部也有一穿，當可確定為佩飾；前文中，曾提到鹿形

紋飾的發展，依此墓出現多件鹿形飾的狀況分析，並參考古籍，「鹿
」在此時，已有神物，載人飛昇成仙的寓意；但是，代表祿位的諧音
寓意，則似還沒有形成。

（圖六十九）本器雖為圓雕，但僅粗作
鹿形，以一對大耳，配合鹿的回首，即
將幼鹿膽小、謹慎的心態，表露無疑；
這種造形方式，顯示玉匠對自然觀察細
膩，與工藝表現的高明。

（圖七十）西周玉器中動物立雕，常將
後腿作成傾斜，除可表達動物的力感外
，也可平衡頭部前傾的重量，使玉雕可
平面置放；由此也可知，這些立雕動物
，除部份可作佩飾外，都兼具玩賞、陳
列之用；本器亦為目前所知，最早的一
件立式玉雕牛。

三、圓雕玉牛（如圖七十）：本器高僅二‧四公分，長四‧二公分，為小件圓雕，但雕作逼真，形態宛然，四肢、身軀、頭部，比例適中，四足直立，微往後斜，似有抗拒驅使的動感，把牛溫馴中，帶有倔強的牛脾氣，也能表現出來，確為西周寫實藝術品中佳作。西周玉石雕中，常將動物形態的立雕四足，作成往後傾斜，此除可表現出動感外，也可平衡頭部外伸的重量，使全件作品的重心，在器身中央，易於站立，另在造型觀感上，也可消除「頭重腳輕」的錯覺，這顯示：西周的玉工，在寫實的層面上，已顧慮到藝術造型，與實際置放、賞玩的問題了。本器為青色美石作成，材質潤透，部份表層，因入土形成白色沁蝕狀，此為岫岩玉入土特徵，一般新疆和闐玉入土，不會形成這種品相，可作我們辨別古玉材質的參考。

牛，是農業化社會的主要動力來源，與人類發生關係極早，在殷商銅器紋飾中，就有出現（牛鼎），而龍山文化後期的遺址，也有大量以牛肩胛骨為材質的占卜遺物，自西周起，牛在禮儀祭祀中，正式取代人殉，成為祭典中，最主要的生命獻禮，俗稱「太牢」。而在民間，則因牛的功能性，成為農業社會許多活動的象徵，如「立春」日，要打春牛，即由扮演主管草木生長的「句芒神」，鞭打春年，以示迎春與收穫豐碩……等；所以，牛的紋飾，在玉雕中起源很早，也很普遍，（如殷商婦好墓出土的玉雕中，就有臥牛），本件玉雕，除材質良好，雕工寫實外，也為我國目前所發現，最早的一件站立牛形玉雕，這表示，自殷商後期，以至西周，牛在當時社會中，由有用途的家畜，因為祭祀的使用，已賦與他禮儀用意。

四、玉魚（如圖七十一）：是強伯墓出土動物器形中，比較易受爭議的一類，圖中三條玉魚，彎曲狀兩條，平直狀一條，長均約十一公分左右。玉料呈墨綠色，此類玉材似瑉，琢磨細緻，有蠟狀光澤，似微透明，但與新疆和闐玉比較，材質較軟，比重較低，有經驗的玉器分辨者，入手時，即可覺得份量略不足，可作為鑑別的參考。本圖三器，皆有穿，明顯係配掛物，並在器表，以陰紋作魚目與鰭，使人一眼即可看出為魚形，但與前述玉羊、玉鹿、玉牛、及後圖玉兔、玉虎相比，魚的外形，極不寫實，尤其魚尾部的尾鰭雕法，偏離現實甚遠，甚令人敢疑竇，筆者認為，這種突變現象，是因為：

工就料──因為在中原，長遠以來，玉材就是珍貴之物，為了材質的省用，常在藝術成份上，作了一部份的犧牲，這種現象，是好是壞，則有見人見智的不同見解。

（圖七十一）本圖三件玉魚，雖魚的特徵俱全，但與前述動物玉雕相比，寫實性卻極差，何以產生這種現象？筆者常以「玉工的儉德」稱之；因為玉材在中原極貴重，玉工琢玉時，常捨不得袪除太多玉料，故常雕成這種似寫實、似變體的動物造型，自上古以迄今，都有這種現象，為我們賞玉、鑒玉，平添了許多趣味！

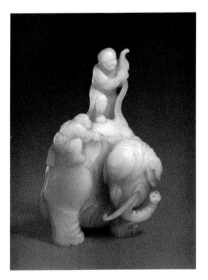

（圖七十二）我國歷代玉雕中，常因玉工捨不得袪除過多玉材，形成造形似變體的玉雕作品，但玉工仍運用了一些技巧，反會平添造型上，一些異乎尋常的效果，本圖所示為乾隆時期作品，玉材上好，溫潤細膩，玉工捨不得修去過多玉材，使象肚塌至幾與足齊，但修飾良好，反而增加了藝術效果。

　　而不同於「工就料」的另外一種現象，就是：玉工、工匠在長期經手玉材中，深知玉材的珍貴，在雕作玉器時，捨不得剔除過多玉材，這種略有別於「工就料」的造型方式，筆者常戲稱之為：「玉匠的儉德」，在歷朝、歷代的玉雕中，都不斷有這類藝術品出現；以我國歷年，玉料來源最充足的乾隆時期為例：有一件圓雕的雙童洗象圖玉飾，玉材極佳（如圖七十二），象作回首站立，二童子持瓶，爬上象背清洗，各處都雕琢得寫實生動，但玉工在琢刻象的下腹部時，就捨不得把玉材多琢去一些，而形成象腹幾乎塌觸於地的形態，但玉工作如此雕作時，仍然運用了一些藝術的技巧，反而會造成異乎尋常的效果。有關本圖玉魚的造型，筆者即是抱持著前述觀念來觀賞。

（圖七十三 A、B）此二圖中所示之玉兔與玉虎，可看出西周動物玉雕中，崇尚自然、樸實的氣息。但玉虎的耳形，作成似雲形，顯示先民賦與他的神性，仍在流傳，這一部份，為我國玉雕動物造型，最奇特神秘之處，使我們常看到的動物玉雕，已不是自然界的動物，而是玉工心目中想像而成的神獸。

　　五、玉兔與玉虎（如圖七十三 A、B）：材質與前圖玉鹿相似，可能是同一玉材來源，由同一工匠所製，玉兔大者高三・二公分，長四・七公分，玉虎高亦三公分餘，長約八・一公分，這些玉作，以寫實為主，崇尚自然，表面紋飾，也僅以簡單的陰線作表達；但是，玉虎身軀上，則用捲渦來表現虎的紋飾，類似雲形的虎耳，來表達虎的敏銳聽力，所以，仍有一些意在言外的抽象表現傾向。

　　另大隻玉兔後腿與前足處，有兩條縱貫全身的直條紋，此為玉器開片（切成薄片）時所留，這類直紋的刀痕，告訴我們：這塊玉料，是用薄而硬，但具有韌性的直鋸，蘸解玉砂作開片工具（可能是無齒

的銅鋸），在開片時，因壓力過大，使刃口偏向，而在玉材上留下了鋸痕。

（圖七十四）「玉瑑」，為我國玉雕藝術中，所特有的形制，本器品相，非玉受沁，應係美石（地方玉）琢成，其上紋飾，不具特殊意義，應為純裝飾性，雖雕工不整，但卻可作我們，鑒別西周玉雕紋飾的比對資料。

六、玉瑑（如圖七十四）：此類形制，一次出土兩件，長七公分，口徑約二公分，外形略為束腰，中心有兩面對鑽的透空孔。玉瑑的起源，是舊、新石器時代先民，佩帶骨段裁成的骨管，後至良渚文化階段，因為原始宗教圖騰獸面，都是以四角形的九十度直角，為獸面紋中線，因而出現了方瑑的形式。圓瑑在我國新石器時代各地區文化，幾乎都有發現，有的單一佩掛作胸飾，有的成組佩掛，也有的與圓珠、圓環混合佩掛；所以，這種形制，是繼承史前文化先民的流緒，而與禮儀形制無關。

本二器材質，呈深褐色，目視觀察，筆者認為：這種色澤非玉沁、非玉斑，原材質可能是東陵石（即含有赤鐵礦之石英岩類），而器表白褐色斑，當為入土質變而成。此二器紋飾亦相似，在器表，以二陰線，將全瑑分成三等份，上施幾何紋，雖簡窳不具意義，但刀工中，仍流露出西周特有的斜刀雕琢風格。

　　從前述各件玉雕的材質、刀工、紋飾結構、藝術線條來分析,我
們大體可看出:西周的社會,確是較殷商簡約,這種整個社會風尚,
表現在玉雕藝術上,樸實、粗拙的刀工,已經不是玉器的重點,佩玉
的意義,在於禮儀的規範,以及深蘊玉材內部的「玉德」;此所以,
看似樸拙的西周玉器,卻在我國玉器文化中,有重要的意義。

【第三編】　轉變、動蕩的春秋時代

　　春秋，到底是什麼樣的一個時代，相信很多古史專家，也很難回答得很圓滿；因為，他是一個原本結構完全的政治、經濟制度、及社會組織的崩壞過程，在這個過程中，人們所面臨的生活，是不安定的，價值是錯亂的、道德是混淆的⋯⋯。在這個空前解體的社會組織崩壞過程中，知識份子面對飄搖不定的現實，自然產生了不同的思想，有的主張守舊、有的主張趨新、有的主張折衷；針對社會衍生出來的問題，有的主張以道德感化，有的主張嚴刑峻法來規範⋯⋯等。

　　孟子形容得好：「聖王不作，諸侯放恣，處士橫議。」（如圖七十五）

（圖七十五）本器為山西渾源縣李裕村出土的犧尊，屬春秋時代諸侯器用，但與商、西周牛尊、象尊比較，已不是禮器；他的用途，僅是尊體注入熱水，三孔可置酒卮的溫酒器用；類似情形，在春秋時代極常發生，這也印證了孟子所說的「聖王不作，諸侯放恣⋯⋯。」

莊子‧天下篇更批評的直接：「天下大亂、聖賢不明、道德不一。」

在這樣一個大環境中，人與人的關係，親屬之間的倫理，國與國之間的摩擦，都因為舊禮教、制度的喪失，而變成另一種興衰型態，比起西周時代的封建階級狀況，的確完全改觀了，舊貴族的沒落，乃是必然的，所以，自春秋開始，布衣而為卿相的執政者，驟然多了起來，像管仲、孫叔敖……等；並且，商人也開始擠進政治舞台，這些富商大賈，拜時代之賜，貿易有無，溝通各地，形成鉅富，如春秋時期的鄭國大商人弦高，在販牛自西方歸來時，遇到秦穆公所派，欲偷襲鄭國的部隊，居然以代表鄭君，犒勞秦軍的名義獻牛，使鄭免於亡國；又如陶朱、猗頓之流，也都是因經商致富，並且隱隱然有影響國家行政的力量；而孔子的弟子子貢（端木賜），更是春秋後期的大商人，司馬遷就直言不諱：

「使孔子名布揚於天下者，子貢先後之也，此所謂得勢而益彰者乎？」

也就是說：孔子的學說，能散布天下，孔子的名氣，能揚名於諸侯，和有子貢這樣的大商人子弟，是分不開的。

另依據史籍與出土資料顯示，春秋時代的都市，已經是政治、文化、手工業、商業、交通等多方面的中心。像陝西的咸陽、河南的大梁、直隸的邯鄲、山東的臨淄，都是當時極有名的大都市。戰國策中，曾有一段描述齊國首都臨淄，商業茂盛的繁榮狀況：

「臨淄之中七萬戶，……甚富而實，其民無不吹竽、鼓瑟、彈琴、擊筑、鬥雞狗，博蹹鞠者。臨淄之途，車轂擊，人肩摩，連袵成帷，舉袂成幕，揮汗成雨，家給人足，志高氣揚。」

這是如何一幅貿易興盛、百業匯集、夜夜笙歌、紙醉金迷的浮華社會，而在這種奢靡社會文化形成的初期—春秋時代；各諸侯國的主政者，都要負很大責任，因為，他們完全揚棄了西周的禮制，國家之間，強凌弱、眾暴寡，所以孟子曾感慨的說：

「春秋無義戰。」

既然社會型態如此，指導人們行為的思想，反映社會的藝術，都有了莫大的變化，史記‧貨殖列傳中，所敘述的最為中肯：

「及周室衰，禮法墮，……稼穡之民少，商旅之民多，穀不足而貨有餘。於是商通難得之貨，工作無用之器，士設反道之行，以追時

好而取世資。……禮義不足以拘君子，形戮不足以威小人；富者，土
木被文錦，犬馬餘肉粟……。」

　　也就在這種狀況下，我國玉器文化，自春秋時代開始，呈現了完
全不同往昔的藝術形態；前文所敍的「工作無用之器」，可以作爲這
段時期，玉雕工藝的最寫實描述。雖然，玉器以祭器、禮儀器的形態
出現，仍然是存在的，但已逐漸不是玉器的主流；同樣的，個人佩飾
器中，以肖生物、寫實動物，崇尚自然的雕琢方式，也漸漸式微了；
代之而興起的是：爭奇鬥艷、繁縟華麗、玲瓏剔透的雕琢方式。這就
是春秋時代玉雕工藝的主流。

　　針對「工作無用之器」而言，也有另一層意義，就是在實用器上
，作不必要的裝飾，像玉劍飾、玉帶鈎，複雜的玉佩飾……等，都在
這個階段逐漸興起，而一些工藝精巧的餽贈用玉器，更是巧奪天工，
令人眩目。純就造型藝術言，這一時尚，確是培養藝術成就的溫床，
而我國的玉器文化，也就在這個階段，逐漸步上燦爛輝煌的高峯。（
如圖七十六）

（圖七十六）本圖爲屬春秋後期銅器，出土於浙江紹興市；在一銅屋內，陳設樂伎一隊，擊鼓、奏琴、吹笙，神態各異，銅屋外飾花紋，屋頂矗一柱，頂心呈八角柱狀，上停一大鳥，這種純玩賞器，代表春秋時代的藝術主流，也爲「工作無用之器」，作了最好的詮釋。

第一章 ❖ 王室衰微、官工星散，使諸侯與民間的製玉業興起

　　自西元前七七〇年，周平王放棄被犬戎攻佔、掠奪、殘破不堪的鎬京後，即遷都雒邑（洛陽），因為洛陽在周朝疆域的東方，故史稱東周，而原都於鎬京的時代，則稱為西周。

　　東周始於周平王元年（即西元前七七〇年），止於秦莊襄王元年（西元前二四九年），秦滅東周公國為止，共五百二十一年。在這一段時期，東周的王畿，形成了兩個小公國，因為早在西周周考王時，就曾封他的弟弟建都河南洛陽，這個公國，到了西元前三六七年，國公把他的領域一分為二，小兒子領東邊的一塊地，稱東周公，大兒子繼他的位，則稱西周公，周赧王時，這兩個小公國，把周赧王所餘不多的一點王畿也瓜分了，赧王依附於西周公國，西元前二五六年，秦先滅西周公國，七年後，再滅東周公國，時在西元前二四九年，東周正式滅亡。

　　在東周的前一段時期，記載史實的，主要是由魯國史官所記的春秋，因而後人稱這一個階段，為「春秋時代」，春秋結束的年代，學術界有不同的看法，筆者採用較通俗的劃分法，自周平王元年起，到周威烈王二十三年，韓、趙、魏三家分晉為止，時在西元前四〇三年，自此以後，我國歷史即進入戰國時代。

　　周平王東遷洛陽時，大約還有王畿六百多里，就在這塊小的可憐的土地上，周王室維持著天下宗主的身份，雖然周天子在政治上，還能起一點作用，但是現實是殘酷的，對王室有幫助的諸侯，周王又陸續賞賜土地，以示籠絡，如：賜晉文公，原、溫等十二邑；賜鄭，虎牢等；再加上被戎族強占，被諸侯硬奪，王室的王畿，已所剩無幾。也自此始，王室的主要收入，已經幾乎沒有了；而王室另外一項收入，就是諸侯定期的朝聘、貢獻，東周王室顯然也失去了這項收入，因為，依春秋（魯國歷史）所記，在春秋時期，魯國君朝覲王室，只有三次，魯國大夫報聘東周王室，也只有四次，魯國是周公的後代，維護禮制最力，與王室也最親近，而朝貢等於是完全廢除了，可見其他各諸侯的朝貢，也不會多到那裡，在這種情形下，東周王室衰微的程度，是相當可憐的，也因為如此，長期專為王室服務的眾官百工，王

室已經養不活了，於是，就陸續星散到各諸侯國、或民間去，知識份子到諸侯國，或能謀得一官半職，若不可得，則淪入民間為師，也因為如此，春秋時代的知識、文化傳播，是很發達的；而具有專門技術的百工，自王室星散出來後，有的為諸侯、富賈所接納，也有相當多的工藝技術人材，流落民間，依靠發達的商業行為，自作自販，論語・子張篇敍述了這種狀況：

「百工居肆，以成其事。」

（圖七十七）春秋時代周王室、王臣的銅器，驟然減少，諸侯國別的銅器，則大量增加；以本器為例，係一九七四年出土於安徽省舒城，造型優美，與商、周傳統鼎的形制比較，已有改變，以獸首飾器，故又稱「犧首鼎」；為春秋時代的一個小國，舒國的銅器；也由此可知，該時諸侯鑄器的浮濫。

　　這種手工藝匠人星散到諸侯、富賈邸中，或流入民間，自行販售的情形，對藝術的演進，提供了很多助力。即以，周朝代表性的藝術品，青銅器為例，西周時，多是王室與王臣之器，諸侯國別的青銅器，比例很少，但從春秋時代開始，情況改變了，王室、王臣的青銅器，幾乎不見，而諸侯國別的青銅禮器，卻大量出現，並且製作更精細，形式更奇巧（如圖七十七），這種現象，應是必然的，因為，同樣的一批工匠，同樣嫻熟的技術，但是，他袪除了禮教的禁錮、體制的限制，開闊了藝術無限的空間；而流入民間，靠商業行為販售的手工

藝匠人，則更不受任何限制了，他們所賣，惟一的目的，是要「賣得
出去，並賣得到好價錢。」所以，無不爭奇鬥巧，以爲謀利。以玉器
爲例，與西周時期相比，不論工藝、材質、設計，都有極大的進步；
如前編所紋強伯墓出土的玉器，以強伯身爲諸侯爵位中的「伯」級，
等列不可謂不高，所出土玉器，似仍不夠工整，若與春秋時代的玉器
相比，在精工細琢上，兩者幾乎有雲泥之差；例如圖七十八，這是一
九七六年，在山東省蓬萊縣村裏集的春秋時代墓葬中出土，據研究，
這批墓葬的墓主，可能也有爵位，但等列決不可能高過「強伯」，而
這塊長七・六公分，寬六・八公分的玉器，紋飾、雕工之細，設計之
巧，似爲神工，其間的差別，與禮制無關，而是前述整個社會變化，
所推動出來的藝術進步。

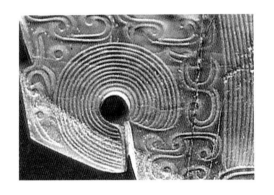

（圖七十八）本器雖作倒梯形，但周邊
的修飾，雙眼的琢刻，已使全器更具藝
術性，其上紋飾，轉折自然，鉤連勻稱，再配合平行紋的粗點，使全器顯露出
完美的工藝效果，春秋時代的玉雕，確
有大幅進步。

第二章◇諸侯迭興的紊亂政局

　　自平王東遷後，王室勢力日弱，既無軍隊，也無王畿、收入，坐困在洛陽一小塊領地上，頂著天下宗主的招牌，苟延殘喘，在這種政治現實下，大、小諸侯，自然不再聽命於周天子，也不再定期向天子納貢、朝覲、述職、服公役了。據現今不完全的統計，春秋初期，還有一百四十多個諸侯國，可是論語・季氏篇所紋述西周時期：「禮樂征伐，自天子出。」的一統號令狀況，已經一去不復返；如此，就演變成「征伐攻戰，自諸侯出。」的相互攻伐狀況，據春秋記載，在春秋時代，列國間的軍事行動，就有四百八十三次，有的一次軍事行動，牽連到好幾個諸侯，可見當時征伐的頻繁了。在這種情形下，一些小國被消滅掉，一些強大的諸侯，則更形強大，如齊、晉、秦等；在西周初封時，大國疆域，也不過百里，但隨著強者愈強，弱者愈弱的趨勢發展，相對東周王室的積弱，除了「弱幹強枝」的現象已經形成，注定周朝的滅亡外，大國與大國間的對峙，更開啓了爾後，戰國時代七雄圖霸，兵荒馬亂的狀況。（如圖七十九）

（圖七十九）西周時，「禮樂征伐，自天子出」，但到了春秋時代，則變成「禮樂征伐，自諸侯出」；故而這一階段的銅器中，諸侯國別的禮器特多；本圖所示爲：桑蠶紋尊，紋飾精美、特殊，但卻不同於西周的傳統紋飾。其中「蠶」的動態表現，自然而不造作，顯示春秋時代藝術進步的情形。

第一節 ◈ 齊桓公始霸

春秋時期，首先稱霸中原的是齊桓公；其實，早在西周時期，齊侯就是一個強藩，因為，周武王封姜太公呂尚為齊侯時，就賜給他一個特權，可以征伐有罪的諸侯，而齊地在山東半島，地理位置上，享有漁、鹽之利，在長期經營下，自然形成了一個強大的諸侯國。

到了齊桓公時期（西元前六八五年到六四三年），任用賢人管仲為相，國力日增，荀子曾敍：「齊桓公併國三十五。」韓非子則記述：「桓公并國三十。」，在消滅了鄰近的小諸侯國後，齊國的疆域，更形擴大；而在這一段時期，興起於北方的戎、狄，常入侵中原，如：公元前六六四年，山戎侵燕，齊桓公率軍北伐山戎，保存了燕國；西元前六六二年，狄人侵入邢國，齊桓公又救了邢國；西元前六六○年，狄人入侵衛國，並且段了衛懿公，齊桓公又救了衛國；在這一連串的軍事救援行動中，齊桓公漸受中原諸侯的信賴。

而在這一階段，南方荊蠻之地的楚國，也日益強盛，對中原構成了更大的威脅，楚以蠻夷自居，完全不認同周天子是天下宗主的象徵地位，除自立為王外，並屢攻中原諸侯，西元前六五六年（周惠王二十一年），楚成王興兵攻鄭侯，齊桓公親率齊、魯、宋、陳、衛、鄭、許、曹八個諸侯的大軍拒楚，行軍到召陵的地方，楚成王派使臣屈完到軍前講和，齊桓公允和退兵，這是中原諸侯第一次聯合，抵抗南方蠻國的侵略，雖然沒有正式的戰爭發生，但已經在短期內，遏阻了楚國勢力北上。在這些軍事行動中，齊桓公不但成就了自己的霸業，也為他博得了良好的歷史地位，到了百年之後的春秋後期，孔子還一再讚嘆齊桓公的霸業說：「若沒有管仲相齊桓公，成就霸業，我們恐怕都要披著頭髮，穿左衽胡服，受異族統治了。」

公元前六五一年，齊桓公召集諸侯於葵丘，大會諸侯，中原各國的諸侯國君，都親自參加會盟，而東周王室也派代表參加，正式承認齊桓公盟主的地位，史稱「葵丘之會。」

第二節 ◈ 晉文公續任盟主

齊國在齊桓公、管仲去逝後，國力漸衰，中原又呈紊亂之勢，而楚國的勢力，則又趁隙北上，晉國國君晉文公，領兵拒楚，逐漸取代齊國在中原的地位，成為新的霸主。

其實，晉國在西周時，只是地處汾水下游的一個小國，到春秋初

期，晉文公之父晉獻公時，才逐漸強盛起來，韓非子記述：「獻公併國十七，服國三十八。」使晉國完整的控制了肥沃的汾河流域，國力日盛，但因為楚國的勢力一再北犯，而齊國逐漸削弱，使中原的一些小國，如魯、鄭、陳、蔡等，都不得不歸附於楚；西元前六三二年，楚國又北犯圍宋，宋國向晉國求救，晉文公親率晉、宋、齊、秦的聯軍，大破楚軍於城濮，這一戰，不但奠定了晉文公的霸業，也使楚國問鼎中原的銳氣大挫，史稱「城濮之戰」；戰後，晉文公在踐土（現今河南省原陽縣）大會諸侯，已往歸附楚的小國，都不敢不參加，東周天子也派代表，參加了會盟，盟約規定：「皆獎王室，勿相害也。」從此，晉文公成為中原諸侯的領袖，史稱「踐土之盟」。

爾後，晉、楚之間，長期處於對峙的戰爭狀態，彼此勢均力敵；其中，晉、楚曾在宋國都城商丘講和，平分霸業，當時晉國已開始處於劣勢，後來國政落在韓、趙、魏、智、范、中行等六家世卿手上，彼此攻伐，力量抵銷，而導致三家分晉，晉文公所成就的霸業，也就灰飛煙滅了。

第三節◎春秋時代中原最大的禍患──自稱蠻夷的楚國

從前述兩節，我們可以看出來，中原大國中，誰能領兵拒楚，誰就是中原盟主，可知楚國力量的強大了。

而楚國的興起卻很早，約可追溯到夏朝大禹時代，當時，苗族為禹所敗，退出黃河流域，在長江、漢水一帶，形成了一個很大的氏族部落聯盟，其中最強的一支，就是荊楚。依據卜辭記載，武丁曾出兵伐荊楚；周武王時，荊楚曾出兵協助伐紂，而被成王封為子爵。大約中原強盛時，楚即臣服，中原紛亂時，楚即進兵攻伐，所以，到了春秋早期，楚君就自立為王，自稱是蠻夷，屢次進攻在黃河中、下游的小諸侯國，到了楚莊王時期，更用孫叔敖為相，大事改革，國力更盛，除屢攻中原小國外，還在西元前六〇六年，進兵到洛陽郊外，嚇得周天子立即派人慰勞，楚莊王對周天子的使者王孫滿，直言不諱的詢問，代表周王室政權的九鼎，多大多重，王孫滿機智的回答：「擁有天下的人，在於德行，不在於鼎的大小。」方使周王室逃過一劫；這就是「問鼎中原」典故的由來。

韓非子·有度篇稱：「楚莊王併國二十六，開地三千里。」確為

事實，莊王之後，國力漸弱；到了楚平王時期，居然硬娶太子未過門的媳婦，並殺了諫言的太傅伍奢全家，伍奢的次子伍員（即伍子胥），智勇雙全，漏網出奔吳國，全力輔佐吳王，十八年後，吳王及伍子胥率兵攻楚，楚軍大敗，京城也被攻陷，伍子胥更掘楚平王的骸骨鞭屍，以報滅家之仇，自此，楚國國力就漸漸衰弱。

可是，在楚國連續進入中原爭戰的這一兩百年中，透過掠奪、戰爭、議和……等各種接觸，使中原文化很快的進入荊楚之地，也透過楚國，逐漸影響著後起的吳、越諸國，使長江流域與黃河流域的文化內涵，逐漸融合為一體。（如圖八十）

（圖八十）春秋時代由於楚國連年進入中原爭戰，透過掠奪、戰爭、議和……等接觸，使中原文化很快的進入荊楚之地，使長江流域與黃河流域的文化內涵，逐漸融為一體；本圖所示為「原始瓷刻紋筒形罐」，出土於春秋時代越國墓葬，全器釉薄而潤，并滿飾蟠虺紋，其風格與玉雕相近似；顯示春秋時代吳、越等國，受楚國影響，藝術風格已與中原相近。

第四節 ◇ 秦霸西戎

在前文中，我們曾提到：在周天子所封的諸侯中，秦的出身最差，時間也最晚，一直到平王東遷洛陽，秦襄公沿途護送有功，才獲封為諸侯，但是，因為周室已形衰微，秦雖封有名號，至於封地，則是口惠而實不至，周天子給的是，為戎、狄所占的王畿。所以，一直到西元前七五三年，秦國才「初有史以記事」，但秦國卻發展的很快，到了秦穆公時期（西元前六五九年至六二一年），任用百里奚為相，整頓改革，獎勵生產，國力達於顛峯，但是秦、晉接壤，秦欲入中原

，必須通過晉國，而晉則為天下盟主，勢力不容忽視，西元前六四五年，秦舉兵伐晉，大破晉軍於韓原，且生擒晉惠公，秦之名聲，震撼中原，從此，秦、晉屢有戰爭，互有勝負，但礙於晉國的勢力，秦終不得向東發展，故而只得向西戎地區擴充，「滅國十二，開地千里」，成為獨霸西方的大國。

在春秋時代，秦國西遏戎、狄，使中原齊、晉等大國，能專心對付南方的楚國，亦使周室王綱不墜，對中原有很大的貢獻；但是，困於晉國的強大，終不能東入中原，只得向西方發展，如此，把我國自夏、商以來，所擁有的疆域，又擴大了許多，而在這個西進過程中，秦長期與戎、狄雜處，吸收了他們慓悍、飄忽，戰不畏死的半開化異族風格；至戰國時期，三家分晉，晉國的勢力，一剖為三，秦國便長驅而入，終至盡滅六國，一統天下。

第五節◎宋國召開的「弭兵之會」

在古籍中，有「春秋五霸」之說，其中列入宋襄公（約與齊桓、晉惠、秦穆同時），其實，宋國在春秋時代，既未稱霸於中原，也未獨霸於一方，反而，宋國因為地處四戰之地，屢受大國侵擾，並常捲入晉、楚戰爭中。故而宋國倡議晉、楚和談，共同弭兵，而當時各小國，夾在晉、楚之間，既要事楚，又要事晉，楚國領兵而來，則卑詞厚幣以事之，楚退晉來，亦得以玉帛厚幣待之，長期以來，各小國不但處在滅國的精神恐懼中，物質上，對大國納貢奉獻，也不勝負荷，當時各小國的狀況，左傳有記述，是：「犧牲玉帛，待于二境」。從這裡，我們也可知道，玉器，是春秋時代小國向大國納貢的主要項目（但筆者研究，這種納貢送禮，並非玉材，而係雕琢完成的成品，這種為求大國歡欣，使國家得以保存的重禮，趨向繁縟華麗，精工細琢，乃是必然的，也是促進東周玉器發展的主要動力之一）。所以，當宋國提出弭兵之議時，各小國無不贊成；有關春秋時代的弭兵運動，共有兩次：

第一次：是由宋國大夫華元，向楚、晉兩國提出，楚國本身是不願意的，但是其他大小國家都贊成，格於形勢，楚也勉強同意，於是諸侯集於宋，訂立盟約。可是三年後，楚國毀盟，揮軍北上，圍鄭攻衛，次年，晉國率各諸侯聯軍，攻楚軍，戰於鄢陵，楚國大敗而返。使晉、楚兩強國，又形成對峙的戰爭狀態。

第二次的「弭兵運動」，則是由宋大夫向戌提出，因為他與晉國

執政趙武，楚國執政曲建，都有交情，而客觀政治條件上，晉國內部六卿，爭權激烈，而楚國則受新興起吳、越國的牽制，不敢北上，所以，這次的「弭兵運動」，是相當成功的，各國諸侯會於宋都商丘，約定晉、楚兩國共為霸主，除齊國、秦國較大，不以屬國視之外，其餘各國，既需朝貢楚國，也要朝貢晉國，據文獻記載，貢獻的禮物中，玉器為主要項目之一（此所以，近年發現春秋時期楚國大墓中，出土的玉器精品甚多，有部份人士，依出土資料，強欲分辨楚國玉雕的風格，筆者認為：是不可能的，因為小國進貢的數量，相當可觀）。而對小國言，要定期準備兩份貢禮，向兩國霸主朝貢，負擔是增加了；幸而，這次弭兵運動的效果很好，其後四十多年，晉、楚沒有再發生重大的戰爭，各國間，戰爭也少，反而使社會經濟在安定中，有較長足的進步。

在這一段比較和平的時期，各大國內部，士、大夫彼此的兼併，反而趨於嚴重，大家族間，彼此合縱連橫，互攻互保，在秘密結盟過程中，持玉為誓，贈玉為禮，更進一步推動了玉雕藝術的發展，及至各國內鬥完成，三家分晉，中原形勢不變，進入戰國時代，我國玉器文化，也邁入了有史以來的另一個高峯。

第三章◉政治上的酬酢、交際，與玉器文化的關係

　　在夏、商、西周的階段，我們從考古資料與有關史料中，都可証實，貢玉於王室，是確實存在的，而且多以玉材為主，因為王室擁有自己的玉工及玉作場所，也有迥然不同於進貢國的文化、藝術風格；而且，最重要的是，王室有些與宗教、神權相關的圖紋，是諸侯、方國所不能僭越的。尤其自商以來，以中原為主體的琢玉技術，因為銅器的使用，砣具的改進，呈現突飛猛進的發展，在這一個階段，因為彼此工藝技術水準的差距拉大，中原王朝甚至有些不屑於一顧方國玉器了，而事實也確是如此；中原玉雕文化，不但建立了強烈的傳統風格，也有傳承有序的進步軌跡，就拿近年田野考古出土資料中，年代最明確的殷商王室婦好墓玉器，與地區方國四川廣漢遺址出土，同一時代的玉器，作一比較，就可以看出其中的差異了。

　　除了貢玉的現象外，王室對於有功諸侯，也大量賞賜玉材，這些資料，在甲骨卜辭、鐘鼎金文中，屢見不鮮，這種賞賜，除表彰諸侯的忠於王室外，也有象徵提高諸侯地位，與贈加其財富的正面意義，雖然，我們看不出其中有宗教意義的賦與，但從記敍資料顯示，這些受賞賜的羣臣，對這些玉賜，是極其寶愛、重視的。

　　而至西周後期，約為周厲王時代的琱生簋，其上金文敍述，琱生以璋、圭、璧等玉器，以禮物方式，送給召伯虎為賄賂，證實：自西周後期，玉材、玉器已經由王室為中心的賞賜、頒贈、進貢，轉為諸侯、貴族間財貨賄賂、酬庸、交際的珍寶，而這種現象，我們毋寧視為是：王室衰微的一個徵兆。到了春秋時代，這種小國獻玉與大國，及大國諸侯間，相互饋贈玉器的行為，在正史記載中，就太多、太多了，依據春秋所載，有記錄的諸侯間朝聘、盟會，就有四百五十次，遺漏的不算，秘密外交的饋贈，更不包括在內，為博得受禮者的歡欣，提高己國在列國中的地位，各國莫不別出心裁，在這些朝聘、盟會的玉器上，踵事增華，堆砌華麗，雖然，藝術性增加了，但就實用性而言，確是「工作無用之器」了。（如圖八十一）

　　依照我們現有的史料來看，西周時，諸侯對天子的朝覲、報聘，還有一定的規範與數量，但是到了強凌弱、眾暴寡的春秋時代，小國

（圖八十一）本圖所示為「龍紋玉牙」
，雕工精細、曲線優美，雖為隨身佩飾
，但當為春秋時代「朝聘」之器。

對大國的進獻，卻不是如此的簡約了，表面上，雖還披著一層禮儀的
外衣，實際上，卻是大國對小國的壓榨、勒索；以晉文公稱霸中原為
例，他表面上，只要求各國對他三年報聘一次，五年朝覲一次，但是
逐漸的，霸主娶妾、生子，各諸侯要送禮道賀，喪事甚或妾死，各諸
侯也要送禮弔喪，每次的貢獻，卻不是箋箋之數，而是百輛大車，千
人護送；此外，對霸主的權臣、內侍，也需有所餽贈，而這些要人，
衣、食、錢、財，俱不缺乏，故而貴重的玉器，與奇珍異寶，都成了
搜羅貢獻的重點；對一般小國來說，他們所負擔的，還不只這些，為
了生存，他們對非霸主的鄰近大國，也同樣的要餽贈，以求和好，否
則，大國興兵，輕則搶禾、砍樹、填井，重則亡國、亡祀；在這種環
境下，玉器珍品，變成關乎國家興亡的重要因素，各小國莫不搜求神
工巧匠，圖作奇形珍巧之器。及至春秋後期，弭兵運動推展，雖然緩
和了戰亂的擴大，但是因為共遵晉、楚為霸主的決議，小國對霸主的
奉獻，由一份變成兩份，負擔更形加重，也就在這個不停的壓榨、吸
取中，小國相繼滅亡，而進入大國爭霸的戰國時代。
　　除了前述奉獻、報聘，對這一階段的玉器文化，產生了重大的影

響外，各國諸侯間的會盟、會議，也對玉器文化，產生了重要的影響；因為，在西周時期，周公製禮作樂，對各等爵位諸侯的服飾、符信、見面禮節、朝覲禮儀、甚至天子的回禮，都有明確的規範（但似不盡如三禮所紋）。至王室衰微後，這些規範、約束，都漸漸消失了；春秋時期，不但南方的楚國公然稱王，向周王室問鼎的輕重大小，其他諸侯，也對王室好不到那裡，甚至一些小諸侯國，也侵吞王室的土地；所以，排比玉器尺寸，賦予等列的政治化思想，雖然猶存，但是越禮、失禮的情形，已經沒有人能控制了；例如：祭天地山川，本是天子的責任與義務，諸侯只能祭境內的山川，而秦國，居然以諸侯的身份，也祭起天地山川了。由此可知，祭祀用玉僭越的嚴重情形，在春秋時代，已是視為平常了。

（圖八十二）春秋時代玉璧的功用，除作為「禮天」的祭器外，也為諸侯玩賞、餽贈之器；作為祭器的玉璧，大小不一，但多光素無紋；而諸侯玩賞用器，則滿雕紋飾，藝術性特高。

又如：十二諸侯年表周桓王九年，鄭國記有：「以璧加魯，易許田。」參考魯、周公世家、鄭世家，也都有詳細的記載，證實：這確是發生過的一件史實，起因於鄭莊公對周王室不滿，為了曲辱周天子，鄭莊公故意提出，由鄭國所管理，周天子祭泰山所居的離宮所在地「

枋」，與魯國代周天子管理的離宮「許田」交換，原因是，天子沒有能力巡守天下，不如各取所近，便於管理；魯國初時畏於淸議，還猶豫不決，鄭莊公又增加了玉璧、玉器爲交換條件，於是魯國就答應了；從此，魯國得枋地，鄭國得許田；從這件非常明確的正史記載中，不但說明了春秋時期，諸侯對天子僭越的行爲，已經習以爲常外；也證實：玉器爲各國諸侯所喜，不但可以作饋贈、交際之用，也是一種極高價值的代表，在這一段國土交換的過程中，玉璧就是促成這次交易的催化劑；由此也可知，玉器在各國諸侯心目中的地位了。（如圖八十二）

（圖八十三）春秋時代因爲周王室的衰微，致使「禮崩樂壞」，佩飾玉器大爲風行，不但天子、諸侯、文士佩玉，甚至商人、婢妾、歌伎也佩玉，這是促成東周時代玉雕藝術快速進步的主因。

　　玉器除了前述交際、酬酢的政治用途外，因爲他價值的代表性，在眾多諸侯會議、會盟、酬酢的場合，玉器的佩飾，也變成了身份、財富、眩耀於人的重點；例如，在禮俗上，必須佩劍，因而，劍上的裝飾玉就出現了，此外，禮服上的玉製帶鈎、帶扣，精工細琢的玉串飾、玉佩飾，甚至玉印、玉帽飾、玉笄……等，不但出現，而且都成

為裝飾的重點。尤有甚者，一些富商大賈，坐著以玉裝飾的車子，周遊各國，以金、玉為賄，居然也周旋在諸侯、貴族之間。在春秋時代，高尚的集會場合，佩飾玉造形奪目，爭奇鬥艷，玲瓏而響，成了一時的風尚，這種現象，並不亞於近古歐洲宮廷貴族佩鑽石，以炫耀他人的情形；雖然，在衛道人士的心目中，玉器、佩玉的風格，似乎降低了，但是不容諱言的，玉器的藝術性，卻在這個環境中提高了（如圖八十三）。在這一個階段，玉器作為裝飾品的代表記載，是詩經、小雅所敘：

「瞻彼洛矣，維水泱泱，君子行止，韠琫有珌，君子萬年，保其家室。」

這是記敘周天子，在洛陽接見諸侯的情形，既然是洛陽，顯然是春秋時代了，他敘述：「看這片廣闊的洛水景色，君子來了，他劍鞘上有高貴的玉飾，他一定能萬壽無疆，保全他的家室。」東周時代，天子權力雖然已經式微，但仍有其象徵性，而對他的歌頌中，玉器的裝飾，卻是大家注目的焦點，玉佩飾的風行程度，也就可想而知了。

第四章 ◈ 玉器與儒家思想的結合

　　春秋時代學術思想，繼承商、西周，在文化傳承上，有幾個重鎮，對爾後我國的文化發展，與玉器文化的推展，都有一定的影響。

　　第一個就是宋國，早在西周之初，武王伐紂之時，紂王的庶兄微子，數諫不聽，幾遭殺身之禍，帶著棺材，投奔武王，在商末，是有名的賢人。武王初封紂王的兒子武庚爲侯，以繼商嗣，但是武庚卻想復國，趁周武王初死，周公攝政時，散播謠言說，周公有謀篡之心，並勾結周公的弟弟管叔、蔡叔等人作亂，周公討伐平亂後，殺武庚，就以微子爲殷商後代的正嗣，爵位爲諸侯中最高的「公」，封於宋，建都商丘，管理殷商的遺民，而在歷代傳國中，宋國君臣還能保存微子賢人之風，與一部份商代的文化，所以，在春秋時期，是諸國中的文化重鎮之一。

　　第二、則是魯國，魯自周初，即是周公的封地，而周朝的典章制度，幾乎可以說，建立於周公之手，雖然，周公並未就國，但周公之子伯禽，也是賢者，爲周成王封爲魯公；另爲彰周公之德，特准魯國得郊祭文王，所以，魯國長期保有天子的禮樂，後至春秋時代，因爲齊國的天然資源豐富，使桓公首霸中原，魯國就長期受到壓抑，但就文化資源而言，沒有一個諸侯國，敢小覷魯國。

　　第三、就是東周王室，雖然在王室東遷時，鎬京被毀，但是，平王仍多少携帶了一些典章制度，尤其是隨平王東遷的一些禮儀官員、技術百工、及舊的大宗族，在很短時間內，建立了東周王室的制度與典章，再加上，中原歷任霸主，仍多喊「尊王」的口號，在這種情形之下，洛陽東周王室，仍然保有西周初期濃郁的文化氣氛；但是，到了周景王時期，東周王室卻發生了一段弟兄鬩牆的奪位之爭，這件事故，緣起於周景王所立的太子早死，景王欲立愛子子朝，但卻在尚未封立時崩逝了，於是大臣、國人就立了長子猛繼位，是爲悼王，而子朝認爲王位應該由他繼承，致攻殺周悼王，當時中原霸主的晉國，介入了這場奪位的糾紛，立悼王的另一個弟弟爲王，即爲周敬王，但子朝卻已占住王畿，敬王也就進不了洛陽京城，直到四年後，晉國率諸侯包圍洛陽，才勉強讓周敬王坐上王位，子朝以臣自居，但是，到了敬王十七年，子朝與他的黨徒又作亂，周敬王再度逃到晉國，晉定公協助敬王平亂後，方能返回京城，而子朝與其黨徒，在無家可歸的情形下，只有投奔晉國的世仇楚國。在這一段近二十年的王位爭奪內亂

中，特具文化傳播意義的是，子朝在洛陽當政一段時間，擁有了很大的勢力，後受晉國壓迫，迎周敬王，繼而投奔楚國，所以，在子朝奔楚時，帶走了大批的貴族、工匠，與幾乎王室全部的典籍，對我國整個文化發展而言，楚國自此，也成了重要的文化中心。

　　也就在這三個文化中心，孕育、培養出，影響我國後世極大的幾個學派。首先，墨子從宋國所留存的殷商鬼神崇拜信仰中，擷取精華，以兼愛、非攻、薄葬、非樂爲外在行爲儀式的改革，內涵則以「明鬼神」、「信天志」爲依歸，創立了一個類似宗教苦行，富有同情心，卻又「尚質」、「實用」的墨家學派。

　　而楚國卻出了一位老子李耳，以「清靜無爲」爲宗旨，創立了道家學派，傳世有道德經五千言，目前，我們從道德經中韻文的分析，似乎是戰國後期的作品，因爲，他部份有受楚辭影響的痕跡，但也有人提出：老子、李耳、老萊子並非一人；有關這段公案，筆者相信，不論確實的姓氏爲何，在春秋後期，楚國確實出現了一位，以倡導「清靜無爲」爲宗旨的偉大哲學家，道德經也爲其哲理的概述，但到了戰國末年，因受當時道、法家的增益，而滲雜了戰國時代文體的特徵。

　　前述兩者，雖對爾後我國的哲學思想，都有重要的影響，但與玉器文化的關係，卻不很大。但是，興起於魯國的儒家學派，則完全不同了。孔子生於春秋後期的周靈王二十一年，也就是魯襄公二十二年（西元前五五一年），及長，見周王室衰微，禮法墮落，在欲恢復周道的前提下，創立了儒家學派；因爲，玉器在周初，是標示等列的禮儀用器。所以，玉器在儒家思想的內涵中，是特有意義的。但是，自春秋起，這些作爲政治符信用途的玉器，以各種不同的形式，爲庶人所佩帶，包括毫無政治地位的富商巨賈，甚至樂伎婢妾，這在倡言恢復禮教的儒家來說，是不能認同的。於是，在儒家的提倡下，玉器從早期宗教的、社會的、政治的多重內涵外，又增加了道德倫理的廣泛意義，綜合這個時期，對玉器的觀點，就是「玉德」理論的具體化。這種藉著玉器材質的物理性，把抽象的道德、倫理觀念，融入其中，使人藉著對玉器的視覺、觸覺、聽覺……等反應，幻化成道德、倫理的意念，這對我國玉器文化的發展，極其重要，因爲自此後，歷代帝、王、將、相、文人、雅士，愛玉、賞玉、藏玉，都受這種思想的影響，而截然不同西方物質文化中的寶石，偏向於女性專愛的潮流。

　　在前文中，我們曾提到「工作無用之器」的社會現象，以及玉器

的使用，日漸世俗化的傾向，在這個大環境下，對玉器材質的好壞，自然會比較挑剔，這是必然的，所以，當時社會中，產生了「重玉輕珉」的價值觀，純就玉器的材質分析，不論光澤、硬度、視感、觸感，「珉」不如「玉」，是確實的，但是到了孔子口中，卻不同了，他以儒家的觀點，來闡釋玉受重視的原因，因為：「夫昔者，君子比德于玉焉。」而為什麼君子要比德于玉呢？因為，玉的特性是：

一、因為玉質，溫潤而澤，具有「仁」的特點。
二、因為玉質，縝密以栗，具有「知」的特點。
三、因為玉質，廉而不劌，具有「義」的特點。
四、因為玉器，垂之如墜，具有「禮」的特點。
五、因為玉材叩之聲，清越以長，其終詘然，具有「樂」性。
六、因為玉材，瑕不掩瑜，瑜不掩瑕，具有「忠」性
七、因為玉器，孚尹旁達，具有「信」性。
八、因為玉材，氣如長虹，具有「天」性。
九、因為玉器，精神見於山川，具有「地」的特點。
十、因為玉器，圭璋特達，具有「德」的特點。
十一、因為玉材，天下莫不為貴，具有「道」的特點。

（圖八十四）孔子解釋當時社會上「重玉輕珉」的現象，不是二者的材質差異，也不是二者的價格差異，而在於「玉」有仁、智、義、禮、樂、忠……等，諸多「玉德」，透過這種詮釋，使玉器與儒家的哲學思想，融合在一起，對我國玉器文化的發展，影響極大。本圖所示，為廣漢出土玉鐲，形制最早出現於中原，但後則於我國南方地區延續使用，材質非玉而為「珉」，在當時，其價值低於和闐玉。

　　這十一項特性，就是我國玉器文化中，從儒家角度，對玉的具體認識，也是我中華文化中，對聖賢之士要求的嚴格條件，一般人很難達到這個標準，所以只得佩玉以自勵、自勉。孔子認為：這才是「重玉輕珉」的原因。

　　從前述所知，「重玉輕珉」，本是對選材愛好上的自然反映，也是物以稀為貴的市場現象；孔子這一套理論，對和闐玉材，也沒有任何增益，但從文化的角度來看，卻不同了，「玉德」成了讀書人作人、處世的標準，也是每個讀書人正心、修身的目標，他不同於野蠻文化中的拜物行為，因為那是迷信的；也不同於西方文化中，早期的偶像崇拜，因為那是盲目的；儒家心目中的玉，他的定義很清楚，特質也很明白，那就是「玉德」，是一種形而上的精神情操，也是任何一個注重自身修養的人，所追求的目標。（如圖八十四）

第五章 ◈ 春秋時代隨葬玉器的意義

　　從已出土春秋時代墓葬中的玉器分析，有禮儀用器及裝飾用器隨葬，但更有不少專供殉葬用的玉器。這些玉器，製作並不工整、嚴謹，出土時，難見佩帶、使用痕跡，專供墓葬使用的傾向，是很明顯的。

　　這類專供墓葬使用的器物，我們通常以「明器」稱之，意指神明之器，但也有寫作「盟器」，或「冥器」，大約意指生死盟約之器，或幽冥之器，這類器物，材質的使用，極為廣泛，陶、木、玉、石、銅……等都有，（自宋以後，紙明器逐漸風行，其他材質，方漸減少）；形制上，有仿製的禮器，如璧、琮、圭、璋……等，仿製的實用物，如亭台、樓閣、田地、穀倉、水井、火灶、畜圈……等家居模形。在這些眾多品類的明器中，玉器材質最高貴，也最耐久存。他的用途爭議也最多，目前，我們把這類玉器，即——製作專供墓葬使用的玉器——通稱為葬玉，但並不包括墓葬中，所有的出土玉器（因為，其中有一些亡者生前用器）；這類葬玉的用途，依筆者分析，在春秋時代約有下列兩種：

　　第一、像其他實用、生活器的模形一般，以充實亡者生前的不足、或欠缺，這種帶有補償心理的喪葬行為，後在儒家重視禮儀，要求厚葬，及強調孝悌的傳統下，與陰陽五行、道家、術士、民俗……結合，形成了我國比較不理性的喪葬儀式，影響以至於今；其實，在春秋時代入墓葬玉的行為，是很單純的，簡而言之，就是生者對亡者補償心理的行為化。

　　而第二種情形，則比較複雜了；因為，他出現了一種強烈的認知傾向，認為玉可以保存屍體，這種現象，上可遠溯到新石器時代的崧澤文化，爾後，似斷似續，到春秋時代，又再形成，並且，逐漸凝聚成一種認知：「玉器斂屍是可靠的真理」。如此，方造成戰國末、漢初，「玉匣」的出現，而帝王們，更深信不疑的使用，並且還為使用的等第、階級、方法，建立了制度。

　　針對認為玉器可以斂屍，有保護屍體的功能，而製作出來的玉器，在春秋時代，約可分為下列各種形制：

　　一、含玉：若從含玉起源作探討，起初，也許沒有斂屍的意義，而可能是在原始時期，人類生存中，以溫飽為最主要的享受，而生者不願見死者空口而去，在喪葬時，放置食物於亡者口中，後在原始宗

教的影響下，開始置放珍貴物品，如海貝、玉器、美石塊……等（如崧澤文化出土之玉晗）；漸漸玉器有了形式的意義，在殷墟墓葬中，開始出現蟬形的晗玉；筆者相信，這種形制，以求亡者像蟬蛻蟄伏，而後再生的宗教信仰意義，高於斂屍；到商末，亡者口中含物，則漸成固定的喪葬風俗，但卻多用貨幣用途的貝類作晗（只是偶見玉塊、玉片或玉貝），從西周後期開始，以玉為含的現象，開始普及了，也從這時候，我們看到賦予玉器有明顯斂屍的傾向，而採用其他材質作晗的情形，也開始迅速減少，且玉含的形制，由梭形玉片、玉柱形，有齒玉片……等複雜的形式，逐漸步上統一的蟬形，到戰國末年，玉晗的統一形制，就固定為「晗蟬」了（如圖八十四 A、B）。依據古籍記載，也可證實，含玉在春秋時代，已經是斂葬的主要用器：如春秋魯哀公十一年：「公孫夏曰：『二子必死』，將戰，……陳行子命其徒，俱含玉。」所以，含玉為春秋時代喪葬用器，是確實的。

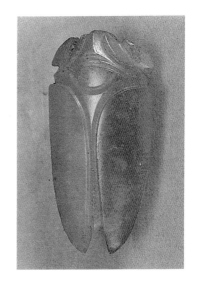

（圖八十四 A、B）「晗」的起源，乃是先民不願亡者空口而去，後則演變成斂屍的目的，而又因自然界中「蟬」，活動時間短，蟄伏時間長，為先民所羨慕。開始將「晗」雕成蟬形，即如圖 A，後到秦、漢，蟬就變成玉含的主要形式，如圖 B。

二、冥巾：這種喪葬用器，有稱爲「面幕」，或「覆面」，就是蓋在亡者面部的紡織品，筆者研究他的起源，最原始的用意，僅是生者懼見死者恐怖、可怕的面容，而以物遮之，後則引申爲，死者不能活動，爲保護尊崇死者，不爲塵埃所污、飛蟲所沾，而以物覆之（世界其他古文化，也有類似現象）。我國到了西周中期，開始在冥巾上五官的部位，縫、貼玉片，使死者的五官，在冥巾放下時，爲玉器所蓋，而這種冥巾，我們就稱爲「綴玉冥巾」或「綴玉覆面」；在春秋墓葬中，這種用玉，發現的相當普遍，雖然出土時，紡織物已朽，但從玉片的位置來研究，確是冥巾上的綴玉，可是，筆者多年研究發現，這種玉覆面的使用，在我國斷續延用的時間相當長（至清代，仍有地方採用這種葬俗）；但是，玉器形式，卻從未劃一過，故無法作一歸納介紹，但部份時期，仍有一些時代特色，例如：春秋時代的冥巾綴玉，多作玉片狀，外廓刻有不規則的凸齒爲裝飾，角鑽有小孔，證明是用線縫綴在紡織品上，但亦偶見，角未鑽孔，是用膠附於冥巾上。（餘見史前篇大汶口文化）

第三、玉塞：也有人以「九竅玉」稱之，其實，其中七竅用玉，與前述「玉含」與「綴玉冥巾」是重覆的，可是，「玉含」與「覆面」，我們還可追溯到禮制的起源，而下體二塞，則不見於任何禮俗資料；筆者相信：在喪葬用玉的普及化，及在「玉含」、「玉覆面」形成過程中，因爲玉器保護屍體的概念形成，自然而然，連想到下體二竅的處理問題，又因爲當時巫醫合一，一些不正確的醫學知識迷漫，方形成下體二竅的玉塞。目前所知，春秋墓葬中，完整的整套玉塞還不多，但個別一、二竅玉塞的出現，則極普遍，其中尤以耳塞所見較多，顯示這種喪葬用玉的習俗，還在形成中。

第四、握器：這種喪葬用器，起源也很早，目前確知，入墓專供亡者握用，是大汶口文化的獐牙勾形器，這類器形的起源，我們還不是很清楚，但其後的源流傳承，則很清晰了，殷商時期，以貝爲幣，所以，握貝的情形，極爲普遍，商早期銘功路遺址，晚期大司空村、小屯村遺址的出土數量都很多，有的一貝，有的兩貝（左右手各一），也有的左右手各握數貝，但也偶有握獸牙、骨器的，自西周起，開始出現了玉器，但是數量並不多，及至東周春秋時代，因爲又開始賦予玉器斂屍的用意，握玉的情形就普遍了，他們的器形，多呈蛋形，或更扁，大都製作粗糙，不飾紋飾，其後，墓葬握玉的發展，有豬形、蠶形、玉璜……等，不一而足，可是蛋形扁平的握器，卻一直存在

著，筆者研究這類器形的起源，與繼續延用的原因，可能源自於殷商的貝幣，後以玉雕成貝形，而此形頗適掌握，故而流傳下來。

除了前述的葬玉明器之外，春秋時代還出現了一種盟誓葬玉的新方式，因為他不是隨葬入墓，所以，筆者名之為「盟誓葬玉」。這種情形，大多是諸侯與諸侯交往的誓約（但也包括個人間的盟誓），在春秋這個強凌弱、眾暴寡的時代，各國合縱連橫的外交手段，時常發生，為了表示彼此交往的真心，則歃血為盟，取玉石的堅硬，以示盟誓的不變，故多將誓文刻於玉石之上，與犧牲同埋於地下，正如春秋正義所記：

> 「殺牲歃血，告誓神明，若有違背，欲令神加殃咎，使如此牲。」

依據山西省侯馬市秦村的晉國盟誓遺址中，出土的盟書資料分析，可稱為玉的，約占總數五千餘片的三分之一，其餘皆為石質，而形式也各不相同，有些為平首圭形、璜形，也有一些為不規則形（可能是玉作中的下腳料），除了都是薄片狀外，顯示當時盟書的形制，並不劃一；可是盟誓的過程，我們已能瞭解，它是依據古禮「約信曰誓，涖牲曰盟」的方式，殺牛為盟，割牛左耳，取血寫盟書於玉石片上（後因血書難寫，而改用硃砂，這就是「丹書」的由來），參加盟誓的人，各將自己的盟書宣讀一遍後，即與牲牛同埋入地下（但亦有只埋盟書），有時，為了表示慎重，也將隨身佩帶的裝飾用玉，或禮儀用玉，一併埋入坑內旁的小璧龕，但因為諸侯隨身佩帶的玉飾或禮器，都是難得一見的珍品，捨不得埋入，故而在盟誓時，故意佩掛些材質差、作工粗、不值錢的玉器，這些假禮器，雖有其形，但製作粗糙、簡單（已知的形制，有圭、璋、璜、環、連環、王戈、寵……等形），從這些僅具禮器之形的玉器出土，也可以使我們體會到，春秋時代諸侯間的盟誓，僅是厲害的結合，仁義基礎是很薄弱的，證實當時，確是一個禮崩樂坏的時代。

另在古玉器研究中，相信許多人都聽過「血沁」的名詞，這種沒有理論基礎的說法，大約形成於宋朝，口耳相傳了上千年，許多人都深信不疑；所謂「血沁」，意指古玉隨葬入墓多年，墓主法身在朽坏、蛻化過程中，血水浸泡玉器，所形成的沁色，為出土古玉的重要特徵之一，名貴異常；這種說法，是不對的，即以春秋時代盟書出土的環境來看，玉片薄，材質差，是比較容易入沁的，而盟書中，以血作書的比例相當大，並多與牲牛同埋，且入土年代記錄翔實，若有「血

沁」，這批玉器，則是我們研究的最可靠實物，筆者仔細觀察，僅見部份玉片，略現土蝕、土咬，或一般沁色的現象，都不見傳世玉器所謂「血沁」的品相；所以，「血沁」的說法，是不成立的。

而這種理論的形成，筆者認為：大約是在宋朝，發展出了「老提油」的作偽古玉方法（類似近代的次寶石染色），這種作偽過程，並不是很難，即選用部份自然界的染料，塗敷玉器表面，慢火烘烤而作成；據筆者瞭解，燒、烤，對玉材的結構影響與破壞最大，所謂「提油」的關鍵，是燒、烤，而染料的進入，形成玉材在類似的鈣化現象中，夾雜有赭紅，黑赤的特殊品相，相當不雅，但有出土古物的韻味，經作假古董商的渲染，就出現「血沁」的說法了。

其實，從實用科學的角度來分析，對寶石、美石，施以加溫、加色，使首飾更具美感，並不是不可以，也可以促進礦物學的研究與發展（直到目前，世界上許多大化工研究機構，仍在作這方面的研究）；可是，我國這項科學發展之初，在動機上，就不單純，他不是「知」的研究，而是以「欺騙」為目的，以不實的偽古，換取財富，欺騙熱愛古文物的人士。據筆者所知，玉雕師父，代代相傳，視為重要私秘的一些作偽技術，有很高的科學價值，對製玉工藝，也有一些貢獻，但這種以欺騙為目的的行為，仍是極端可卑的。

第六章⊹春秋時代的玉器

　　目前，出土資料明確，且能與正史記載吻合的春秋時代墓葬並不多，其中較著名的是黃君孟墓葬，這是於一九八三年四月，在河南省信陽地區光山縣寶相寺所發現，依據相關墓葬資料查證，墓主是春秋時代一個小諸侯國——黃國——，國君與其夫人孟姬的合葬墓，兩墓共出土玉器一百八十多件，大多分佈在墓主頭、胸、腰、腳等位置，故可想而知，入墓玉器有裝飾與斂屍的雙重意義

　　證諸史籍，黃國於西元前六百四十八年，即為楚國所滅；所以，應屬春秋時代早期墓葬，其墓所出土玉器，對我們研究玉器風格的變化與延續，極為重要；該墓所出土，較著名的器形如下：

　　一、玉龍玦：玉玦，我們介紹甚多，他的起源非常早，這種我國特有的裝飾器形，對世界造型藝術，影響甚大，目前所知，北至日本，南至東南亞各島嶼，若出現玦形飾，幾乎都是源自中國，用途也都以耳飾為主，可是從新石器時代早期到東周，這四、五千年的演變，玉玦的用途，逐漸有所改變，從墓葬出土的相對位置分析，有的在墓主的頭部、肩部、也有的在胸部，可見，已從早期的明器耳飾，轉變成「耳飾」與「佩飾」為主要用途的混合器形，並且，開始在其上雕作紋飾。

（圖八十五）本圖玦形飾。早期這類形制，多作亡者的耳飾，都光素無紋，到了春秋時代，則琢刻紋飾，為耳飾或佩飾用玉；他的原始用途（作為耳飾），則逐漸消失；但到了戰國以後，這種型制，因為繫佩的不便（常易自缺口滑落），即逐漸消失。

　　（如圖八十五），這兩件黃君孟墓葬的玉玦，外徑五‧五公分，內徑二‧三公分，厚僅〇‧三公分，玉質呈黃色，開片整齊，各平行線間，雕琢對稱，未有滑刀交叉，顯示玉工技藝的純熟；在紋飾上，

只作一面雕，另一面光素，但每一塊，都以塊缺為區隔，雕琢成兩隻對視而尾部相交的夔龍，這種紋飾，在西周即已出現，刀法上，也採用西周玉雕中，最常使用的「大斜刀」，（即凹下陰線槽，一側垂直，一側斜坡），但是，在整器紋飾配置上，更趨向圖案化，曲線的轉折迴旋，更趨向對稱的韻律感，這是從西周中期開始有的藝術趨勢，一直到戰國時期，這種造型，才完全成熟，在這個演進階段，春秋時期玉雕，過渡的氣氛濃厚，但仍不失時代的獨特風格。

（圖八十六）本器雕工精細、紋飾分配
均勻，強烈顯露出春秋時代玉雕風格，
這一階段的玉雕，強調視覺的美感，為
其特色。

　　二、玉鳥獸紋璜（如圖八十六）：本器為青色和闐玉，材質細膩溫潤，為上品玉材，全器橫長十一公分，肉寬二・五公分，但厚卻只有○・二公分；從器中的中心位置為界，作出對稱、變形的鳥獸紋，璜的下緣，作出凸脊，也以中心開始，作兩邊對稱狀，使單純的弧線，變成凸凹玲瓏，這種以中界作對稱造形的圖案，是延續西周玉雕的對稱紋飾風格，與禮儀道德的概念無關，純係藝術化的演變，有部份人士稱，幾個凸脊，象徵「幾德」，純係附會、臆測的說法，既無史料依據，也沒有科學證據，完全不可信。但從本器的紋飾分配上，在稀疏處，出現了許多組的髮絲細陰線與扁方圓圈，這種裝飾性極強的紋飾，雖起源於西周後期，但卻為春秋時代的紋飾特點，這種強調視

覺閃爍之美的細陰線，與輔助圖飾均勻分佈的圓圈紋，在春秋時代已能靈活運用，風格成熟，為春秋時代紋飾發展的最主要成就。

（圖八十七）本器材質細膩，雕工精美，其上深褐色花紋，為古玉器入土，受地熱地壓等作用，所形成的「質變斑」；這種現象，不同於沁斑，玉沁係由外而內，而質變，則係玉器內部所產生的變化。

　　三、玉鳥紋環（如圖八十七）：本器外徑十一‧七公分，厚約○‧二公分，為扁平的圓環形，因此器甚薄，故僅作成單面雕，另一面則光素無紋，這種風格，是繼承西周類似剪影的薄片玉雕造型而來，但卻更薄，這也是春秋時代與戰國時代玉器的最大區別，戰國時代扁平玉器，都較春秋時代為厚，為他的特徵之一；本器紋飾，以雙鉤刀工，作出鉤連一體的變形鳥形紋，連綿不斷，卻又似斷似續，幾至難以分割辨認，為春秋時期玉器紋飾的代表作。荀子‧大略篇：「絕人以玦，反絕以環。」意謂：君臣相處，賜玦以示絕決，示環以示返還；荀子約成書於戰國時代，有這樣的記載，顯示戰國時期，已經形成這種以玉的型制諧音，作意願表示的替代品。筆者相信：這種觀念在春秋時代，已經開始形成，尤其春秋時代中、後期，卿士弒君，另立新主之事，層出不窮，君臣之間，猜忌、懷疑之心日重，間接也造成王室父子的疑忌；如齊桓公、晉文公的出奔，顯示親情倫理不正常的發展，在這種情形下，以不易朽壞，難以偽刻的玉器形式，表示「絕」、「還」，未嘗不是一個不必見面，而能表達訊息的好方法。也因

為如此，春秋墓葬中，出土環較多，因為他有返還、圓滿的寓意，為一般士人君子所共喜；而玦的出土卻極少（作為耳飾、佩飾的明器除外），因為，國君賜此以表示決絕，對為人臣者，並不是一件光彩的事，所以極少隨葬。另據筆者所知，這種具有傳達政治訊息的環、玦形制，並沒有任何大小、紋飾的特定限制。

（圖八十八）本器材質精美，兩面雕，紋飾相同，一墓出土兩件；每一件均用雙鉤刀法，琢出一隻側身張口的龍形，紋飾結構，華而不亂，配合外側的凸凹脊牙，使整器的藝術性，更形提高；龍口處斷而不斷，可防繫繩自此滑出，但卻不影響整體造型之美，足可顯示，玉匠對造型設計的造詣。

　　四、玉觿（如圖八十八）：前文提到自東周春秋時代，裝飾用玉器，日漸風行，並從諸侯開始，僭越禮制而不知收斂，自此，上行下效，乃至歌伎、婢妾，也佩玉自美；在形制上，佩帶片狀的精美玉飾，成為一種代表身份、財富的必備飾物，而玉觿也在這段時期，繼承早期的獸獠牙形，變化成片狀牙形，到了春秋後期，形制風格更藝術化，有的彎曲如虹，有的則反曲呈「Ｓ」形，造形更形優美；而裝飾用途，也由單獨的繫佩，走向組玉佩的一部份，有的作衝牙，有的作垂飾，不一而足；也因為這些組玉佩的組合、佩掛方式，並沒有一定規範，故而沿用早期統稱玉片狀垂飾為「佩」的習慣，就稱這些組玉佩為「雜佩」，以示各類形制，雜然而成之意；詩經、鄭風有：「知

子之來，雜佩以贈之。」足證明，在春秋時代，「雜佩」這個名詞，已經出現了，古籍中經常出現的珩、琚、瑀、衝牙、蔥衡、蠙珠……等，各類小件玉器的組合，我們都可稱爲「雜佩」。

本圖所示之器，長六‧五公分，上寬一‧五公分，厚僅〇‧一二公分，爲標準春秋時代薄片形玉佩，形作「牙」狀，每器兩面都用雙鉤雕法，作出張口、側身的夔龍，以龍口作穿繫之孔，本件玉雕與前述玉鳥獸紋璜相似，都在邊沿作出凸脊，就造型、風格、刀工分析，可能出自同一匠人之手；而本器形制，可視爲從玉觿走向雜佩的過渡期玉雕，雖已開始具有組玉佩中衝牙的風格，但仍是以單一形制佩帶。

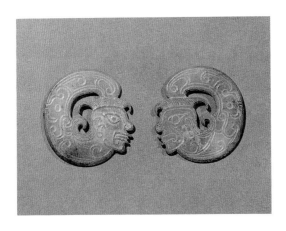

（圖八十九）本圖二器，一次出土，据有關資料記載，出土於墓主腰部，約均爲佩飾器；純就玉雕藝術言，本器所表現的人面、龍（蛇）身、紋飾，均不甚美觀、工整，且髮式、身軀的奇特造型，爲前所無，有人据「伏羲龍身，女媧蛇身」的傳說，認爲是<u>伏羲與女媧的造像</u>，筆者亦有同感，但無法證明。

五、玉人首蛇身飾（如圖八十九）：本器兩件，外徑三‧八公分，厚約〇‧二公分，大小厚薄幾相同，玉質略呈黃色，小巧玲瓏，出土時，在黃君孟的腰部，左右各一件，應視爲組玉佩中的一部份。二器均作兩面雕，造型相似，以人的側面像爲主體，頂髮上指，腦後髮則披捲，大目闊口，鼻呈蒜頭形，嘴唇外噘（略似殷商人面），但身體卻作龍（或蛇）形，蜷曲爲環，與人頭髮頂相接，並裝飾有蟠虺紋

，二件紋飾大同小異，但一件（右圖）均作陰線雕，另一件（左圖）則一面作陰線雕，一面作剔地陽紋。有關雜佩的資料，從未有記述，雕成人首龍（蛇）身如本器者；所以周禮、鄭注：「佩玉上有葱衡，下有雙璜、衝牙、蠙珠，以納其間。」的形制說明，顯然並不完全。所以，筆者個人傾向，組玉佩應形成在春秋時期，但因為禮崩樂壞，沒有固定的佩懸規定，尤其諸侯各國分立，佩帶時尚，有所不同，如果欲以一套出土雜佩，來解釋周禮這本偽書所記，會產生很大的差謬。

　　另戰國陰陽、五行之說興起，稱：「伏羲龍身，女媧蛇身。」筆者認為，此二器即為伏羲、女媧的造型，否則，為什麼人頭裝飾不是當代，而似殷商，身體又作毫不寫實的蛇形呢？這也證明，伏羲、女媧的造型，起源早於戰國，至少春秋時代初期，就已經具體的完成了。

（圖九十）本器髮式、眼、鼻、口、唇均與前圖造型相似，但頸部特長，筆者認為：此器應為鑲嵌器，所嵌部份，為其他材質的龍身形狀；否則，不可能頸部呈此形狀外露，而不作修飾。

　　六、玉人頭飾（如圖九十）：本器高三‧八公分，寬二‧五公分，最厚一‧八公分，玉材呈黃青色，人頭作橢圓形，頸部略長，雕成圓筒形，雖出土時略殘，但仍可觀察出，可與他物套接；本器自頭頂中央到頸部，有一垂直穿透的孔，可穿繩佩帶；針對本器形，雕琢精細，形態逼眞，學者公認：為春秋時代人頭像玉雕的代表作，筆者亦

同意此點。但多數人稱謂，此人頭像，戴兩側下垂的冠帽，可能是黃國國君<u>孟</u>的寫真肖像，筆者則完全不能同意，因為，我們不能只用雕琢精美，造型特殊，來作臆測，而況本器造型，並不特殊，試舉例說明：

㈠本器出土於墓主骨架腰側，似為黃君之佩飾，而前圖八十九的玉人首蛇身飾，也出土在相同位置，可能是屬同一套佩飾。

㈡前圖雖然琢工略差，但與本圖相較，除了一為側視，一為正面的差別外，造型特點，可以說完全相同，像髮式完全相同（此也說明，稱本圖戴冠帽是不對的），同為臣字眼、蒜頭鼻、口部厚唇、微張外噘，雙耳佩圓環。

㈢甚至製作的玉質色澤也相近。

所以，筆者雖同意，本器為墓主珍貴的佩飾，但從與前圖的共通造型來分析，可能是佩飾器中的一套（即紋飾相似，但獨自佩掛，非為組玉佩），決不是黃君的肖像；另針對前圖玉人作龍（蛇）身分析，本器頭部造型完全類似，而頸根部又不成比例的長，筆者相信，應是與其他材質的身體套接，而套接完成的造型，是人首蛇身，所以，本器應是複合佩飾中的「伏羲」頭像。

（圖九十一）本器所示沁浸狀況，亦應為古玉入土所形成的「質變斑」；全器厚僅○‧一八公分，故僅作單面雕，否則，極易傷及玉器；<u>春秋</u>時代玉飾，崇尚薄片，籍著些微的透光性，更能造成視覺的美感；此亦為斷代<u>春秋</u>時代玉器的一個重要依據。

七、玉虎形飾（如圖九十一）：本器長十三‧四公分，寬七公分，厚○‧一八公分。具有春秋時期玉佩，雖作紋飾，但開片較薄的特點，但可惜出土時，尾部已殘，從本器受損狀況，與顯現出的質變斑痕觀察，當爲和闐玉質，紋飾上一面飾虎紋，一面光素。

虎，爲亞洲森林特有的大型貓科食肉動物，歐、非、美大陸均不見，且依據出土化石資料瞭解，虎的始祖劍齒虎，在史前，就活躍於亞洲草原，這種既不羣居，又有美麗花紋，且又凶猛殘暴的野獸，很早很早，就被我國初萌的原始宗教所吸收，作爲崇拜圖騰造像中的一個重要組成因素，繼而仰韶文化中蚌砌的虎形，殷商婦好墓出土圓雕玉虎、西周強伯墓出土玉虎上的抽象紋飾，都看到傳承的影子，對我國抽象的凶猛暴戾神祇造型，有重要的影響，所以，到周禮所記，祭玉中就有：「以白琥禮西方」之說，琥與虎形玉似已不分，實際上，白琥禮西方之說，僅是戰國時代儒士，依據當時理念，擷取傳聞，記錄而成，雖不可信，但亦足證明：虎形在東周時期，已不是單純的圖案，他還有一些形而上的意義；據筆者研究，他已有凶猛、威武、陽剛、風暴……等諸多象徵意義。但可確定，在春秋時代，虎與象徵西方的白色，還扯不上關係。但是，從婦好墓中的寫實平面雕，與圓雕玉虎出土，到這件虎形飾的出現，可以看出在這四、五佰年間，虎的造型，由形象化趨向圖案化的演變，也可知：在春秋時代，虎在玉雕工匠的心目中，已經不是單純的動物，他有了其它意義，即是將前述他的特殊獸性綜合以後，逐漸神化；故而自此以後，玉雕中的虎，不論再以寫實或抽象的形態出現，就已經是神化的動物了。

除前述黃君孟墓葬出土的春秋初期玉器外，於一九七六年，陸續在山東省蓬萊縣的春秋時代墓葬中，也有一些玉器出土。從我們前述介紹春秋時代勢力範圍中，可知，山東半島東部，爲齊國的封邑，而齊在整個春秋時代，都是超級大國，其首都臨淄，更是天下有名的大都市，在這種物質充沛，人文薈萃之地，其玉器確有可觀，如：

一、玉璜（如圖九十二）：本器橫寬十四‧八公分，厚約○‧二公分，肉寬四‧七公分，不同於其他地區出土的玉璜，此器已似半璧，據知，在蓬萊縣村裡集墓葬出土時，原器已斷裂成數塊，經組合復原而成，但從全器的沁浸觀察，本器入土後，墓室除已崩塌外，也有稍許位移的現象，這種在極長時間形成，人類幾乎察覺不出來的地層位移，卻對古文物的傷害極大，因爲，他除了使覆土更夯實，難以尋找挖掘外，許多內應力的產生，也使古文物造成損傷，甚至連最具韌

（圖九十二）本器亦極薄，厚僅○·二
公分，但卻面積碩大，形似半璧，單面
雕，外有脊牙，均爲春秋時代玉雕造型
的特點。其他如：圓穿的刀工，龍口處
似斷似連的豁口，均見諸前圖，且都爲
春秋時代玉雕刀工的特點。仔細觀察，
默記於胸，有助於我們鑒玉能力的提
高。

性的青銅器，有時也難逃其毒手。

　　本件玉璜，明顯承襲前述春秋早期，黃君孟墓葬出土玉璜的風格
，例如：雙鉤作出連綿不斷的紋飾圖案；如邊緣作出對稱的脊牙；如
器形扁平卻極薄……等。但在某些造型上，卻也有了變化，例如：整
件玉璜，更趨向半璧……等；綜觀本器，製作精美，但只作一面雕（
另一光素），所以，大多數人認爲：可能作綴嵌器，這是一個相當大
的錯誤認知，筆者研究春秋時代玉雕，如確定爲眞品，或有明確出土
資料，單面雕的比例很大，其原因爲：

　　第一、極薄片狀玉雕，可取其透光性，使玉器更顯玲瓏別透，但
再作兩面雕，則易傷及玉器，尤其玉器面積愈大，作滿佈花紋的雙鉤
線時，最易造成玉片損傷破裂。

　　第二、薄片形玉佩飾，面積愈大，在佩掛時活動，愈難扭轉翻面
（使光素面露出），所以並不十分影響佩飾之美。

　　因而，筆者認爲：本器應是胸前佩飾。

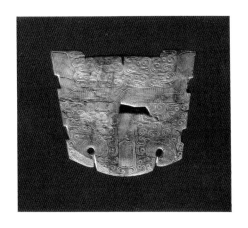

（圖九十三）本器雕工之美，已有公論，但筆者認為：本器刀工之利，琢工之細，方為本件玉雕最大持色；尤其眼、眉的平行線紋，距離極近，卻一刀不苟，既無滑刀，亦無交叉，顯示玉工技藝的高超。

　　二、玉獸面紋飾（如圖九十三）：本器長七‧六公分，橫寬六‧八公分，是極有名的一件玉雕，常出現在不同的文物、藝術資料中，因為，本件玉器除了藝術性極高外，在造型上，他代表春秋時代玉雕，繼承良渚文化玉雕、殷商獸面紋銅器紋飾……等諸多歷史文化成分，卻又開始擺脫這些成份的束縛，走出自己造型風格的重要實物。本器整體作扁薄的倒梯形，僅作單面雕（另一面光素），他用單陰線與雙鉤線作出獸面紋，其中雙眼、鼻樑、粗眉，都是用平行的單陰線來表現，雖不寫實，卻有一種引人錯覺的立體感出現，尤其雙眉上揚，與兩側似角、似耳的造型混雜，雖不合理，但確是「羚羊掛角，無跡可尋」的神來之筆，面部其他部份，援用春秋時代滿雕鉤連的刀法，用雙鉤作出似連似續的夔龍紋；而另面部左右對稱的脊牙，也顯露春秋時代的玉雕造型特色；但整體圖案，卻構成一幅似人、似獸、似神、似龍的畫面，極具抽象之美，確為春秋時代的玉雕佳作。

　　另本器近中央處，有一似長條形殘缺，此即前文所述，墓室位移，對古文物所造成的傷害，並非殘器入土，也不是出土時造成的新

傷。

　　本編第二章中曾提到，春秋時代楚國對中原的影響，就整個春秋時代而言，中原地區的強國，誰能率兵拒楚，誰就是中原的盟主，其間，雖曾藉「弭兵運動」的抵制，但也只落得共尊楚、晉爲霸主的局面；楚國對中原的武力影響，由此可知，但從文化發展來分析，他卻迥異於中原文化；雖楚人自稱他們的祖先，也是黃帝的後裔，他們的始祖鬻熊，曾是文王之師，但依據實際史料來看，中原華夏民族，對他們相當仇視，如詩經・小雅稱：「蠢爾荊蠻，大邦爲讎。」表示對荊楚是以「蠻」稱之；又如魯頌、閟宮：「戎狄是膺，荊舒是懲。」把北方的戎狄與南方的荊楚，並列爲野蠻民族，是懲處討伐的對象；不但如此，楚國國君也多次自稱爲「蠻夷」，如史記・楚世家所記：

　　「……楚伐隨，隨曰：『我無罪。』楚曰：『我蠻夷也。』」

　　這些都可證明，在春秋早期，楚國在南方，是一個獨立的氏族羣體，不同於中原；而在文化發展中，因其疆域在長江、淮河一帶，與保存較多殷商文化的宋國（殷商微子後裔）很接近，所以，他初時，甚受商文化的影響，但因爲國力強大，滅了不少小國，所謂「周之子孫，封於江、漢之間者，楚盡滅之。」於是，他也吸收了不少周文化，旣而子朝奔楚，楚國介入中原事務，稱雄爭霸，遠交近攻，會盟聘問，修好嫁娶……等，使楚國成了南北文化滙流集中之地，這些都促成了楚國文化急速的發展，及至戰國時期，楚辭的出現，就已經成爲我國文學史上的顚峯代表之作了。

　　而伴隨文學、文化的進展與發達，楚國玉器文化的進展，也不遑多讓，尤其楚國多次進伐中原，軍威顯赫，各地小國「犧牲玉帛、待於邊境」的豐富進獻，使楚國的藏玉之富，冠於天下，也因爲如此，從雕玉的技藝及玉器文化的整體發展觀察，楚玉在春秋中期，就與中原融爲一體，難分彼此了。

　　大陸於一九七九年，在河南省淅川縣，發現了一批春秋時代後期，楚國貴族墓葬，出土一批玉器，與其他同時期，列國墓葬出土的玉雕比較，風格相同，但更精美，當可作爲這一階段玉雕的代表。這也顯示，我們從正史所印證出來的結論，與田野考古的出土資料，是相吻合的，詳如下圖：

　　一、玉管形飾（如圖九十四）：本器長七・三公分，寬一・六公分，略呈方扁形，但中心有一由兩面對鑽的細長孔，故我們仍應稱之爲「玉管形飾」；其邊緣仍作出春秋時代特有風格的脊牙，但通體所

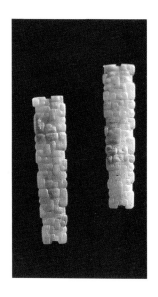

（圖九十四）本器雖略扁，但中有一由兩面對鑽的直孔，故仍宜稱之爲「管形飾」。全器飾以多組的夔體龍紋，但藉由琢刻，使玉器顯現出一種柔軟的堆砌之美，爲春秋時代玉雕的最高工藝表現。

飾的夔龍紋組合，已由平面雙鉤開始改變，先作淺陰線，再磨圓陰線兩壁，使器表宛如凸起的立體紋飾，再在其上，用髮絲細線刻圓圈或卷渦，這種玉雕工藝，爲我國玉器文化中，歷代的最高工藝表現，他藉著人工的琢磨切磋，把極堅硬的玉材特質，作了視覺上的改變，使人望之，產生一種柔軟的堆砌之美，由此玉器的出土，顯示楚國藏玉之精，冠於天下，可能是事實。

　　二、玉笄（如圖九十五）：本器暫以笄名之，筆者倒傾向於「玉條形飾」；因爲笄爲「安髮」與「固冠」（男用）的實用器，但在用途起源上，顯然安髮早於固冠，在材質上，種類甚多，從早期的骨笄，到竹、木、石器都有，西周以前，出土骨笄較多，石器極少，而婦好墓所出土的玉笄，爲目前所知，出土最早的一件，笄端飾有紋飾的髮笄（如圖九十五Ａ）；而純就實用性言，玉器並不適於作笄，因爲，這種實用器，需飾於頭上，必須：第一、輕便，尤其一髮多笄的時代，不致給頭部增加更多重量。第二、有靭性、耐折，因爲飾之於頭，總有不愼墜落的可能。而這兩點，玉器是不具備的，此所以，上古時期玉、石笄極少，多以竹、木、骨材爲主。而後青銅時代來臨，金、銀爲材的笄，就成了頭飾的主流（因爲他有靭性，不易折斷）。而且，旣以實用爲主，笄端的形制，可能常有變化，但笄身卻有一共

通點，就是細長，並作收尖，也惟有如此，才便於插至髮上或固冠。但綜觀本器，一端並未收尖，極不適於插穿頭髮，而本器在中間處有一橫穿，從位置觀察，似不像再複合他材，器端也不見折傷痕跡，故而筆者認為：本器的確實用途，應還有探討的空間。

（圖九十五）所有資料，均稱本器為「笄」，筆者雖暫從眾，但個人仍認為：應名之為「玉條形飾」，其上褐斑，確為玉沁，從沁色判斷，本器當為和闐玉所製，其上繩紋中的細陰線，既深且直，筆者相信，此時已有鐵器，否則刀工，不致如此之利！

　　惟本器的紋飾，卻極為奇特，是以環帶紋為主體，再間隔在環帶上，斜刻細陰線，使呈現類似繩索的花紋，故一般玉器專家，名之為「繩索紋」；據筆者研究，此類環帶紋的起源，應是蠶形與蛹形玉雕，早在殷商安陽大司空村墓葬中，就已有蠶形玉雕出現，而蠶也是我國特有的飼養昆蟲，這種昆蟲，有生、蛻、蟄、死的過程，使先民對死亡的認知，注入了許多想像空間，故而仿刻其形以入墓（見本書第一冊河姆渡文化）。這類玉雕，蠶形與蛹形在造型上，基本相同，但為符合現實，頭大身細者，我們稱之為「蛹」；細長勻稱者，則稱之為「蠶」，但共同特點為：身軀均作環帶紋；西周墓葬中，也偶有出土。而本器再在環帶上飾以斜細陰線，筆者則認為，應是：春秋時代玉雕，習慣裝飾細陰線的特點所形成。

（圖九十五Ａ）本圖即爲婦好墓出土
玉笄，亦爲目前所知，我國第一件笄頭
有紋飾的玉器；從紋飾觀察，此器必爲
王室所專用。

（圖九十六）本器雖有部份梳齒已殘，
但仍可看出造型之美，整梳雖似長方形
，但梳側仍作出柔和的曲線，梳齒間隔
，適當均勻，打磨精細，爲藝術性極高
的一件實器。

　　三、玉獸面紋梳（如圖九十六）：本器長七・七公分，厚約〇・
五公分，雖有六根梳齒已殘，但並不影響我們對器形的認識，本器製
作工整，梳齒間隔均勻，收尖柔合，梳背飾以變形的夔龍紋，鉤連自
然，刀工細緻，爲藝術性極高的一件實器；「梳」，在我國起源甚
早，早在新石器時代的大汶口文化中，就曾出現以象牙作梳，並在梳

背上裝飾精緻花紋的藝術品（如圖九十六 A ），及至在山西襄汾發現的龍山文化陶寺類型，則出現了玉製髮梳，而從本器材質的良好，與飾以精美紋飾的造型觀察，正足顯示出，我國玉雕藝術的進步，及春秋時代上層社會，奢侈浮華的現象。

（圖九十六 A ）本圖所示，即為新石器代大汶口文化所出土的象牙梳，與前圖比較，可知我國髮梳的起源甚早，形式大致已固定；梳背上的紋飾，顯以裝飾為目的。

（圖九十七）本器雖仍作似虎形，但虎的斑紋、神態，均已作變形處理，這件精工琢成的玉器，所表露出來的，已經不是自然界的「虎」，而是玉工心目中，神化的「虎」了。

四、玉虎形飾（如圖九十七）：本器長八公分，寬二‧四公分，厚○‧三公分，雖仍作片狀剪影式造型，但紋飾已走向戰國時代，片體也逐漸變厚，為春秋後期，步向戰國時期玉雕的重要研究資料；與前文所介紹強伯墓、黃君孟墓出土的片狀玉虎比較（圖七十三，圖九十一），即可知，從西周、到春秋、到戰國，玉雕紋飾，因為禮教喪失，從玉德的崇尚，走向現實社會，富貴炫耀的歷程。

本器在製作過程中，為求橫向的平衡，尾部明顯作粗變大，但卻不影響整體造型之美，確為難得，在頭部、尾部及背部，各有一穿，則顯示本器為佩飾，而當為組玉佩中的一件。

除前述楚墓出土的這一批精美玉雕外，在其他地區出土的春秋時期墓葬中，也都有一些代表性的器形，玉雕風格相近，但型制迥異，甚具參考價值，例如：

一、玉獸形佩（如圖九十八）：此器是出土於安徽省壽縣蔡侯墓。蔡國起源於周文王的兒子，周武王的弟弟叔度，封於蔡，到了春秋時期，蔡國極弱，屢受大國欺凌，據統計，蔡國君主被楚、齊所擄，就有數次之多，最後終於為楚國所滅；所以，在春秋這段時期，蔡國是進貢玉器的小國，而不是享用玉器的大國。

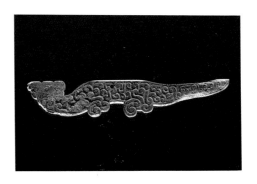

（圖九十八）本器原出土名為「玉龍形佩」，筆者認為不妥；因為我國自紅山文化玉龍之後，各階段龍形的特徵分明，但從不見此形，本玉器雖有「玉就料」的現象，但就造型風格言，其祖形應非「龍」而是蠑螈（即俗稱娃娃魚）。

　　本器長約十一公分，最寬則僅約兩公分，呈細長狀，本器頭頂、背部、尾稍均在一直線，顯示本器爲「工就料」之作，也因爲如此，使本器的外型，給人一種奇特的感覺，似龍而非龍，此器出土資料明確，紋飾雕作雲雷紋，鉤卷方式，雕琢刀工，都可確定爲春秋時代後期的風格（故不可能是古玉再入土），但與此階段早、後期的龍造型相較，不但看不到起源與變化的軌跡，也看不到他獨立衍化的依據，故而筆者認爲，本器的造型非龍，而是「雲雷紋飾的蠑螈」；蠑螈這類玉雕，在我國動物玉雕中，極爲冷僻，但源起上，卻傳承有序，最早可追溯到新石器時代的陶器紋飾，及至殷墟的一○○一大墓中，也出土了這類造型的玉雕；就動物特性言，蠑螈爲爬蟲類的兩棲動物，頭扁皮粗，形似蜥蜴，但有一條粗長的尾巴，爲其特徵，在商、西周時，還偶見作成佩飾，後則因造型與鱷、蜥、守宮……等難分，逐漸形成夔龍形，而本身即漸不復出現，筆者傾向本器的造型，是以蠑螈爲主體，逐漸走向夔龍階段的造型。

　　這也說明，我國玉雕中，許多神獸，不論早期的龍、鳳、凰、麟、朱雀、玄武，或後期出現的辟邪、孤拔、獅子……等，在玉匠的想像與美化下，都變成多種動物的綜合體，特殊、美觀、裝飾性强、藝術性高，但是卻已脫離現實，人間永不得見了。例如：春秋時期魯哀公十四年（周敬王三十九年），西狩獲麟，孔子哀稱：「吾道窮矣。」，正史記載清楚，各國史料與先秦諸子中，多有記載，是一件完全可信的事實，可是，自此以後，我們就只見圖畫的麒麟，已不見實物，這也就是筆者所說，經過傳說、渲染、附會、神話，使他的造型變化成，只應天上有，人間永不聞了。

　　二、玉雙龍佩、玉獸面紋飾（如圖九十九）：本圖包括二器，都是於一九七二年，在山西省長治縣分水嶺的春秋時代晚期墓葬中出土，厚度約在○‧三公分左右，顯示春秋時期玉雕的較薄剪影風格，已經產生了變化。

　　圖左的環形，從龍首的張口，下方的鑽孔，顯示此爲組玉佩中一件；我國玉環的起源極早，可追溯到舊石器時代先民們佩帶骨管，是我國一切中空外環佩飾的祖形，而後鐲、環多用於飾物，璧、琮則發展爲禮器；自新石器時代到西周時期，小型的環，出現很多，主要是爲耳飾（但也偶有作胸飾、佩飾），但是從春秋時期開始，這類小環，作爲耳飾的數量，急遽減少，逐漸爲金、銀、銅器材質所取代，他的主要用途，變成組玉佩中的主要部份，或作繫衣、繫物用途，但較

少圓雕，仍以片狀爲主，在紋飾上，則踵事增華，造型也趨向華麗、美觀，本器即爲代表作之一，雖僅三・四公分，雙龍的身軀，中間的橢圓孔，下方的紋飾，均頗有可觀。

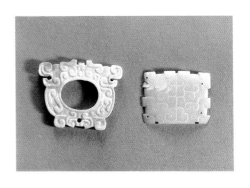

（圖九十九）本圖二器；左者，應爲佩飾無疑，春秋時代這類小型似環佩飾，甚爲風行，故出土略多，目前市面偶尚可見，但眞品仍價值不菲。圖右，則爲斂葬用玉中「玉覆面」之一片，在我國玉器文化中，斂葬用玉，多粗礦不整，但東周時期，偶有精雕細琢的斂葬用玉，也是這一階段，玉雕工藝的一個特點。

　　圖右一件，單面雕，上飾變形的獸面紋，四角各有一穿，筆者認爲：可能爲斂葬用器的覆面綴玉之一；本器最特殊處爲：四周作出脊牙，這是春秋時代玉雕的重要特色，所雕出的齒，有時與造型配合，有時則似爲專作脊牙而作的無意識行爲，到了戰國時期，出脊的玉片，就少見了，在覆面用玉上，則開始出現虎、龍、獸……的動物形狀。

　　三、玉劍首（如圖一〇〇）：本器與下圖所示的「玉劍格」，都是在一九七二年，於江蘇省六合縣程橋二號墓出土，玉質都呈青色，雕工相近，紋飾相同，應出自一劍，以玉裝飾佩劍，古稱「玉具劍」。

　　在我國早期經書中，不見「騎」字，東周以前，交通、運輸、甚至戰爭，都用車，馬以駕車爲主，不用於單騎；所以，武器方面，戈、矛、斧、鉞、弓箭，都發展的很早，六藝中的「射」、「御」，都

是與車戰的觀念有關，所以，早期身邊佩帶的武器，也以短小的刀劍為主，但到春秋時期，長劍開始出現了。依據史記・吳太伯世家記載：吳國的賢人季札，出使各國，路過徐國，徐君喜歡他的劍，卻不好意思開口要，季札心中雖知，但因為還要出使其他大國，怕失禮，所以沒有給他；後來再回到徐國，徐君已死，季札乃掛劍於徐君墳前樹上，揖禮之後，飄然而去，這就是「季子掛劍」的典故，表示君子不因人死而改意背信；在這個很確實的故事中，顯示出，春秋時期佩劍出使，已經是一種禮節，若遇好劍，則貴至如國君，亦不免心喜色動，而以當時佩玉的風行，用玉飾劍，可以說是必然的裝飾走向。

（圖一〇〇）本器為我國文史所紋，「玉具劍」的最早實物資料；在我國玉器文化演進中，上古三代，多有玉兵器出土，以儀仗、權威、符信……的禮儀用途為主，但殷商玉戈逐漸消失後，玉劍飾的興起，卻不具禮儀用意，而純以裝飾、炫耀為目的。

　　本圖「玉劍首」，即為目前所知，最早以玉飾劍的出土資料，全器長近五公分，最寬三・九公分，最厚處二公分，在窄面中間，有一穿而不透的圓孔，供金屬劍把插入，為當時極貴重的飾器，且只限貴族男子佩帶。

　　四、玉劍格（如圖一〇一）：本器高三公分，寬五・七公分，厚二・九公分，呈一橢圓的柱形，中心有一菱形的穿孔，出土時，青銅

（圖一○一）本器玉劍「格」，與前圖
玉劍「首」，同出土於江蘇六合縣程
橋春秋時代墓葬，細審二器，材質相近
，雕工相似，運刀方向相同，可能爲同
一匠人所製；但紋飾的華麗，造型的優
美，顯示這一階段玉雕工藝的進步，而
這個進步的動力，卻在於世俗化的炫
耀。

劍的殘部，還插在菱形孔內，證明是作爲劍身與握把之間的擋手，在
實用上，劍用於爭戰，兩刃相交、滑動，可能傷到手握處，所以，劍
的形制出現了擋手，亦有稱之爲「劍格」；他是實用性大於裝飾用，
但是用玉作「劍格」，以玉的貴重與易碎，證實這把劍，不能用於陣
仗，而以裝飾爲主。本器飾以雲紋（有人考證出玉劍格，又可稱爲「
琫」，從「玉」部首，可知爲玉具劍飾的特定稱呼），極爲美觀。從
以凹槽分隔玉面，以增加裝飾性的雕法觀察，與前玉劍首相似，可能
出自一匠之手。

　　五、玉琥（如圖一○二）：本器長十四公分，厚約○‧四公分，
一次出土兩件，作彎形，虎口與虎尾各作成一穿，有對稱之美，本器
玉質呈青色，以陰線飾虎目、耳與象徵性的斑紋，造型極具藝術性，
但已明顯脫離現實的虎形，因爲，在雕作這類器形時，玉匠認知的：
「是在雕作有神性的虎，而不是自然界的虎了。」，周禮‧春官‧大
宗伯所叙：「以白琥禮西方……」，我們現在已經確知是戰國時期的
觀念，並把虎加了玉旁，成爲「琥」，以示玉雕虎形的專用名詞。筆

者認爲：本圖二器就是「琥」，用途旣可作飾玉，亦可作祭玉。

（圖一○二）本器一墓出土兩件，長近十五公分；春秋時代玉雕形制，璜形器出土的比例相當多。戰國時代「六瑞」的名稱出現，包括璧、琮、圭、璋、璜、琥，其中五種，都有源起，惟「琥」的形制，起源不清，綜觀本圖二器，雖已作「琥」，但仍可看出，他的祖形，是來自「璜」。這就是「琥」形制的源起。

（圖一○三）春秋時代鑄銅的「失蠟法」出現，使銅器風格丕變，由西周禮器的端莊敦厚，走向堆砌華麗，爭奇鬥艷，而基於藝術共通的原理，各種類工藝品的風格，相互影響；故「玉仿銅」，爲這一階段玉雕的特色，所以，從本器可以看出，銅器紋飾影響玉雕藝術的一些線索。

六、玉獸面紋飾（如圖一〇三），本器長七·一公分，寬七·五公分，爲單面雕，另一面光素無紋，本器造型作倒梯形，左右邊緣作出對稱的牙脊，紋飾則以器中的中線爲主軸，雕出對稱的紋飾（但左上角部份似未完成），器下部，形成一粗眉上捲、似耳似角的獸面紋（此爲春秋時代紋飾特徵之一），整體堆砌華麗，似已不見刀痕，爲工藝性極高的藝術品。

在春秋時代工藝技術中，銅器的鑄造，一直是一項重要的技藝，何休註公羊、桓公二年傳：「天子九鼎，諸侯七，大夫五，元士三。」，此即所謂的列鼎，當時，稍具能力的小國，都自行鑄鼎、鑄各類彝器。但在這個時期，鑄銅方式，卻產生了一個重大的變革，就是「失蠟法」的出現，也就是不用泥模，而先用蜂蠟作成鑄件的模形，再用耐火材料填充心蕊，敷成外范，經過加熱烘烤，蠟融化流失，使鑄模成空，再澆入銅液，即可鑄成器形，這種方式，較之「合范法」鑄器，更可因蠟的易熔易雕，鑄成精美的銅器，自從「失蠟法」發明後，我國青銅器，就走向了另一個藝術的高峯（如圖一〇四）。

（圖一〇四）本圖爲春秋時代墓葬出土的「鳥獸龍紋壺」紋飾展開的一部份，細予觀察其上紋飾，「堆砌華麗」，爲其藝術特點，對同時期玉雕的紋飾造型，有重大的影響。

　　而筆者相信，自春秋時代中期以後，我國就已經開始用失蠟法鑄銅，也因為這種方式的廣泛使用，使我國各門類的造型藝術，都產生了重要的變化，尤其這種鑄銅方式，因為蠟的可塑性強，造型設計的空間很大，不但使銅器的風格產生變化，也因為銅器鑄件的奇瑰花紋，影響到玉雕，而使自殷商時期的減地、剔地雕法，西周的斜刀，一變而成春秋時代凸出平面，其上再作髮絲、絞絲……等陰線的特殊風格。本件玉雕獸面紋飾，即明顯受到「失蠟法」鑄銅藝術的影響。

第七章 ◈ 春秋時代玉雕的形制與風格

春秋時代是一個「禮崩樂坏」的時代，禮制用玉的僭越，完全破壞了西周時期舊有的規範與成例；可是，在這個急速袪除束縛的過程中，出現了許多新的佩玉方式，像：組玉佩的形成，就為我國玉器文化，注入了新的藝術生命；雖然，仍有很多專家認為，組玉佩的出現在戰國，但筆者仍相信，春秋時代中、後期，就已經大量出現了，而佩掛方式，五花八門，毫無定制，例如：孔子世家記述，孔子過蒲返衞見寡女的情形：

「……孔子入門，北面稽首，夫人自帷中再拜，環佩玉聲璆然。……」

這不正是組玉佩已經出現的最好證明嗎？

其次，因為鑄銅「失蠟法」的使用，使紋飾風格，更堆砌燦爛，也影響了玉器的藝術性，自西周以至春秋，玉雕風格大變，這是一個重要的關鍵；在琢工上，不論用剔地、壓地的手法，雕出淺浮雕的鈎卷紋，或在地子、或在突起的卷渦上，視紋飾的鬆密，酌刻成組的細陰線，形成多層次的華麗效果，是這個時代玉雕的最主要藝術特色。

而在器形上，除了華麗的佩飾玉外，許多專家都常表列一些春秋時代出現的新器形，筆者研究，幾乎都是歸納考古出土資料的抄襲之作，雖無大錯，但卻極易給人一種錯誤的觀念，像春秋出土玉劍飾、玉觿、玉琥……，玉帶鈎卻出在戰國……等；這種觀念是很不對的，依筆者淺見，在小形實用器與裝飾器上，每一種在春秋時代出現的器用，都有可能以玉器製作（除非該時代尚未出現），或以玉器作裝飾；因為，在那個禮崩樂坏、社會動蕩的時期，造就出了一批富可敵國的商人，及一批無所顧忌的諸侯，他們累積的財富，足可傾國，但是文化素養，比浸淫古禮的士、大夫，卻又相差甚遠，只要財力所及，他們沒有什麼不敢用玉製作，像玉印、玉杯、玉帶鈎、玉劍飾，甚或其他以玉為嵌飾的器用，應該是完全沒有限制（如圖一○五）。多年前，筆者曾遇到一件奇案，藉此說明春秋時代用玉浮濫的情形，以為本篇的結束。

筆者有一好友，對喪葬用玉，頗有興趣，自某一熟識的知名古董商處，買進了據稱是春秋時代暝目用玉五片，每片圓餅形，大小相似，直徑約兩公分，筆者初見時，即有懷疑，因為春秋時代暝目，嵌貼

（圖一○五）本圖二器，出土於春秋後期、戰國早期墓葬，以銅材爲主，鑄成蛙形，其中左件，最爲特殊，蛙的後肢，變成糾結的兩蛇，似是爲蛇所銜；蛙背、眼均鑲嵌美石（綠松石）；查其用途，均爲馬飾，這足顯示，春秋時代禮崩樂壞，在諸侯僭越的大環境下，當時的任何一種生活實用器，都可能被那些富可敵國的諸侯與商人，以玉雕作，或以玉裝飾。

用玉片，筆者雖所見不多，但從未見過光素的圓餅形，而且五片中，有一片爲炭精所雕，其餘則均爲和闐玉，雖未見紋飾，但確爲出土古玉，亦甚古色可愛。但因該友出示玉器時，對古董商頗具信心，且對這些玉器的形制，也甚主觀，多少有炫耀的用意，故筆者自不便深入瞭解；數月之後，該友人氣憤沖天，向筆者傾訴，某古董商見利忘義，以數十年之交，居然賣假東西給他……等；筆者細加追問才知，該友人從其他友人處得知，另有人亦從同一古董商處，購得春秋時代玉瞑目六片，借來一看，形式完全相同，只不過煤精所製，占有四片，故而認爲僞製，並希望筆者協助處理，因爲古文物易手，牽涉到錢財交易，複雜萬端，筆者深知，不得涉入，但因對該批玉器，甚爲好奇，故答應走訪研究。但也事先聲明：絕不出面談判退貨、還錢之事，而況兩造本係熟人，自有解決之道。

後經走訪該古董商細談，才瞭解實情，該批玉器，係於六○年代，透過香港自大陸購進，其中有雕琢精美的佩飾兩件，圓餅形玉器二十多片，盜掘人堅持一起出售，因渠見佩飾極精美，且持有人告知出土地點、資料，應爲春秋時代一座大型墓葬，故而一併購進，其後數

年，玉佩飾都以高價售出，只剩這批圓餅形玉器，既不像玉匣用玉，也不像嵌器，數量亦不少，故而認為是喪葬用玉，係貼附在絲帛上，覆蓋墓主面部，但為何數量如此之多，渠亦無法確實答覆，只稱：可能是多墓出土，併湊一起出售所致。經檢視，渠已售出玉佩飾兩件的照片，應係春秋時代遺物，且為難得珍品，而再檢視渠所留存小玉餅形器，亦當可確定為入土古玉；可是，如為瞑目用玉，一不見此類形制，且若多墓所出，大小相似，開片、琢工、修整亦均相似，決不合邏輯；可是再遍翻資料，也找不到春秋、戰國時期，以圓餅形玉器作瞑目的例子，久之，也就不了了之。

後來，在偶然的機會，翻閱左傳，在襄公二十五年記有：「弈者，舉棋不定，不勝其耦……。」，筆者終於恍然大悟，這些圓餅形玉器，根本不是喪葬用玉，是「圍棋」，此所以，其中有炭精所製成的黑色棋子。

後經筆者再翻找有關資料，應確為圍棋子；因為，說文解字稱：「弈，圍棋也」，在我國起源甚早，在東周的春秋時代後期，已經很風行了，所以，左傳記有「舉棋不定」之說，但這種「弈」，與漢代風行的「六博棋」不同（待至漢篇再作說明），當時棋局縱橫各有十七行，所謂：「棋局縱橫各十七道，合二百八十九道，黑、白棋子各一百五十枚。」，一般諸侯、門客，喜好此道者甚多，並稱：「圍棋之戰，言兵法之類也。」（後到南北朝時期，十九道的棋局，才正式出現）；目前，已有的正式出土記錄，是一九五二年在河北省的一座東漢墓中，出土一座石雕的棋局，縱橫各有十七道。由此可知，這批珍貴、極具史料價值的玉棋子，對研究我國早期的圍棋發展，必定會有重要的貢獻，可惜被私人盜掘出土，輾轉賣到海外，還發生了認為是喪葬玉的鬧劇，實在令人可嘆！此所以，筆者一再強調，喜愛古文物，是一個對本國文史有修養的人，必然的傾向，可是，我們應該改變我國千百年來，文人玩古的不正確習氣，喜愛古文物，我們不妨研究他、瞭解他，而不必求的擁有他；如此，不但可以抵制古董市場上，大量作偽騙人的習氣，也可戢止，目前大陸愈演愈烈的盜掘之風，共同為我國古文物的維護，略盡一份心力。

在前述例子中，筆者認為：這批玉器是「圍棋」，應該是不會錯的（相信爾後的出土資料，可以證實），也因為如此，筆者對春秋時代玉器形制與器形的認識，是比較廣泛的，所以認為：在當時已經存在的實用器，都有以玉製成，或以玉裝飾的可能，如果我們不能有這

種認知，強背誦一些似通非通的著作，某些玉雕器形，是春秋出現，某些器形，戰國時代才用玉雕作！你總有一天（出土資料愈來愈多時）會發現，你用功所記憶、背誦的，毫無意義。

【第四編】 七強「合縱連橫」的戰國時代

　　周朝以「禮」興國，凡「禮樂征伐，自天子出」，西周初期，周武王生病，周公為他祈禱，魯周公世家是如此記述的：

　　「……設三壇，周公北面立，戴璧秉圭，告予太王……。」

　　不但配帶、執用玉禮器，有形制規定，連祭壇數目，站立位置，也都有規定，此即凡事合於禮也。到了春秋時代，雖然諸侯僭越，但還是以周禮為依歸，口頭上，仍然「尊王」，並且也注重祭祀，遇有死喪事故，赴告各國，供史官記錄，所以，仍然勉強維持著一個，以周的思想為中心，象徵一統，實際卻已分裂的國家。

　　可是，到了戰國時代，這一切都不講了，周禮的記述，成了文人的事，國與國之間，只問利害，不問道義，苟有利，則為之，無利，則欺凌侵伐，以取其利；所以，在春秋時代，曾有一百多個諸侯國，共同存在著，到了戰國初期，則僅剩二十多個，並且小國更在快速的滅亡消失，大國則愈形強大，其中以秦、楚、齊、燕、韓、趙、魏最強，連年攻伐，以戰養戰，以戰止戰，在這個環境下，戰國策曾有這樣的記載：

　　「……今取古之為萬國者，分以為戰國七。」

　　於是從西漢開始，就稱這一段七國相攻伐的階段，為「戰國時代」。（如圖一〇六）

　　相對於諸侯的強大，代表周王朝的東周王室，在春秋時代，就已經淪為一個小諸侯國的版圖，只是在諸侯霸主召開盟會時，派出代表，參加盟會，作一個象徵性的追認，東周王室不但淪落如此，到了戰國中期，更產生了分裂，由掌權的西周公與東周公，把王室所剩不多的王畿，再予瓜分，變成兩個小國，而彼此還互相對抗，這就是戰國時期的「東周公國」與「西周公國」，周天子依附西周公國，居於王城（即今洛陽），東周公國管理成周（即洛陽城東），在兩周如此弱

小下，到了西元前二五六年，秦昭王五十一年，秦滅西周公國，取走象徵政權的九鼎，周赧王死，周百姓奔東周，七年以後，秦莊襄王元年，再滅東周公國，周王朝就完全結束了。可是當時戰國七雄，依然在對恃爭戰中；一直到秦始皇二十六年（西元前二二一年），齊國滅亡，中國才又恢復統一。

（圖一○六）戰國時代各大國之間，已無「禮」可言，只問利害，苟有利，則取之，當初，以周禮爲規範的社會型態，完全改觀了，圖示爲戰國時代趙國墓葬出土的陶鼎，高四十八公分，口徑二十八公分，其上有三蹄足、三獸紐，方形直耳；但材質已易銅爲陶，可代表戰國時代思想的轉變。

　　至於戰國時代的開始，目前很清楚，是始於西元前四○三年（周威烈王二十三年），晉國的韓、趙、魏三家世卿，瓜分晉國，成爲諸侯開始，在這一百八十二年中，因爲各國的攻伐，動輒屠降卒幾萬、幾十萬，社會動亂，民生凋敝，即如孟子所絞的：「殺人盈野，殺人盈城。」在如此生存不確定的時代中，不同的哲學思想，各自興起，成爲我國思想文化，最燦爛的一個階段。

　　而相對於玉器文化，則明顯的走向五個不同的方向：

　　第一、因爲儒家學說的傳播，使西周禮儀用器，走向復興的階段，三禮的僞作，出現於戰國時代，就是最好的一個註腳，可是，也因爲「民本」思想的抬頭，作爲統治階層，專屬用器的恢復，是不可能有太大的進展，充其量，只能作爲失意文人、儒士，在民衆望治的希

望中，給他們的一些精神支持而已。

第二、用玉通俗化的現象，繼續發展，在某種程度上，玉器已經脫離「玉德」的精神範疇，而爲物質享受的指標，如在史記·宋微子世家中，告誡子孫不得奢侈：

「……臣有作福作威玉食，其害於爾家，凶於爾國……。」

這裡所說的玉食，不只是形容而已，筆者認爲是：「以玉製食器，盛裝的美食。」因爲，這種食器，在比較崇尚奢侈的殷商婦好墓中，曾有出現（如圖三十二），所以，才有宋國祖先，告誡後世子孫的比喻（因爲宋國就是商的後裔）。因此，筆者相信，戰國時代諸侯豪奢者，使用玉製食器，是相當普遍的；也顯示這一階段，用玉仍繼續春秋時代，往通俗豪奢的方向發展。

第三、因爲時代環境，造成人生的不確定，以及王室衰微，學者淪落民間，使知識更普及，讓人們思考自己的機會多了，因而，諸子百家中，有了陰陽家的產生，這種「避諸死忌，以五行爲主」的哲學思想，經江湖游士的鼓吹，逐漸與有形的玉器結合，起始於我國新石器時代的玉器斂屍意義，又逐漸興盛起來，但是，二者最大的不同是：源起於江浙馬家濱、崧澤、良渚文化的玉器斂屍，除了對玉材的迷信外，「獸面神徽」，才真正具有斂屍意義，但是，自春秋、戰國這一波興起的以玉斂葬，在內涵上，單純很多，也愚蠢很多，因爲，這次只是單純相信，玉材可以確保屍身不朽，只要是玉，都有這種作用，也因爲如此，在精神層面、藝術層面，都沒有發展的空間下，這一波興起以玉斂屍的習俗，很快就被淘汰了，所能流傳給後世的，只不過是演進到漢初，極端鄙陋，又沒有藝術價值的「玉匣」（玉衣）而已，他所呈現出來的精神意義，也只不過顯示，那些分疆裂土王侯愚蠢的一面。

第四、在諸侯、世卿的酬酢、朝會中，玉器仍是主要的佩飾，玉材的材質、色澤、光潤、雕工，無一不是持玉者所重視，而逐漸形成了，對玉材審查、鑑定、品評的標準，從現代的眼光來看，這些標準，並不一定完全正確，但是，這種以物質屬性，作爲品評標準的現象，也激化了玉器精神層面的代表意義，這種現象，最後演變出，傳國玉璽具有「天命所歸」意義的政治迷信，這種影響，在我國爾後兩千多年的封建社會中，不時出現，而和氏璧與傳國玉璽的附會，卻是始作俑者；我國一部二十五史，幾乎每位開國君主，定鼎天下後，傳國玉璽都會出現一次，明知是假，而君王也多欣然收納，以示「受命於

天」，這種根深蒂固的符命觀念，雖是在夏、商之際，逐漸形成，並經長期衍化，但戰國時期的諸多傳說，也為他起了推波助瀾的作用。

第五、玉器成了高貴的資產，這種現象，在殷商就已形成，但是，到了戰國時代，因為用玉普及化而更通俗。既然「物以稀為貴」，而在社會上，又有很大的需求，純以「物」的角度來看，玉器逐漸變成了可以量化的資產，他不單可佩在身上，以顯高貴，更可在市面上，隨時變現、流通，這種現象，在戰國時代極為普及，尤其在這一個階段，不斷有國家滅亡，王室逃亡，貴族奔逃他國，而玉較金更貴、更輕、更易攜帶，當然成為收集、屯積的寶物，在正史中，這方面的記載很多，也很可信；例如：春秋後期，魯國的宰相季文子死了，史書記載他的清廉：

「家無衣帛之妾，廄無食粟之馬，府無金玉。」

家裡沒有金、玉，表示沒有眾多的財產，玉、金並列，確為財富的代表。又如：勾踐復國，范蠡知其不可共富貴，乃將潛逃離開，他的行動是：

「……乃裝其輕寶珠玉……乘舟浮海以行，終不返。」

的確，珠、玉都是便於攜帶，隨時可以變賣的家產。（圖一○七）

（圖一○七）在諸多戰國史料中記述，玉器為可量化的資產，可隨時變賣，但并非玉材，而是製成品；本圖所示，白玉龍鳳雲紋璧，高一一‧五公分，橫寬十四公分，厚○‧三公分，外緣透雕二鳳，中心鏤雕一龍，璧身則飾以三角形雲紋；工優質佳，為戰國時代玉雕中的上品，在當時，除了是玩賞器用外，更是可隨時變賣的資產。

第一章◇戰國時代形成，對諸侯的影響

　　我們都知道，古史以「三家分晉」與「田氏代齊」，作為戰國時代的開始，但是這兩個事件的發生，對各國諸侯的心理與政治觀點，都產生了莫大的影響。

　　以三家分晉為例，晉國自晉文公稱霸中原後，長期都是中原的霸主，後來國權落在范氏、智氏、中行氏、韓氏、趙氏、魏氏六家世卿手中，經彼此攻擊、聯合，剩下韓氏、趙氏、魏氏三家，主持晉國的朝政，繼而瓜分晉國的土地，到晉幽公時，不但已經無法主持國政，反而要定期朝見，已自稱為君的韓、趙、魏三家，如此，到了晉烈公十九年，也就是周威烈王五年，周天子正式承認，韓、趙、魏三家為諸侯，但韓、趙、魏三家，並不知足，周威烈王七年，魏武侯、韓哀侯、趙敬侯聯合起來，再把苟延殘喘的晉國完全滅掉，並瓜分其土地後，才終止。

　　同樣的，春秋時代的大國齊國，也遭遇類似的問題，在貴族掌權的過程中，大權旁落到晏氏、鮑氏、田氏等家族手中，在彼此攻伐的消長中，田氏漸強，終於驅走齊康公，自立為主（但沒有改國名），而周天子也承認了田氏為諸侯的地位，這就是史家所稱的田齊，以別於自周武王首封姜太公後裔的呂齊。

　　這兩件發生於春秋、戰國之交的大事，對列國諸侯，起了莫大的震撼作用，因為以下僭上，是這個階段，每一個諸侯，都常作的事，但表面上，卻維持著，周天子所封的正統諸侯地位，但是「三家分晉」、「田氏篡齊」，不但是下一級的卿相弒篡主君，竊得國家，居然也為周天子所承認，也可以列為諸侯，於是各侯國的國君，開始人人自危了；因為，從西周初，到春秋時代結束的這幾百年中，列國仍然維持著周初分封的制度，諸侯國中的卿、士、大夫，也都各有封地采邑；當年平王東遷，兵力、財力兩缺，造成王綱失墜，形成的原因，各國諸侯，都是心知肚明，如今，在長期的列國兼併中，大國雖然形成，而其下眾臣的采邑，也隨著擴大，如今，又開始走向「弱幹強枝」的老路；於是，自春秋後期開始，列國諸侯在外，有強國環伺，內有強藩，不足完全信任的局面下，各國都實行了一些改革，這種改革，雖有某些利民的措施，但是其最終目的，卻仍是保護、維持諸侯的政權，甚或能更加擴大；這種改革，史稱「變法運動」，基本上，他是消除或調整，承襲西周的一些統治方法與手段，但有史以來，從來

沒有如此多的國家，在如此短的時間，對政治作如此重大的調整，既未有前例，也沒有規範，於是，造成諸子百家蠢起，各顯主張，互相攻訐、辯駁的思想蓬勃時代。

例如，我們看成書於春秋時代的論語，他的文句結構，所表現出來的，是一部哲理散文的書，但是，若看成書於戰國時代的孟子，雖是同樣的儒家哲學思想，但卻明顯帶有宣傳、辯論、攻訐的色彩，這主要因為，在戰國時期，各種學術思想，如春筍般林立，你若有政治、哲學主張，就必須對四周不同的主張，加以撻伐、駁斥；孟子自己也公開承認：「予豈好辯哉，予不得已也！」，也因為如此，才促使孟子的文句，舖陳華瞻，而其內容說理，更以「氣勝」。此外，先秦諸子的其他著作，像墨子、莊子、荀子、韓非子……等書，雖然文章格調、結構，各有不同，表現的哲學思想也各異，但都有這個共通點，就是帶有強烈的論辯色彩。這種以學術干諸侯的言論方式，常用非常之言，以為自己的立論擴張效果；筆者統計，在先秦諸子學說中，形容、比喻物質的珍貴，最高的標準，就是「和氏之璧」，而且各家都常引用，次數多達二十多次，可是我們理智的想一想，「和氏之璧」有其珍貴的一面，但能珍貴到如此地步嗎？這其中還蘊含有其他什麼樣的意義呢？（如圖一〇八）

（圖一〇八）戰國時代史料中，多次提到天下至貴之物，莫過於「和氏之璧」，其實，依文理分析，當時所稱的「璧」，并不是「璧形玉器」，而是玉的概稱，所以，和氏之璧的正確解釋，應是「和氏之玉」。圖示龍形玉佩，呈雙S形，上飾蠶紋（亦有稱卷渦紋者），造形、琢工、紋飾，都流露出強烈的戰國時代玉雕風格；在當時，我們也可用玉的概稱，稱之為「璧」。

第二章 ◈ 和氏璧對我國玉器文化的影響

「和氏璧」是見諸正史，並且在史籍上，出現多次的一件寶物，是戰國時代天下珍寶中，最高價值的代表，史記記載：「昔卞和獻寶，楚王刖之。」而廉頗‧藺相如列傳中，也記有：「趙惠文王時，得楚和氏璧。」此外，有關先秦諸子中，記載和氏璧的書籍，最詳細的，當屬韓非子與呂氏春秋，而這兩本書，在先秦諸子的書籍中，是流傳有序，確為當時所著（不可能是偽書），其中韓非子所敍：

「楚人和氏，得玉璞楚山中，奉而獻之厲王，王使玉人相之，玉人曰：『石也。』，王以和為誑，而刖其左足。厲王薨，武王即位，和又奉而獻之武王，武王使玉人相之，又曰：『石也。』，王以和為誑，刖其右足。武王薨，文王即位，和乃抱其璞而哭於楚山之下，三日三夜，淚盡，繼之以血。王聞之，使人問其故，曰：『吾非悲刖也，悲夫寶玉而題之以石，貞士而名之以誑，此吾所以悲也。』，王乃使人理其璞而得寶焉，命曰：『和氏之璧』。」

另呂氏春秋也記曰：

「以和氏之璧與百金，以示鄙人……。」

雖有如此真實的記載與敍述，但是，因為卞和得玉璞，獻楚王三代的說法，過於奇詭，許多人都不相信，例如：清高宗乾隆在御題詠玉詩中，就認為是韓非子編寫的寓言，並解釋說：「獻玉的卞和，代表進諫言的忠臣，玉璞則為諫言，玉人則為庸讒的佞臣；而且，玉人已經看出是玉，反誣以為石，正如忠臣進言，被佞臣所讒一樣……」。

筆者研究「和氏璧」的故事多年，歸納各書所記載，與後人的補注，筆者認為：和氏璧的發現經過，是完全可信的史實，其時，當在春秋中期楚文王時，一百多年後，伍子胥佐吳王闔閭伐楚，大敗楚兵，攻入楚國首都郢，並且鞭屍楚平王，可能因為這場破國之禍，使保存在楚王手裡的和氏璧，流落民間，後為戰國時期的趙惠文王所得，當時的記述是：

「趙惠文王得楚和氏璧。秦昭王聞之，使人遺趙王書，願以十五城請易璧……」

這是一段很明確的記載，再參酌其他史料，和氏璧的發現與轉手

，都應是極爲淸楚的，清高宗乾隆雖漢化很深，但是，因爲地位的特殊，對春秋時代的玉工習慣不瞭解，故而作了相當偏頗的人君、忠臣、佞臣的寓言解釋，這是完全不對的；筆者認爲：和氏璧的出現，對原發現人卞和而言，是一個悲劇，這是時代因素造成的；而後，和氏璧的珍貴性，經過渲染，也是時代環境造成的，因爲：

第一，春秋時代各諸侯，君權極重，庶民誆騙君主，是極大的重罪，刖去一足，是必然的；若更嚴重，則斬首抄家，亦不爲過，尤其楚國，該時尙偏離中原文化，以蠻夷自許，刑罰的嚴厲，更當超過中原；我們試看伍子胥之父伍奢，貴爲楚國太傅，只因進諫不聽，竟遭屠滅全家，獨伍子胥僥倖逃至吳國，可見當時楚國君權之重了。

第二，有關楚王兩代，派玉人相看玉璞，都認爲是石的這一段公案，並不是楚王身邊的玉工眼力差，也不是卞和欺騙，其中有一些認知差距，因爲在春秋時代，「重玉輕珉」的觀念，已經形成，再參考韓非子所敍：「卞和得玉璞楚山中。」，可知卞和所獻的這塊玉璞，決不是新疆和闐玉，卞和係楚國土著，能識楚國地方玉（美石），楚王多年進軍中原，受小國進貢，或鹵獲玉石、玉材，均爲上品和闐玉，故楚王身邊的玉人，以治和闐玉，相和闐玉爲主，二者認知不同，專長不同；所以，楚王身邊的玉人，兩次都認爲是石，這並非乾隆所說，玉人代表佞臣，也不是楚王玉人有意欺矇（因爲玉人欺矇，一樣是要刖足的）；只是美石玉璞與和闐玉璞，二者的品相有差異，故而楚王身邊的玉人，確不知卞和所獻的是美石；在我國長期對「石之美者」的認知中，許多地方美石，都被劃入玉的範圍，既經琢磨，也都能顯現其美，但是，在僅爲玉璞的階段，許多美石的品相，與和闐玉是完全不同的，甚至入手後的份量，也都不同，這是造成這個歷史悲劇的主因。（圖一〇九）

第三、有關和氏璧的珍貴性，從前述的觀點來看，和氏璧並不眞的是天下難逢的奇珍異寶；所奇者，爲他出世的過程；所珍者，爲發現他的人，對眞理的堅持；所異者，爲玉人專家竟也不識；所寶者，爲歷三代之久，終使該璧現世。而在戰國時代，百花齊放，百家爭鳴，以政治主張、治國理想，以說諸侯的奇材異能之士，比比皆是，但不能否認的，獲諸侯靑睞，掛印拜相的少，汲汲於風塵，周遊於列國，懷才不遇的多，這些人，都認爲本身所學，就像懷寶的卞和一般，難爲人識，且屢遭責難，他們對自己境遇的期待，就像和氏璧終有「理其璞而現寶」的一天，在這種感情投射的移轉上，和氏璧的珍奇性

，被誇大了，和氏璧的珍貴性，被神話了，這也就是終戰國之時，只要提到天下至寶，莫不以「和氏之璧」作代表的緣由。

　　所以，筆者認為：和氏璧發現過程，所產生的誤會，主要在於地方美石與和闐玉的玉璞（玉皮），品相不同，所造成的，即以今日，對選礦學極有研究的專家，也不可能，只從原礦石中，分辨多種寶石；再加上一些先秦諸子的懷才不遇，對未來期待的感情投射、渲染，誇大了和氏璧的珍貴性，到了秦昭王時代，居然要用十五座城池來換取，其實，在當時各國，都想擁有這塊，據稱為「天下至寶」的奇珍，只因為趙惠文王捷足先登而已，秦昭王敢於承諾，以十五座城池交換，因為秦國最強，而秦強的原因，在於他成功的完成了變法運動。

（圖一〇九）和闐玉與美石的玉璞，品相不同，入土後，沁色也不同；但因我國自古，對玉材的定義很寬鬆，方造成和氏璧的悲劇。圖示玉材，即非和闐玉，這是我們鑒玉最困難的一部份。

第三章◈戰國時代各國的變法運動

在戰國初期，雖還有一些小國，但均逐漸走向滅亡，已不足論，七個人國的大約地理位置是：秦國在西方，楚國在南方，齊國在東方，燕國在北方，中部則爲韓、魏、趙（也略偏北）三國。

其中，魏國變法最早，就在三家分晉不久，魏文侯就體察出，晉國衰亡，乃至被瓜分的原因，任用李悝爲相，進行政治改革，除了實行強國、富民、強兵的一些制度外，李悝有意削弱世卿干政的影響力，選賢任能，這在當時的政治環境中，算是一個很大的變革，世襲的貴族地位，從此開始岌岌可危，國家獎賞給對國家有功的人，而逐漸丟棄那些祖上對國家有功的人，但是，這些多年來，即承受腐敗奢侈生活，既得利益的世卿大夫，也有反彈，於是，李悝用他的理想，製作了一部法經，共分六篇，規範魏國人民的行爲，並且賞罰分明，這對於社會階層變動，所可能引起的政局變化，起了重要的穩定作用，因此，在戰國初期，魏國由新興的諸侯國，一躍而爲最強的國家之一，李悝的政治改革，是重要的原因；並且，李悝是我國第一個強調法治的政治家，爲我國「法家」的創始人。

而自此始，從西周起，「刑不上大夫」的觀念，開始被推翻了，不但世卿、貴族、大夫，不再享有法外特權，甚至皇族、皇子，也都開始受到法的規範，這也就是爾後，「王子犯法與庶民同罪」的開始，純就歷史文化發展而言，李悝在魏國，以「法」實施改革的成功，在我國歷史上，確是一件大事。

第一節◈楚國的改革

在春秋末年，楚國變成一個極端積弱的國家，這除了連續幾代楚王都是昏君外，尤其楚平王殺了太傅伍奢一家，卻逃走了一個軍事奇材伍子胥，伍子胥全力輔佐吳王，不但使吳國滅越敗楚，成爲南方的第一強國，更親自率兵，攻入楚都，鞭屍楚平王；而後，楚國就一直處在國力衰微中，直到楚悼王，任用當時一個有名的軍事家吳起爲相，採取「明法審令，廢公族疏遠者。」，於是，國力又強大起來，致能「南平百越，北併陳、蔡，卻三晉，西伐秦。」又恢復了大國的氣勢，可是吳起所運用的手段，太過剛猛，引起楚國衆多世襲貴族的不滿，當楚悼王一死，他們就發動了一次宮廷政變，追殺吳起，吳起無處可逃，於是伏在尚未下葬的楚悼王屍體上，射刺吳起的人，不可避

免的，會傷到楚悼王的屍體，於是，當太子即位後，追究犯傷先王屍體之罪時，有七十多家世卿貴族，遭到誅族的命運，也算是替吳起報了仇。

從吳起被追殺到走投無路時，想到伏在楚悼王的屍體上，為自己的復仇，留下後路，可知他是一個很工於智謀的人，而從他早年周遊各國，也可看出他的智謀與心計，他早年曾任魯國大將，魯、齊將戰，魯國人懷疑他的忠貞程度，除了因為他是魏國人外，他的妻子正是齊國人，於是，他先殺妻子，再登壇拜將，終於大敗齊軍，但因為功勞太著，受到讒言，他又改奔魏王，當魏將後，又大破秦軍，駐守在秦、魏交界的西河之地，使強秦不敢西犯。

吳起在戰國時期，是傑出的軍事家，但太史公評論他：「刻暴少恩」，當為中肯之論，然其卓越的軍事才能，亦為戰國時期之翹楚。

楚國自吳起死後，變法停頓，內爭不斷，致使楚國的好景不再，年弱一年，代弱一代，終為秦國所滅。（如圖一一○）

（圖一一○）經春秋時代的長期爭霸中原，楚國急速吸收中原文化，到了戰國時期，楚與中原各國文化內涵，已沒有很大的差異，圖示這件雲雷紋獸首提梁壺，製作精緻、完美，造型大方，雖出土於江西（時為楚國），但已不見地方色彩，只見統一的戰國風格。

第二節◇韓、魏、趙、齊、燕的變法改革

在戰國七雄中，韓國東臨魏國，西鄰秦國出兵中原的函谷關大道，幾乎年年被兵，再加上韓國所處區域，山地多，平地少，土地又貧瘠，自始即為最弱小的一國，但是韓昭侯時，用法家申不害為相，也建立了一套新而完整的政治制度，使韓國的國力，漸有加強，但是自韓昭侯以後，執行這套制度的效率，愈來愈差，正印證了「徒法不足以自行」之語，致使韓國長期處在積弱中，最後終被強秦所滅。

與韓相鄰的魏國，占地利之便，國力充沛，因為渭、洛平原，都在他的區域，而建國之初，魏文侯本身就是一個學問家，對儒家、法家的理論，都有很深刻的研究，也因為如此，魏文侯甚能禮賢下士，在戰國初期，是最有聲望的一位諸侯，早期他重用吳起，曾獲得很多軍事上的勝利；另他也重用西門豹，興水利，並以李悝為相，使魏國國力大盛，在秦國變法成功以前，魏國一直是戰國時期的強國；可是，魏國也有一個先天的致命傷，就是他地處平原，雖土地肥沃，但也因為沃野千里，使得四面受敵，無險可守，在西方的秦國興起後，幾次大戰，魏多失利，國力大損，壯丁缺乏，終為秦國所亡。

而趙國雖與齊、魏、燕為界，但因齊、燕的衝突激烈，反而減少了邊境的壓力，但是趙國西北部與樓煩、匈奴等為界，頗受這些塞外民族的騷擾，趙國除傍陰山修長城外，對這些「餓則侵襲，飽則遠揚」的飄忽塞外民族，可以說一籌莫展，後到了趙武靈王時期，瞭解到，中原傳統的服飾，與車戰方式，不足以抑制塞外民族，於是改採「以子之矛，攻子之盾」的方法，令全國改胡服、練騎射，使國家戰力大增，亦使長期積弱的趙國，能西略胡地，滅中山國，並欲襲秦，儼然成為強國，但是卻因國內奪嗣，諸子相攻，導致趙武靈王餓死沙丘宮，趙國的改革，也就曇花一現而逝。

在春秋時代，齊國的強盛，完全靠山東半島的漁、鹽、鐵之利，再加上管仲的經營，方使齊桓公能首霸中原，到了戰國時代，雖然田氏之齊，取代了呂氏之齊，但是國土幾乎沒有變動，所以，齊國在戰國時期的優勢位置，仍然是存在的，再加上春秋末年，魯國孔子建立起的講學之風，對齊國也有重大的影響，在齊宣王時代，曾號召天下著名的學問家，入齊講學，給予優厚的待遇，及自由舒適的環境，結果，數百位學術家都齊聚在齊國首都臨淄，使齊國成了戰國時期的文化領導者，這些學問家在臨淄稷門（西門），齊國所提供的學宮講學

，史稱「稷下先生」，這些先生如淳于髡，慎到，田駢……等，均爲飽學之士，不同於戰國時代，其他國家豪門貴邸的門下食客，多爲雞鳴狗盜之徒，對我國整體文化的延續與建立，都有重要的貢獻。

燕國是自西周武王首封諸侯中，一直流存下來的古國，是武王之弟召公奭的後代，自田齊代興後，因與齊國長期存在糾紛，兩國間多有戰爭，初期，齊國極占優勢，曾利用燕國宮廷動亂時，攻入燕國首都薊城，後燕昭王即位，設招賢台，禮賢下士，任用一個極能幹的軍事家樂毅，樂毅知道燕昭王欲報齊國破燕之仇，他告訴燕王：

「齊，霸國之餘業也，地大人衆……」

這是一個很透徹的政治認識，因爲，就國力、文化、資源各方面分析，齊國的確具有一統中國的條件，所以樂毅主張，聯合趙、楚、韓、魏各國，並派出很好的說客，結果，各國都爭著和燕國結盟，燕昭王見到時機成熟，封樂毅爲上將軍，統率趙、楚、魏、韓、燕的五國聯軍，大舉伐齊，濟水一戰，齊軍大敗，樂毅率燕軍攻入齊國首都臨淄，史述「盡取齊寶財物、祭器，輸之燕」，而樂毅最能幹之處是，並不班師，而在齊國住下來，把齊國的失地，逐漸經營成燕國的領土，使齊國在這種軍事、政治壓力的收束下，只剩下齊湣王所躲的莒縣，及田單所守的即墨，樂毅的這種經營手段，非使齊國滅亡不可，但是，最信任樂毅的燕昭王死了，太子即位，是爲燕惠王，他自初即與樂毅不和，再加上田單使用反間計稱：樂毅要當齊王，於是惠王派了一個庸才騎劫，替代樂毅，召其返國，樂毅深知返燕必死，只得逃到趙國避難，燕國這種自毀長城的作爲，終於造成田單的「雙城復國」，把燕軍逐出齊地，在這一段齊先破燕都，後燕再破齊都的時期，當時齊文化、工藝程度高於燕，燕國又係後取齊都所有「寶財物、祭器」，所以，歷年出土的燕國後期貴族墓葬中，偶有齊國銘文葬器，且製作精美，正足顯示，該次破國之禍，齊國損失的嚴重了。（如圖一一一）

也因爲這次樂毅伐齊的成功，使齊國國力斲喪過鉅，後雖逐燕軍出齊地，但是，已失去一統中原的能力，如此，方便宜了西方興起的強秦，由此，我們也可知道樂毅的才能，及燕、齊之戰，對戰國時代天下局勢演變的影響了。

（圖一一一）戰國後期，燕國大型墓葬
，常出土有齊國文物，就是樂毅伐齊的
成果；齊國遭此次幾乎亡國之禍，雖經
田單「雙城復國」，但國力已衰，終為
秦所滅；圖示銅象燈，出土於河北省易
縣，戰國時期的燕國墓葬。

第三節 ◇ 秦的變法

在春秋時代，秦國成為諸侯最晚，一直到周平王東遷後，才封秦
襄公為諸侯，這不同於戰國時期「三家分晉」，因為韓、趙、魏，都
承襲了晉國的文化、制度，所以從文化的角度來看，秦是最落後的，
甚至比楚國還差，可是從改革的角度分析，這卻是秦國最有利的條件
，因為他的舊勢力基礎，並不是很根深蒂固，舊體制束縛的力量，也
比較小，也比較能夠接受新的觀念。

所以，比諸前述各國的變法運動，秦國是最成功的：目前，提起
秦的變法，都以「商鞅變法」為主，其實，秦國賴以強大的變法運動
，是分好幾個階段完成的；首先，秦國在戰國早期所實施的「初租禾
」，就是一件重大的變革（時在秦簡公七年，西元前四○八年），因
為這個稅制，等於正式承認農田私有的制度，不論大夫采邑，或小民
私田，都以畝徵稅，大約為收成的十分之一，而這卻促進了土地私有
制度的興起，自西周初期，所實施的「井田制度」，開始在秦國瓦解
，但卻使農作莊稼的收獲量，大幅提高；繼而，秦國陸續的實行「初

行為市」及廢止人殉等的一系列措施，使秦國的社會、經濟，都有了長足的進步。

到了秦孝公時期（西元前三八八到三六一年），為求國富民強，更進一步實施改革，下令招賢，當時極能幹的商鞅，自衛入秦，受到重用，秦孝公任命他為左庶長，正式頒訂變法的命令；商鞅，姓公孫，名鞅，是衛國人，所以也稱衛鞅，後因變法有功，受秦封於商地，所以史稱為「商鞅」，他是衛國的沒落貴族，飽讀經書，但特好刑名之學，胸中有絕大的丘壑，但因在衛國不受重用，才入秦為相。商鞅變法的制度很多，在政治與經濟上，有大幅的改革，許多作為、手段，與現代的經濟理論相通，像他實施徵兵制，獎勵軍功，獎勵生產，因軍功大小而授爵，生產超出原產量，可免去傜役……等，對秦國力的提升，都有很大的幫助，在政治上，他以建立法治社會為目標，所以韓非子說他：「燔詩書而明法令。」，其實，他是欲在法治的基礎上，能使各項新政，獲得徹底的推行，當時秦國的太子犯了法，商鞅說：「法之不行，自上犯之。」，但是，因為太子是君嗣，不能施刑，於是重罰太子的老師，施以黥刑（刻字在臉上），史記描述：

「……明日，秦人皆趨令，行之十年，秦民大悅，道不拾遺，山無盜賊，家給人足，人民勇於公戰，怯於私鬥。」

商鞅的變法，完全成功了；尤其可貴的是，在精神層面上，他以行動打破了自西周封建以來，「禮不下庶人，刑不上大夫。」的階級觀念，太子犯法，照樣治罪，平民有軍功，一樣封得爵位，自此，秦國的戰鬥力，無國可及；所以先圍魏，繼攻趙，並南伐蜀，可謂戰無不勝，攻無不克；後秦孝公死，太子立，為惠王，因當年欲刑太子的舊隙，商鞅逃亡而不可得，終於死於自己所訂的酷刑——車裂。

終商鞅一生，治秦十九年，為秦國奠定了良好的基礎，是可稱為，改變歷史的人物，雖太史公評論他：「商君，其天資刻薄人也。」顯係言辭過於斧鉞之誅，而歷代史家，亦多僅稱他為「法家」，其實，綜觀商鞅變法，是一次全面性的改革，不但在政治、律法上有建樹，在經濟上，更有許多成功的措施，所以，筆者認為：商鞅並未僅如歷史上給他的「法家」定位，在整個治國理念及措施上，顯示他是一個經國濟世的奇才，極端卓越的政治家，秦惠王未能如齊桓公，原諒管仲的帶鉤之射，固為商鞅之命，但亦同為惠王的損失，筆者深信，以商鞅治國之能，及當時秦國各方面，已上軌道的狀況，秦惠王若續重用商鞅，秦一統天下的時間，將可在惠王時代完成。

第四章◈戰國時代「合縱」、「連橫」運動，與玉器文化的關係

　　也因爲到了戰國中、後期，秦國的實力，其餘六國，已無一國能擋其鋒；使有志於用世的才能之士，更奔走於列國之間，提出各種防秦理論，其中最著名的，就是「合縱」、「連橫」，由同屬鬼谷子門下的弟子「蘇秦」、「張儀」各爲代表。蘇秦提出的是：「六國合縱以抗秦」的主張，因爲秦的超強，立刻得到燕、趙兩國的同意，正史記載，趙肅侯資助蘇秦，用以結交說服各國，合縱抗秦的禮物是：「……飾車百乘，黃金千鎰，白璧百雙，錦繡千純。」（見史記、蘇秦列傳），這其中有個很有趣的問題是：「白璧百雙」，除了證實，自戰國中、後期開始，已經對玉的顏色，有了區分；而「璧」以雙爲單位，在古文物研究中，卻很少有人注意到；另璧的大小，未有記載，也是一個值得我們研究的課題，筆者認爲：

　　在春秋戰國以前，到西周這一個階段，玉的價值，在於「比德」，所以，多少有精神層面的意義，對玉質潤、細、色、澤的挑別較少，及至春秋時代，佩玉走向世俗化、大衆化，成串的組玉佩，不但走向精工鏤雕，而更注意到與服飾色澤搭配的問題，如此，大家逐漸開始注意到玉材色澤了，因爲當時已有：「白玉之玷，猶可磨也。」的描述，足可證明，該時已對玉器的色澤，相當講究。到了戰國時期，筆者相信，對玉的色澤，更有了較細的分等、分類。

　　另外一個明證是：成書於戰國晚期的呂氏春秋，因爲當時養士之風甚盛，呂不韋也養了大批門客，各國才異之士都有，共同完成了「呂氏春秋」這部書，當時就號稱：能更動一字，賞給千金，竟無人敢予更動。其後，歷經秦的「焚書坑儒」，及其他戰亂，呂氏春秋都流傳有序，筆者嘗稱，這本書是先秦諸子中，最正確完整的一部書，既未經後人修刪、潤飾，也不是後人僞作，仿作；且以呂不韋當時在秦始皇面前，被尊稱「仲父」的份量，與富可敵國的財勢，收羅門下的食客，均多爲各國精華，所以，呂氏春秋也是研究戰國時代民俗的最好資料，其中對玉器顏色的分類極清楚，在十二紀中，記述甚詳，像：

　　孟春紀、仲春紀、季春紀中，記敍諸侯祭祀時是：「……衣青衣

，服青玉。」

　　孟夏紀、仲夏紀、季夏紀中，記敍諸侯祭祀時是：「……衣朱衣，服赤玉。」

　　孟秋紀、仲秋紀、季秋紀中，記敍諸侯祭祀時是：「……衣白衣，服白玉。」

　　孟冬紀、仲冬紀、季冬紀中，記敍諸侯祭祀時是：「……衣黑衣，服玄玉。」

（圖一一二）呂氏春秋所記；「衣青衣，服青玉」，此即為青玉，在新疆玉材中，占有相當比例，俗稱「菠菜青」，這類玉材，自戰國以後，因受白玉佩飾風行的影響，較受貶抑，但在戰國時期，他卻是春天的祭祀用玉，這種記敍，與「青圭禮東方」的敍述相似，都是春秋以後才形成的觀念。

　　這些諸侯郊祭的禮俗，呂氏春秋所記，是絕對正確的，也足證明，戰國時期玉的色澤，已經為人所重視，並因為文化的進展，賦予了方向、季節上的意義（如圖一一二）。筆者也相信，所謂夏季「衣朱衣、服赤玉」中的「赤玉」，應是瑪瑙，這種寶石，顏色種類甚多，其中紅色最稀少名貴，宜為諸侯所用，且我國自古，就對玉的材質界定範圍很廣，瑪瑙材質的玉器，在春秋、戰國時期墓葬中，出土極普遍，也足佐證。

　　惟和闐玉中，乳白無瑕，色澤純正者不多，為當時所重視，所以

，趙王才會資助蘇秦白玉百雙，用以結交諸侯；也更足證明，上好的白玉，仍是戰國時代人君、大臣、貴族，視爲珍稀的貴重禮物。

另就璧的形制而言，在前文中，我們已經談了很多，他的起源、用途等資料。但是，到了春秋時代以後，璧的形制意義，已經有了明顯的改變，首先，璧形自新石器時代以來，長期使用，爲人耳熟能詳，逐漸的，「璧」成了「玉」的代名詞，在古籍中，多處提到璧字，在某部份，是與玉字相通的，像「和氏璧」，實際上就是「和氏玉」，用璧代玉，以示珍貴。此外，璧形的玉器，在東周時代，也有了比較明確的定義，那就是爾雅所敍述的：

「肉倍好，謂之璧。好倍肉，謂之瑗。肉、好若一，謂之環。」

可是在這裡，沒有提到厚、薄、大、小的問題，據筆者所知，在這段時期的璧，約可分爲下列兩大類：

第一類、大型的玉璧：這類玉璧，多在五寸以上，偶有盈尺者，初期光素，到春秋時，常飾以鳥獸勾連紋，戰國時，則以蒲紋、穀紋、雲紋、乳丁紋爲主，這類大型玉器，不適合佩帶，主要用於祭祀，或作爲斂屍之用，但雕工均極差；另有一部份，作爲玩賞與餽贈用，則精工細琢，紋飾奇巧，質地也非常良好，這類玉器，是我國戰國時代玉雕藝術的代表；因爲在那個鈎心鬥角，合縱連橫的時代，諸侯間所餽贈，以供玩賞的玉器，幾乎都是通國玉雕中最佳者，依據目前出土資料，也證實這一類玉器的紋飾，推陳出新，作工精緻、纖細，確是美不勝收。（如圖一〇七）

第二類、則是兩三寸以下的璧（環）：筆者蒐集很多出土資料，與史籍相對照，相信在東周的春秋、戰國時期，只要是圓形扁平體，而孔洞略小的玉器，當時不論大小，都稱之爲璧，並且，除了作組玉佩的一部份外，也有相當數量，是以單獨的形式佩掛，例如：

晉文公落難時，與介子推、咎犯等逃到秦國，及至要回國就位，在渡河時對咎犯說：「『若返國，若不與子犯共者，河伯視之。』乃投璧河中，與子犯盟。」

這段盟誓的過程，雖稱說「請河伯作公證」，但也有交同金玉之堅的意義，而投入河中的玉璧，是晉文公隨身佩帶的小形玉璧，而不可能是盈尺大璧。

此外，在戰國後期，曾因提倡連橫之說，而名聞天下的張儀，正史記載，他在落魄時的一段經歷，詳見史記、張儀列傳：

「張儀已學而說諸侯。嘗從楚相飲，已而，楚相亡璧，門下意張

儀，曰：『張儀貧無行。必此盜相君之璧』，共執張儀，掠笞數百，不服，釋之。其妻曰：『嘻！子毋讀書遊說，安得此辱乎？』，張儀謂其妻曰：『視吾舌尚在不？』，其妻笑曰：『舌在也。』，儀曰：『足矣。』」

　　這段故事，除了告訴我們，戰國時代的這些縱橫家，以所學游說諸侯的大致情形，也告訴我們，張儀對他自己所學，與說服力的信心，雖挨了幾百鞭，但是，只要舌頭還在，前途還是樂觀的；然而，與玉器文化有關的各點，我們可以結論出：

　　一、張儀與楚相國喝酒時，楚相國是佩有玉璧，且可知，必不是大型玉璧，而應是兩三寸的小型玉璧。否則，如何配掛？如何飲酒？

　　二、這件玉璧相當名貴，為楚相國所喜，但必為小件玉器，便於攜帶、隱藏，否則，不會懷疑張儀在飲酒時偷走了。

　　三、這件玉璧，雖僅為小件玉器，但價值很高，可以變買，因為懷疑客人張儀的理由，是：「貧而無行」。

　　而有關玉璧成雙的問題，這個習俗，起源更早，至少在殷商安陽小屯村的祭祀遺址中，就曾有出土，一青玉、一白玉的成對玉璧，而目前從甲骨卜辭中，考證出有：「沈璧珏。」之句；依目前所知「璧」字，約是女奴隸；「珏」字，則是：「一雙玉璧」；所以，全句的意思是：「以生殉方式，沈入河中一個女奴隸，及一雙玉璧，來祭祀河神。」；但其後考古出土資料中，出土成雙成對的玉璧，則不多，可是，以戰國末期，諸侯酬庸、餽贈的豪奢，我們相信，贈送玉璧一雙，以示誠意的可能性是有的。

　　所以，蘇秦帶著趙王所資助的眾多禮物，周遊各國，以求合縱抗秦時，其中「白璧百雙」，應是：「質地潔白美好、雕工精美、成對成雙的璧形佩飾玉」；因為這種禮物，正是戰國時代達官、貴人、諸侯所最喜。當然，蘇秦的合縱工作，也得到了一些成果，暫時遏阻了強秦的西進，但是，時間一久，各國因為利害不同，產生了異心，再加上張儀「連橫」之說的破壞，使六國合縱的盟約解體，自此，強秦連連征伐，各國逐一被擊破，戰國時代也就進入了尾聲。

第五章◇戰國時代的玉器

除了前述的個別說明外，戰國時代的特殊政治環境與文化背景，也使玉器的形制，產生了一些變化，例如：

各國諸侯常遭世卿、貴族、大臣所弒，君臣間的信任問題，受到重視，所以，這一階段的符信用途玉器，普遍增多，像玉印、玉符、合符、盟書……等，大量出現，而採用玉材，除取用玉質的堅硬，以示堅貞外，也主要因為玉器難刻、難仿；例如：正史所記，戰國時期很有名的一段故事，魏國信陵君竊符救趙，所偷竊的「符」，就是「合符」，一式兩塊，合而符合者，大將才敢調兵，史書中雖未言明，這次的符信之物，是否為玉所製，但是依出土與傳世玉器觀察，玉製符信器，在戰國時代確是普遍存在；而針對合符言，「形制為半」，是他的主要特徵，筆者所見玉製合符多件，大多係圓雕剖半，形制甚多，不限於虎、龍，亦曾見殘器，但所見一符二器整件者，多為偽製，因為這類符信器，分開使用機會多，用後，多繳交銷燬，故而殘器、半件者可見，尚不意外，但已屬難得，一整套者，直如鳳毛麟角，難遇且不可得。

另據呂不韋列傳所記：安國君（即後來的秦孝文王）與華陽夫人（而後的王后）相約立子楚（秦始皇的父親）為嫡嗣，所採取的動作是：「乃與夫人刻玉符，約以為適嗣。」，這種私人間盟誓的玉符，類似盟書器形，一式兩份，上刻相約內容，這類玉器，在戰國玉器中較粗糙，也少有紋飾，但是所記內涵，常可能是重要的史料；分辨上，從文字的字體，語句風格，所敘內容，可判斷出真、假，因為，偽製古玉器者，多為玉工兼作，對玉沁、玉斑、玉蝕，都有獨到的見地，惟文化內涵均不高，除非照樣全仿，否則，只略作變動，卻極易露出馬腳。

另在戰國時代，「比德於玉」的觀念，較為單薄，佩玉的目的，在於美觀，在於炫耀，玉所表現出來的，是一個人的財富、權勢。所以，玉雕走上鏤工細雕、踵事增華、出奇致勝的奇巧風格，是這一階段玉雕工藝的最大特色；再加上自春秋後期，鐵器的普遍使用，也使這時期的玉雕工藝，邁入了一個嶄新的紀元。

另因為在這一段兵荒馬亂的時期，商人結交宮禁，取得特權，販售貴重物品，不怕價高，只要質好，使進入中原的玉材，質地愈來愈精，佩玉者的挑剔，也愈來愈甚，甚至嘆稱：「盈寸之璧，難得無瑕

」，這并不是玉材差了，而是當時用玉需求量很大，挑剔也特多，所造成的現象。

又因爲陰陽五行之說的興起，與儒家重禮、厚葬的倡導，使戰國時代墓葬用玉的習俗，演變成豪奢的競賽，這其中，當然有「事死如生」的倫理尊敬，也有以玉歛屍，企求死者不朽的期盼，但更多成份，卻是墓主自己生前的錯誤認知，例如：各國諸侯，無不營造大墓，殉葬寶器，而上之所好，下必仿焉，民間也不明就理的實施厚葬，尤有甚者，有因葬親而傾家者，也有葬父母而賣身者，一般中產之家，行喪葬之禮，無法盡殉珠玉寶璧，則以木、陶、滑石……等仿之，徒具其形，亦可安心，這種奢侈浪費的情形，雖然受到一些哲學家的非議，像墨子、莊子，都有薄葬的主張，但是卻無法有效的扭轉。在呂氏春秋・節喪篇中，曾有如此的描述：

「……國彌大，家彌富，葬彌厚，含珠鱗施，夫玩好貨寶，鍾鼎、壺濫、輦馬、衣被、戈劍，不可勝其數，諸養生之具，無不從者，題湊之室，棺槨數襲，積石積炭，以環其外，姦人聞之，傳以相告，上雖嚴威重罪禁之，猶不可止；且死者彌久，生者彌疏，生者彌疏，則守者彌怠，守者彌怠，而葬器如故，其勢固不安矣。」

對我國這段時期，所盛行的厚葬之風，撻伐諷刺的極爲中肯。其中，有「含珠鱗施」之句，依高誘所註解：「……鱗施，施玉於死者之體，如魚鱗也。」這就是我國喪葬用玉中的玉匣（金、銀鏤玉衣），形成的階段，筆者深信，在早期出土的許多戰國時期大墓中，有爲盜掘者所不取的一些薄玉片，常多達數百片，或以「斤」計，都是這些早期玉衣，「鱗施於身」的遺物，只是在製作形式上，可能是以膠，黏貼玉片在白粗痳布的衣服上，痳布已朽，墓主屍骨亦朽，寶物被盜掘一空，只剩這些不爲人取的玉器殘片，伴隨殘塚、荒墳，隨著寒鴉、夕照，渡過永不休止的歲月；這些玉器殘片，多呈各類幾何圖形，以長方形爲主，但亦有菱形、正方形、梯形……等，其造型，均以併湊成玉衣爲目的。長期以來，在各朝各代，常有零星出土，在市肆中，偶還可見，雖不甚具藝術價值，但仍有其文物的時代意義；但卻常爲古董商重刻圖紋，以求獲得高利，這種半僞玉，甚易分辨，如若刀工在沁色之上，則明顯爲古玉新刻。

綜前所述，依筆者經驗分類，戰國時代墓葬中，所出土的玉器，可包括：

一、以歛葬爲主要用途的玉器，這類歛葬玉，材質不佳，刀工不

整，甚至常有以大理石、滑石、粗陶，仿製璧、琮之屬，較不具文物價值。

二、遵循儒家「事死如生」的觀念，將亡者生前所寶愛的玩賞、收藏、佩飾用玉，隨葬死者，這類玉器，足可代表戰國時期玉雕的風格，與藝術品味，是眞正戰國時代玉器的代表，但是，因爲歷年的盜掘與流散，目前已甚難得到佳作上品。

三、爲使葬式風光，及示「孝子重其親」的外在表現，於葬前臨時趕製的玉器，形式包羅各類，有實用器、佩飾器、玩賞器，甚或一些與亡者身份不相屬，明顯越禮的禮儀器及盟書……等，這類玉器，雖非以斂屍爲目的，但製作手法，多極粗糙，與斂葬用玉相類似，未見使用痕跡，是這類玉器的重要特徵。

戰國時代距今兩千多年，大型墓葬中，雖多有玉器隨葬，但隨著時間的流逝，大多均已湮滅，又因玉器在戰國時代，價值就很高，當代，就已盜葬成風，再加上歷代盜掘，上品玉器，除非因緣際會，否則實難遇到，戰國時期盜墓的風氣，到底有多嚴重，呂氏春秋・安死篇有很深刻的描述：

「……有人於此爲石銘，置之壟上曰：此其中之物，具珠玉、玩好、財物、寶器甚多，不可不扣，扣之必大富，世世乘車食肉。人必相與笑之，以爲大惑；世之厚葬也，有似於此，自古及今，未有不亡之國也，無不亡之國者，是無不扣之墓也，以耳目所聞見，齊、荊、燕，嘗亡矣；宋、中山，已亡矣；趙、魏、韓，皆亡矣；其皆故國矣。自此以上者，亡國不可勝數，是故大墓無不扣也，而世皆爭爲之，豈不悲哉？……」

前文中「扣」字，同「揖」，作「挖掘」解，與「胡」同音，在戰國末年，秦朝初期，列國的大墓，皆已被盜掘，戰國時代玉器精品的難得，就可想而知了。

茲就有明確出土資料，而具戰國風格代表性的玉器，舉例說明於後：

戰國早期曾侯乙墓出土的玉器：

據考證：曾國，即是西周初期，武王分封諸侯時，所封的隨國，地處長江、漢水一帶，當時這個區域，有姬姓（周王室姓姬）小諸侯國一批，約是周武王的近支親屬，到了春秋時代，因爲這個區域，南與蠻夷自稱的楚國爲界，楚爲拓展領土，陸續併吞了附近的小國，只

因曾國較强，且與楚國採取，既對抗、又連姻的策略（楚王墓曾出土曾姬無恤壺可證明），所以才能留存到戰國時代。

一九七八年夏季，大陸田野考古隊在現今湖北省隨縣（現在改稱隨州）西方，大約五公里的擂鼓墩地區，挖出了一座戰國時代早期的大墓，此墓未經盜掘，墓內文物完整，共出土了各類古文物七仟多件，其中有一整套編鐘，製作完美，保存良好，是難得倖存於今的珍貴古樂器組，從其上的銘文分析：是楚惠王五十六年（西元前四三三年），惠王送給曾侯乙的殉葬品。如此，方使我們確定了墓主身份，與史料對證，曾侯乙享位的年代，約在戰國早期，雖其國甚小，但仍是諸侯，故而對我們研究戰國時期諸侯服飾、器用、墓葬、生活……等，都有重大貢獻。尤其出土的樂器，除編鐘外，還有三十二件一組的編磬、排簫二件、竹簧笙五件、橫吹竹笛二件、建鼓一面、懸鼓一面、短柄雙面鼓二面、二十五弦琴十二張、十弦琴五張，對研究我國古樂的發展，有重要的參考價值。從整個樂器的出土分析，可以證實，商代早期，雖已有三件一組的編鐘，但以節奏效果為主，歷經千多年的發展，到曾侯乙時代的戰國早期，編鐘已具有旋律效果。而且，所出土的編鐘，都鑄成「雙音鐘」，并在其上鐫刻曾、周、楚、齊、晉等國的樂律銘文。這些樂器的出土，證實，我國的七音階，是自行從文化中，歷練發展出來的，并非傳自歐洲。（如圖一一三）

（圖一一三）曾侯乙墓葬出土的編鐘，係造於楚國，是楚王送給曾侯的隨葬禮物，鑄工精細，不但具有文史、藝術價值，更是研究我國戰國時期，音樂發展的最重要史料。

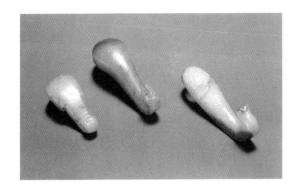

（圖一一四）東周時期，風行以帶鈎束衣，小帶鈎則掛隨身佩飾；材質以銅爲主，但因社會的崇尚豪奢，玉帶鈎也出現了，裝飾性極強；後帶鈎漸被淘汰，但卻未在玉雕中絕跡，而成爲玩賞器之一，爲我國玉器形制中，較特殊的一種。

　　曾侯乙墓除了有前述的史料價值外，他所出土的三百多件玉器，都具有極高的工藝性與藝術價值。如：

　　一、玉帶鈎（如圖一一四）：早期我們對帶鈎的起源，多認爲是：戰國時代趙武靈王改用胡服騎射，才使帶鈎在中原大爲風行，再早，到春秋時期，齊桓公爲趕回國內即位，管仲以箭射之，僥倖射中帶鈎未死；所以，帶鈎在我國的起源，大約在西周後期、春秋早期，當時以銅帶鈎爲主，玉製帶鈎，則可能還要晚，大約在戰國時期；近年，良渚文化遺物大量出土，也有美石製作的帶鈎出現，頗引起古文物界的震撼；其實，筆者認爲：帶鈎出現在新石器時代，是合理的，依現有田野考古資料研判，他的出現，可能還要早，因爲帶鈎的形制觀念，是源自於「鈎」，用於衣著；而「鈎」的使用，則在舊石器時代就有出現：像海城小孤山遺址的魚鈎，就是「鈎」工具觀念的具體形成，依筆者研究，「鈎」作爲工具的起源，必是來自先民對大自然的觀察，一根樹枝的枝椏，可以鈎東西，一根竿的分枝，可以掛上某些輕物，掉不下來……，於是鈎工具的觀念形成了，及至海城小孤山遺址（約四萬多年前）出土的魚鈎，已經是鈎工具的使用，到了相當進步的階段；同樣的，「鈎」工具使用於服飾，雖晚於「束帶」，但也必然是很早的。

　　本圖三件帶鈎，玉質精美，底部都有一圓鈕（可鑲於束帶一端），鈎首彎曲，可鈎住另一端束帶，從形制分析，本圖帶鈎已有固定形式，亦足證，早期帶鈎，應還有很長的一段發展時期；在這種已有固定形制的實用器上，因有彎曲、斜坡、圓弧等諸多體形，使工藝匠人在製作時，有很大的藝術表現空間，這種近乎圓雕的實用器，爲我國造型藝術所特有，也是爾後「如意」形制的起源（但也有一部份源自搔背）。本圖三器，左側一件，作工最細，鈎首作龍首，鈎身飾以戰國時代風行的捲雲紋；中間一件，作鳥首，左件作獸首，鈎身雖無紋飾，亦作出曲弧線與特殊造型，藝術性極高。雖三器最長者，僅六公分，但選材精美程度，足可知佩掛此帶鈎人物的地位。

　　帶鈎的使用，到漢以後，就逐漸減少，而爲更方便的「環扣」所取代，故而，以實用爲主的靑銅帶鈎，也就逐漸消失；但是，以玉作成的帶鈎，卻幷沒有消失，他雖不再是實用器，但卻因爲他獨特的形制，被藝術化了，成爲單純的藝術品，在我國歷代玉雕工藝中，屢有出現，直到淸末民初，故淸宮改制爲故宮博物院，在宮內造辦處玉作坊中，還發現一批白玉、靑玉帶鈎的製成品與半製品。這種現象，在我國玉器文化中，是極少見的。「帶鈎」，因爲他的特有形制，自上古以迄於今，伴隨我國玉器文化，漫步了千萬年，從未中斷，雖早期僅爲服飾用器，但他在我國玉器文化中的地位，卻不亞於璜、玦之屬。（如圖一一四Ａ）

（圖一一四Ａ）本圖所示，爲民國後，政府接收淸宮，在造辦處玉作坊所接收的帶鈎成品與半成品；這種實用器，起始於我國新石器時代，後雖不再使用，但卻因其形制特殊，而未被淘汰，與我國玉器文化同步漫行了近萬年。

（圖一一五）本件玉琮，材質佳，雕工
美，為曾侯乙生前的玩賞器；琮在戰國
時期，確用於祭地，祭後瘞埋，故不出
土於墓葬，且這類玉琮，多質差工粗，
僅具其形，而本器完全不同。

二、**玉獸面紋琮**（如圖一一五）：本器高五公分，寬六公分，也
是一九七六年，在湖北省隨縣擂鼓墩曾侯乙墓葬中出土。本件獸面紋
玉琮，材質可確定為新疆和闐所產的上好白玉，溫潤細緻，雖略泛青
色，但不影響其纖細的質感；琮射口沿，用陰線作出紋飾；在琮的四
面，以細陰線作出獸面紋。觀察陰線轉折，顯示刀工甚利，可知當時
鐵器的使用，已經為治玉所吸收，作為琢玉的主要工具。紋飾內容，
雖尚帶有強烈的春秋時代晚期風格，但已可看出，戰國時代的藝術風
格，正逐漸形成中，這也是曾侯乙墓葬出土玉器的主要貢獻之一。

玉琮，是我國玉雕中，最特殊的造型，起源於浙東地區新石器時
代的良渚文化，隨著龍山文化的興起，夏、商、周三代的嬗遞，玉琮
迭有出現，長扁大小不一，但是光素的居多，很明顯的，這種從我國
東方沿海地區發展出的特殊形制，已經為我國玉器文化所吸收，成為
一種祭地的禮器，而獸面紋飾的消失，也顯示，良渚文化中的原始巫
術宗教，已被揚棄，摒除在我國文化發展之外；三代出土玉琮，多是
粗陋不堪，主因係這種形制玉器，既無法佩飾，也無法懸佩，只能用
作祭地禮器，祭後瘞埋，故多僅具其形而已；自東周起，我國玉器文
化走向世俗化，變成財富的代表，足可炫耀他人，因之，華而不實的

一些玩賞器，開始出現，精工細琢，推陳出新，爲我國玉器文化，開創了最燦爛輝煌的一頁；本器即爲一例，他雖有玉琮之形，但已不是祭地的禮器，而是曾侯乙生前蒐羅的珍貴玩賞器。

（圖一一六）本器爲重鉆之器，以曾侯乙貴爲諸侯的地位、權勢，是不必用此重鉆的殘器，故本器必當有重要的紀念意義；另本器兩部份材質的些許差異，仔細分析、觀察，也可增加我們鑒玉的眼力。

　　三、**玉龍首形璜**（如圖一一六）：本器通長十一、八公分，寬二、七公分，厚〇、二五公分，從本器瞭解，春秋時代特薄的剪影方式玉片，到了戰國時期，已經逐漸被揚棄，而開始走向強調整體的藝術性；本器材質優美，爲青白色玉質，似半個扁平環，兩端雕出張口的龍首，身體部份，則以繩索紋分隔出對稱的三部份，其上再飾以雷雲紋與蠶紋的鉤合，以美化龍身，使整器顯出滿工細琢的堆砌之美；本器最特殊者，係由兩玉片組合而成，組成方式是：兩玉片邊緣各鑽三孔，穿以細金線，縛連成一體，仔細觀察本器左右二片，材質不盡相似，原製作時，就採用綴合的可能性不大；因爲，如此製作，極爲費工，且不易討好（難有視覺美感）；故而筆者認爲：本器應是殘器重鉆，原器斷碎後，只剩本器左半部，經把斷面修平，再配製右面一小片，綴合而成全器，我國自古即有「寧爲玉碎，不作瓦全」之語，殘玉重修、重綴的例子，在各地墓葬出土資料中，多有發現，究其原因，約不脫下列兩點：

　　㈠玉材珍貴、美好，殘器雖殘，仍捨不得丟棄，故予重修配後，續予使用。

　　㈡玉器材質堅硬，常爲盟誓之信物，或是具有特殊意義的紀念品，其上曾有感情的寄托，殘傷後，仍捨不得丟棄，故予重修整。

　　曾侯乙貴爲一國之君，墓葬中出土玉器，質精且美，本器精工修整，既耗時，又貴工，且降低藝術性，故而筆者認爲：本器具有前述第二點意義的可能比較高。

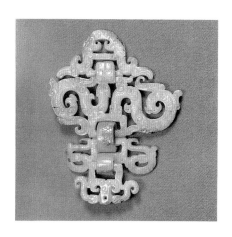

（圖一一七）本器係由一塊「子玉」鏤雕而成；坊間多稱此類玉種，爲「子玉」或「水玉」，稱：因在水中長期浸泡，故材質特別晶瑩，這完全沒有科學依據，且依常識研判，玉材化學成份，非常穩定，決非水浸，所能改變，筆者認爲：玉材形成時，小顆粒原石，生成狀況較佳，品質較好，也因爲較小，易隨雨雪滾入河中，以訛傳訛，才有「水玉」的齊東野語之論。

　　四、**四節玉佩**（如圖一一七）：本器全長九‧五公分，寬七‧二公分，最厚處〇‧四公分；全器由三個鏤空活環，連成四節，是由一塊玉料雕成，這種就形開片、就形雕作的玉佩飾，爲我國玉雕工藝的最高成就：在琢製程序上，先鏤空雕出圓環，其次，再把玉材開片展開，然後就玉形，雕作紋飾；本器紋飾，以寫實的蛇、鳥紋爲主，顯示曾國地處江、漢地區，較偏南燠熱、溫溼，樹叢中鳥、蛇均多，給製玉的藝術家，提供了很多的靈感，但部份蛇身，配以卷雲圖案，除

表現「螣蛇乘霧」的典故外，更使玉器產生動態的美感；器端作一圓穿，可用於佩飾，亦足玩賞，設計之巧，雕工之細，確爲神來之筆；本器也是目前所知，我國最早一件，由整塊玉料雕成套環相連的藝術品。

在出土古玉中，甚多人對玉色與沁色，無法分辨，致使各家說法不一，但多含混籠統，反易使人混淆，有意作此方面分辨者，可仔細分析本器，顏色、裂紋爲對應形成的，是原玉色、玉纇、玉斑（因爲由一器剖片而造成），單獨存在的深褐色痕跡，則爲沁色。

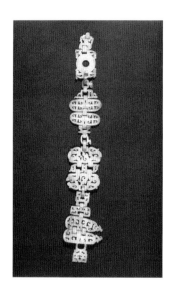

（圖一一八）此器爲戰國時代玉器代表作之一，設計奇特，雕工美好，紋飾搭配適宜，純就造型藝術水準言，戰國時代絕不差於現代；而工技之巧，則因時代變遷，目前已不可得了。

五、**多節玉佩**（如圖一一八）：本器全長達四十八・五公分，最寬處八・五公分，整器共有二十六節，經分辨，是由五塊玉料琢成，其中均以鏤空活環爲連接，有四個活環，是由金屬桿插接，可折卸成五個獨立的佩飾，另有八個鏤空活環，是就玉形雕成，不能拆卸，這件精美的玉器，設計巧妙，可分、可合、可折、可展，爲我國玉雕工藝製作的最高境界。戰國時期，玉料價值甚昂，如何在有限的材質上，表現更多的藝術性，爲玉雕工匠所追求，本件玉雕，則爲最完美的表現。

早期，製玉源自於製石，自殷商起，製玉工藝就自製石中劃分出

來，及至西域新疆一帶，與中原交通建立，眞玉材質輸入不絕，玉工就成爲帝王的附庸，終生孜孜於玉器的製作，但是這類玉材，堅硬難琢，極費人力，窮玉工一生之力，也難製出幾件成品；以本器風格觀察，當爲一人製作，尤其一些紋飾的刀法與刀工的方向習慣，也足證實，出自一人之手，如此精心的設計，如此巧妙的配合，如此繁縟的雕工，可能窮玉工畢生之力，方足完成，確爲稀世之珍。從本件玉器的出土，我們不難想見，戰國時期的玉雕盛況，曾國僅爲戰國初期一個極小的諸侯國，不久，即亡於楚，而能出土如此精美的玉器，其後，玉雕更盛，趙、秦等大國爭相擁有的「和氏璧」（此璧應是玉的泛稱，非指璧形），是何材質？是何雕工？則更難令人想像了。

此外，從七十年代以來，大陸田野考古工作人員，在河北省平山縣、靈壽縣、新樂縣，陸續挖出了一些戰國時代中期的中山國墓葬；雖然，許多主墓已被多次盜掘，但還偶留有一些文物，尤其一些未被盜擾的陪葬墓，出土了一批玉器，種類繁多，製作精美，對研究戰國時期玉器文化的發展，有重要參考功用。

（圖一一九）中山國雖爲小國，但因地理位置特殊，在戰國時期，就曾以手工藝的高超，聞名於世；本圖所示，爲中山國墓葬出土的「錯金銀雙翼銅神獸」，不但作工精細，一絲不苟，其生動、有力、昂然的神態，使我們一望即可知，必屬王侯之器。

首先，我們研究中山國的由來，他并非西周所分封的諸侯，而是北方游牧民族中的白狄族，南下定居，所發展出來的一個羣居地區，原稱鮮虞族，他的位置，大約在現今河北省平山縣、新樂縣一帶，是古齊、晉、燕的邊界地區，春秋末年，因爲「三家分晉」、「田氏代

齊」，使大國忙於內爭，鮮虞族便正式改稱「中山國」，戰國早期，因為中山國位於燕、趙、齊的邊境，商旅貿易往來不絕，也曾興盛了一陣，并偶爾騷擾大國，及至趙武靈王，改胡服騎射，以強國力，據知，就是受了中山國的影響，但因中山國非中原漢族，總受歧視，其後，趙國即連絡燕、齊，共同出兵，消滅了這個國家，時在周赧王二十年（西元前二九五年）。（如圖一一九）

中山國，疆域雖小，亡國亦早，在戰國複雜的政治環境中，產生不了什麼重大影響，但因他的地理位置特殊，為進入齊、燕、趙等大國的要衝，商旅往來、貨物流通，都曾在中山國停留，使這個小國，對各大國的藝術，多有機會吸收，再加上渠原為北方白狄族，仍多少保有異族的風采，尤其特殊。

從出土器資料分析，中山國王墓葬的玉器，除了提供給我們珍貴的藝術紋飾，作比對資料外，有些出土玉器，其上直接書有器名，如璜、佩、璧、環……等，是我們對戰國時期玉器形制定名，最可靠的第一手資料。今茲介紹，該批墓葬出土玉器中，較具代表性的器形：

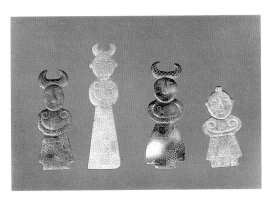

（圖一二○）本圖四器，均作玉人形，可作為我們考證中山國衣飾、習俗的第一手資料；這些不能用於佩飾的玉雕，作為隨葬「俑」的可能性很高。

一、玉雕陪葬俑人（如圖一二○）：中山國王墓及隨葬墓中，幾乎都有這種玉雕的人像出土，有成年男、女，也有似童僕、婢女，造

型均為扁平，再加刻紋飾，不見圓雕，但從這些圖像，則可觀察分析出，戰國前、中期，白狄族的服飾、髮型、髮飾及其他人文風俗，本圖四器，最高者也僅三‧九公分，最小者則僅二‧五公分，但均形像宛然，袖手直立，身似著花格紋的長袍，這種幾何圖形構成的花紋，帶有濃郁的異族風釆，左邊三件，髮型作成角狀髻，似為成年婦女的正式髮式，右一圖像，特矮，并作小圓髮髻，恐為兒童的髮式。且四人均為束腰、窄袖，不同於中原地區漢族的寬袍大袖。史述：趙武靈王受中山國的服飾影響，改胡服，習騎射，應是正確的。

　我國從史前時代，一直流傳下來，最野蠻的殺人以殉風氣，在戰國時代，已因為人文思想的抬頭，而受到抑制，但在這個抑制過程中，并不是人性的自覺反省，而是找到了替代品，用陶、泥、木……等，作成人像，以示殉葬，這演變成戰國時期墓葬的新風氣；本圖示器形，雕琢美好，在各墓中統一出現，不見佩掛痕跡，作為玉雕俑人的可能性，是很大的。

（圖一二一）本器帶鈎，雖為青玉，但材質甚佳，造型曲線柔和；尤其可貴者，其上滿佈「游絲細紋」，連綿均勻，細如髮絲，這種紋飾，很難從照相圖版中，窺得全貌，但其工藝性、技術性特高，再觀察本器的方正端莊，必為王侯用玉。

　二、**玉帶鈎**（如圖一二一）：這是一件極有名的玉雕藝術品，全長十七‧五公分、寬二‧二公分，呈細長條型，鈎身凸起的弧度，與

鈎首彎曲的弧線，均柔和優美，身下琢一圓形鈕，亦精琢細緻；在紋飾上，鈎身分成七個略凹凸的不均勻方塊，但均飾以細若髮絲的幾何紋，鈎身兩側，也陰刻出鈎卷相連的雲形紋，鈎鈕亦飾以幾何紋，全器細紋滿佈，綿連不斷。欲作出這種細陰線，除了要有細韌的工具（當為鐵器），及細緻均勻的解玉砂外，更要有極精良的玉雕技術，因為這種纖柔的陰線雕刻，最易「走刀」（即刻線逸出框外），而此種不慎，一旦發生，則破壞整體美感而無法彌補，本器雖滿飾這種細陰線，但卻一刀不苟，製作嚴謹、完美，而鈎身甚大，當為王侯用器；另本器是用深青色和闐玉琢成，這類玉質，拋光後，光鑑可人，且較少玉紋、玉纍，但玉材內偶現黑色斑點，入土長時期，易生白色土咬斑痕及褐色沁浸，本器沁色，亦足作為鑑玉參考。

（圖一二二）本圖所示之器，雖係透雕
，但從材質與造型觀察，藝術性不高，
與圖一一九，一二一相比，差別甚大，
故筆者認為：此器應非王侯用玉。

　　三、**玉雕三龍環形飾**（如圖一二二）：本器直徑六‧四公分，為黃褐色玉料琢成，細審此類材質，當非白玉受沁而成，也非黃玉，應係美石；在形制上，仍見春秋時期扁圓玉環的遺風，只是先將全器，作成類似扁平璧的粗胚，再鏤空雕出三條形態相同的龍形，作捲曲爬行狀，中央則雕飾出絞絲紋環；綜觀本器，雖稱鏤空細雕，但龍身捲曲，不夠柔合，龍足布局，也顯粗糙，尤其龍嘴上、下頜，比例相差

過大，毫無藝術美感，與前圖帶鉤相較，藝術性相差甚遠，故宜乎出土於，附於主墓的陪葬墓中。

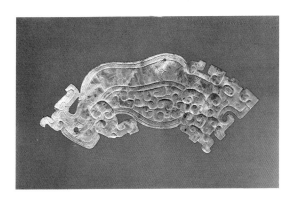

（圖一二三）前文中，筆者曾提到六器中，「琥」的形制起源，依筆者多年研究觀察，他的祖形，應來自「璜」，本器細審，仍似有「璜」的餘韻，但戰國時代，「虎」形玉雕的特色，卻已表露無遺。

　　四、**玉虎形佩**（如圖一二三）：本器長十一公分，寬四‧八公分，為青色玉琢成，因長期入土，部份已入沁呈黃褐色，古意盎然，但仍有一部份未受沁、質變，此即玉器行家所稱的「開窗」；本器開窗部份，仍留有多處，自然而不造作，確為古玉中的上品，沁色也顯現五彩，令人愛不釋手；這種真品，與偽作者，以玉材、玉皮共生部份雕成，爾後再作舊販售，最易察覺之處為：

　　第一、玉材、玉皮硬度不同，琢刀走過時，遇玉皮，則刀痕陷入較深，甚易分辨。

　　第二、偽作所留開窗部份，極不自然，略具經驗，細審不難分辨。

　　綜觀本器，刀工嚴謹，雖仍略保有春秋時代虎形璜的特點（詳如一○二圖），但已跳脫璜形的基本造型，而以強調虎的抽象意念為主；在紋飾上，各類紋飾，都曾分別出現於不同侯國的玉雕，由此亦可知，戰國時代雖各國彼此征伐對立，但在藝術的流傳、分佈上，卻沒有國界可分。

　　此外，有明確出土資料的戰國時代玉器精品，近年偶有出現，但

特具藝術性的卻不多，如下述即爲較優者：

（圖一二四）「觿」，雖有解結器爲起源的說法，但筆者仍認爲：這類器形的眞正起源，是上古先民，配帶獵獲物的獠牙爲展示，後則演變成佩飾，以玉雕成，形成我國玉雕形制，佩飾玉中，比較特殊的一種。

一、**玉龍形觿**（如圖一二四）：本器長十一‧五公分，最寬三公分，最厚〇‧六公分，雖爲扁平體，但厚度增加，已有立體雕的傾向；說文解字云：「觿，佩，角銳，端可以解結。」關於解結的說法，筆者不能同意，因爲，從有關田野考古資料顯示，我國上古，似乎沒有一個「結繩記事」的時代（而且邏輯上，也顯示不可能）；所以，觿的最早起源，應是史前時代，先民佩掛獵獲動物的獠牙爲裝飾，因似角，以訛傳訛，文字發明後，即從部首的角部，但說文所云，爲「角銳的佩飾。」確爲事實，因爲，自史前到春秋時代，這類型制的玉器，就不曾間斷出土，從在墓中與墓主的相對位置分析，應爲佩飾無疑；但是，在形制上，已有了一些變化，有一部份的觿狀玉雕，開始在尖端修整成鈍角，而且在佩掛習慣上，也有了一些變化，他的佩掛方式有：

第一、以單一形制的玉器裝飾，作爲懸佩（但也有成對佩掛），如湖北省當陽縣曾家崗一座戰國時代楚國墓葬，就曾以此形式出土，這類玉觿，體形較大，約均在八、九公分以上，并偶而出現鈍角的器形，紋飾不一，但以龍、鳳、虺等神物的變體形狀居多。

第二、雖然祖形不變，但已變成組佩中的一項；長遠以來，大家

都認爲組玉佩的形式，出現於戰國時期，筆者則堅認：在春秋時代；因爲，筆者曾陸續見過一些春秋時代的小型佩飾，不但過小，而且從型制上觀察，單一佩掛，有一種不平衡的感覺，應是組玉佩的一部份，近年，在春秋時代虢國墓葬中，出土了類似組玉佩一串，亦足證明，筆者認知無誤。而到戰國時期，雖然組玉佩的定制并沒有出現，但是一些對稱、結綴的概念，已經形成，而玉觿納入組玉佩後，多以「衝牙」稱之，形制變小，紋飾變多，但萬變不離其宗，仍作似角形。

　　本器體形較大，且出土資料顯示，僅此一件，當爲作單一的佩飾。本器紋飾，上端鏤雕成一張口的雲龍，龍眼後收，略顯猙獰，龍身則飾以繩索紋，玉質青黃，爲極具藝術性的一件佩飾用玉，但也兼具有玩賞價值。

（圖一二五）本器特長，達十七・五公分，爲戰國時代玉雕「璜」形器中，較大型者，其上龍頭的造型，龍身的紋飾，均顯示刀工流暢自然，表示這段時期，鐵器已經發展得很進步，才能有如此犀利的雕工。

　　二、**玉雙龍首形璜**（如圖一二五）：本器長十七・五公分，寬三公分，厚約〇・四公分，爲扁平體，兩端各雕一對稱的龍首，龍口略張，耳、鬚、眼、鼻、角，配置在一個斜長方形上，但形象自然，仍能表達出龍的騰空昂然意象，爲不可多得的藝術精品，璜身則先雕出

乳丁紋，再以陰線鈎連，既似龍身之鱗片，又具單獨的藝術欣賞性，確爲戰國玉雕鼎盛時期的佳作，本器與前述玉龍形觿，都是一九七七年，出土於安徽省長豐縣楊公鄉戰國晚期墓葬。

與玉觿相同的一點，璜自春秋以後，也有大、小兩種，惟一不同的是：大型璜（約在八、九公分以上）有作單一佩飾，但因其具對稱性，也可懸、縛多件小型玉器，故也是組玉佩的一部份，但是確實的位置高低，因爲繫、佩方式甚多，我們還不能理出完整的頭緒。但是否爲單一器形，抑或係組玉佩中一件，則可由其上鑽孔位置與數量，觀察得知。

（圖一二六）本器厚達一公分，顯示已揚棄春秋時代薄片如紙的玉雕剪影方式，由強調視覺之美，走向強調造型之美的轉變，是東周的春秋、戰國兩階段，玉雕風格的最大差異，表現在其他品類藝術品上，也有類似傾向。

三、**玉鏤空龍形佩**（如圖一二六）：本器亦爲安徽省長豐縣楊公鄉墓葬出土，高十一‧五公分，長二一‧四公分，厚近一公分，爲此批出土玉器中，材質最好的一件，綜觀本器，雖有部份沁成褐色，但仍可看出材質的精美，確是由上等和闐玉雕成。在琢刻工序上，首先，在這塊甚厚的玉板，作出卷身回首龍形的粗胚，但爲不使玉材損失，又在龍身龍尾處，各雕出一鳳，再相度玉質，將材質差的部份琢去，并飾以穀紋，方構成這幅龍鳳同體的玉雕。

　　戰國時代陰陽五行之說興起，「龍」與「鳳」，象徵神物圖騰的配對現象，已經產生，本圖即是一例。

（圖一二七）本器雖以璜形為主體，但已作了不少修正，像：龍首回彎，張口低頭的矯健之姿，似已將這種神物活化了，確為難得的玉雕珍品，尤其璜下方，鏤雕出背對的雙鳳，自然而不造作，形態天成，毫無拘束擠壓之感，為我國造型藝術的最高境界。

　　四、**玉鏤空龍鳳紋佩**（如圖一二七）：本器與前三圖玉器，同墓出土，寬十五·四公分，高九·八公分，厚〇·三公分，原為青玉質，局部有深褐色沁蝕；雖仍有璜形之體，但各方面均已作了修飾，變體的意味甚濃；兩端各雕出對稱的龍首，張口挺胸，似闊步前行，這種戰國後期的龍雕方式，為我國龍造型的最高境界，龍嘴似鉤，下頜似斧，刻畫出龍猙獰的面貌，因若龍頭張口上揚，則似儍龍，故雕作者把龍頭壓低，凸顯出龍的威武之勢，兩隻抽象的龍爪，伸出角度適當，更表現出龍的矯健活潑之姿，只是本器一端已殘，殊為可惜。龍身飾以勾連雲紋，以示龍麟，又暗示「雲從龍」，確為神來之筆，尤其這種勾連雲紋，只要刀工嚴謹，最能表現雕工之美；故而，自秦後，成為漢代玉雕的主要紋飾；本器造型最奇特處，為在龍身主體造型下方，再鏤雕兩隻背立的鳳，鳳尾飄揚結合，毫無突兀之感，造型藝術至此境界，確已達爐火純青。他提示我們的文化意義是：戰國時代，已經把龍、鳳配對，並列在一起，「龍鳳和鳴」，已有陰陽調合，正反合諧的意義。

　　本器上端正中有一圓穿，左、右龍身下端，亦各有一穿，當可確定為組玉佩中的「珩」（或寫作「衡」），下端的孔，可繫其他所謂瑀、牙、琚……等小件玉器。

（圖一二八）本器為戰國時期，供個人隨身佩帶的璧形玉飾；因為，當時雕工的進步，造型觀念的無拘無束，使許多奇特的造型，不斷出現，這些民俗造型，無脈絡可尋，亦無法歸納，但可使我們瞭解，當時確是一個思想奔放的時代。

　　五、**玉璧形佩**（如圖一二八）：本器高三・四公分，寬二・二公分，厚〇・四公分，出土於河南省淮陽縣平糧台戰國時代墓葬，這處遺址，據考證：應為楚國後期的貴族墓葬，出土玉器甚多，惟本器形制最特殊，出土位置，在墓主骨盆旁下，應為佩飾器，本器主體作一玉璧，上飾乳丁紋，上端左右，各停一鳥，形似對稱，下方則雕出連體雙獸，極似一玉璧，置於架上，兩面紋飾相同，雕刻雖不盡工整，但設計巧妙，形式奇特，為戰國玉雕中首見，許多學者都對這種形制，提出一些解釋，甚有稱為「鼓置架上」；筆者均不以為然，認為：本器應是玉璧，其上獸、鳥、則是「前為朱雀、後為玄武」，因為，戰國時期玉雕藝術的進步，使許多造型，已達「無法為法」的境界。

另從出土位置，及邊沿鉆孔，也可確定爲佩飾用玉。

（圖一二九）本圖爲我國第一件立形馬
玉雕，雖頸粗腿短，略不寫實，但參考
漢初墓道前石馬造型，仿此器形的痕跡
很明顯；所以，筆者認爲，此器很可能
是我國第一件玉雕「俑馬」。

六、玉馬（如圖一二九）：長四·八公分，高五·六公分，寬一
·八公分，爲我國目前所知，最早的一件立形雕馬，且爲玉雕，更足
珍貴；本器已似圓雕，馬形宛然，昂首直立，頭大、頸粗、身肥、腿
短，雖略不寫實，但已表現出馬的溫厚、馴良個性；係於山東省曲阜
魯國故城墓葬中出土，魯國亡於楚（時在西元前二五六年），其時已
在戰國末年，魯國曲阜爲孔子家鄉，儒家崇禮樂，重厚葬，以求「事
死如生」，本件玉器，當爲殉葬器，以小見大，已可看出漢代墓道前
石馬的雛形。

七、玉舞人鈕印（如圖一三〇）：本器未有明確出土資料，但從
玉鈕風格與印文刀工分析，似可確定爲戰國時期作品，本器高三·七
公分，印面略呈不規則狀，約〇·八公分至一·二公分，印文陰刻「
何善」二字，字體爲六國古文；印鈕則作一舞伎，身著長袖衣，右手
舉起一穿孔的心形物，左手置腹部，細腰微扭搖，作起舞狀。玉人五
官及衣紋，用陰線裝飾，形象宛然，確爲不可多得的藝術品。

（圖一三○）本件玉印，紐上玉雕風格
、刀工，似戰國時期，印文爲「六國古
文」，又不見作僞痕跡，故學者多將此
器斷代爲戰國後期，現典藏於北平故宮
博物院。近年，戰國時代出土玉印略多
，與此器比對、研究，當初斷代，確具
慧眼。

　　印在商代，名爲「鈢」，以其字形，象印璽之鈕。其在春秋戰國
時期的用途是：

　　㈠、用印檢封書牘，主要作爲徵信與保密之用。

　　㈡、作爲物品等級與徵稅的記號。因爲，戰國時期各國連年被兵
，都設卡徵稅，以爲湓注，璽印之用，因而盛行，這類用途的璽印，
出土資料較多。

　　㈢、在各國，作爲商業生產品的標記（類似現代的商標）；廣泛
用於加工層次多，具有較高工藝技術的產品，如陶器、木器、漆器
……等；顯然有提高產品知名度，與作信用保證之用；像齊國京城臨
淄的部份陶器，就印有「甘齊陳□南左里的亳區」……等印記。

　　目前所知，先秦印璽的印文，并不統一，多是六國各自的文字，
彼此相似而有差異，現在統稱「六國古文」或「古璽文字」，自然而
不造作，另有一種藝術情趣（如圖一三○Ａ），但目前仍有少部份
的字難識。

　　另東周時代璽印中，所選用的材質，以木、銅爲主，以玉作印，
目前所知，最早出現在戰國時期，（筆者認爲：春秋時代就已出現，
但尚缺乏出土資料支持），但印紐多爲覆斗紐與鼻紐，藝術性均略低
，本器作成舞人紐，且風格動人，實爲戰國時期玉印中的佳作。

　　八、**玉鏤空蟠虎紋合璧**（如圖一三一）：這是一件相當有名的戰

（圖一三〇Ａ）本圖所示，爲「六國古文」（或稱古璽文字），與小篆相近，而有差異，印文「右司馬」，刻工自然順暢，字形布局勻稱，爲戰國時代印璽中上品。

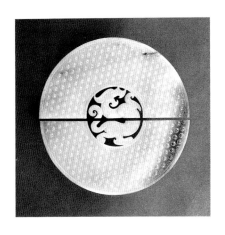

（圖一三一）玉器形制中有「合符」，而無「合璧」，但本器所顯示的造形，卻有符信用意，是不容否認的，故只能暫以「合璧」稱之；本器雕琢精美，沁色柔合，爲戰國出土玉器中的上品。

國玉器，直徑約七·六公分，厚約〇·四公分，雙面雕，紋飾相同，璧形內、外緣，各凸起一道邊紋，其中琢刻排列整齊的穀紋，間隔適當，顆粒飽滿；有關穀紋的解釋，自宋以後，多認爲「穀以養人」，有國家豐收食足之意，爲人君所喜。這是迂腐的儒士，對先秦紋飾作教條化、禮俗化的解釋而成，并不足信；其實，這種紋飾，在新石器時代陶器紋飾中，就已出現，與「聖王之敎」無關，他應只是一種單純的藝術性紋飾。

　　本件玉璧，內孔未挖空，而就圓形，鏤雕出一張口露齒的神獸，虎面而有角，當爲螭，身軀飽滿矯健，似有限的空間，已不足束縛，

大有脫形而出之勢。

　　本器最奇特處爲：由中央橫切成兩塊，合則爲一，顯爲符信之用；戰國時期諸侯國內，親屬相殘、兄弟相凌、臣弒君、子弒父者，不勝枚舉，倫理斲喪的後果，是彼此間的不信任，因而符信之器，大行其道，筆者曾見殘器、單件，若此器藝術性高，且又完整如新，實在難得，本器雖未有明確出土資料，但穀紋的刀工，神獸的神態，獸嘴上下頜似斧形的特徵，斷代爲戰國之器，當爲正確。

（圖一三二）本圖所示玉雕，爲「童子騎獸」圓雕，但中有一，自童子頭頂貫穿獸身的圓穿孔，當可確定爲佩飾器。係一九五七年出土於河南省戰國時代墓葬，出土資料明確，但造型寓意，我們尚不能完全瞭解，筆者依童子與獸身的比例分析，認爲：可能是「童戲」的裝扮。

　　九、圓雕玉人騎獸佩（如圖一三二）：這是一九五七年，在河南省洛陽的戰國墓葬中出土。在此之前，我們認爲圓雕童子騎獸的佩飾，總是宋朝以後才興起的紋飾；再早期，則稱爲「仙人騎獸」。這兩件器形不大的玉雕，（另一圖一三三），對我們以形制鑒玉比對的基礎，有重要影響，本圖之器，高三‧一公分，長三‧三公分，寬一‧四公分，雕一童子跨騎伏獸，小童梳雙髻，臉面寫實，嘴微向外噘，雙手曲臂執獸耳，挺胸正視，獸則似一虎，身軀比例甚小，但均飾以

卷雲紋，臂部也飾以鉤連雲紋，紋飾均用細陰線琢成，刀工犀利，流轉自然；本器自童子頭部，直通一孔至獸腹，當為作繫佩之器；本件玉雕，各方面都寫實自然，惟獸身比例甚小，是否為「童子作騎獸戲」（獸為連衣的戲服）而作的裝扮，值得我們再探討！

（圖一三三）本圖所示，與前圖出土於同一墓葬區，但玉質特佳，細潤晶瑩，此類玉材，亦為和闐玉的一種，但較一般白玉硬度略高，屬新疆玉中，上品材質。

十、**玉人騎獸佩**（如圖一三三）：本器與前器，同一地區墓葬出土，且均自童子頭部到獸腹，作一直穿圓孔，當為佩飾無疑；造型上，亦為童子騎獸，并以雙手執獸耳，本器獸形比例較勻稱，小孩頭飾偏髻，眉目雕作，自然生動，尤其抬頭仰視的憨態，使人愛不釋手，雖本器僅高二‧五公分，長一‧八公分，寬〇‧八公分，較前器略小，但玉質極佳，溫潤細緻，不若前器雜有黑色斑點，是難得一見的上好白玉。

十一、**玉勾連雲紋燈**（如圖一三四）：古人寫燈為「錠」、「鐙」，都是諧音字；但也稱「豆」，則是象形，意指燈形制，是從古銅器的「豆」演變而來；為長期以來，我國主要的照明設備，上至王侯公卿，下至平民庶人，都用此物，在室內照明。但一般材質，多為銅或陶。此為目前所知，最早一件玉製燈具。全高十二‧八公分，燈盤直徑十二公分，係由燈座、把手、燈盤三部份，組合而成，三塊玉雕材質，均為和闐青白色玉，色澤相近，刀工連貫，為一難得的藝術化實用器；本器未有出土記錄，係接收自清宮舊藏，綜觀全器，未見使用痕跡，是以陳列為目的，尤其難能可貴者，本器留有部份深褐色沁

斑，出土後，經宮宦擦拭盤摩，已變成熟坑器，配合全器紋飾，顯出出土玉器特有的光澤，與矇矓之美。

（圖一三四）本器沒有完整出土記錄，可能係早期出土，由地方官貢入皇宮；依刀工、紋飾分析，當為戰國時代器用，且出土已有一段時間；因為，此器已顯現，出土古玉中「熟坑器」的品相，恐係宮宦經常擦拭所致；筆者曾言，東周時期，社會紛亂，富有的商人，有勢的諸侯，對任何實用器，都可能以玉雕琢，以玉裝飾；本件玉燈，就是一個很好的證明。

　　在造型紋飾上，燈座為覆盤形，近把手處，淺浮雕柿蒂紋，餘飾勾連雲紋；把手設計，最具匠心，雖僅作圓柱狀束腰，但束腰的弧度，圓柱的曲線，均表現高度的藝術之美；其上燈盤，琢刻工整，一刀不苟，對稱整齊，與把手的曲線相比較，一似柔和，一似硬朗，二者搭配後，卻似天成，確已達造型藝術的最高境界，燈盤中心，凸起一座五瓣形的花柱，花瓣略向外開展，使全器的裝飾效果，更為凸出；筆者常評稱：此當為我國玉雕陳列器中第一。

　　戰國時代，是我國玉器文化發展最迅速，工藝技術最精良的一個顛峯時期，對我國爾後造型藝術的發展，有相當大的影響，我們綜觀前述各項玉器代表作，不但在製作技藝上，已達鬼斧神工的境地，就

連紋飾的變幻鈎連，也到了「無法爲法」的境界，這當然受到先秦時期，諸子百家爭鳴，舊禮教思想，對人們長期的束縛鬆脫，使人們的思想，得以自由奔放的發揮，所造成的有利外在環境；但是，更重要的一點，則是：雖然七雄鼎立，但各國的貿遷往來，卻極發達，使各地都能普遍的獲得各類美石；琢玉技術、圖樣，也能交流，再加上，整個社會習俗趨向豪奢，對精美奇巧玉器的需求……等，都是造成玉雕藝術走向顚峯的原因；而在選材上，也已經不僅以使用和闐玉爲滿足，而更要求材精、質美的上好品質；所以，在這個階段，品評玉器的良窳，已經不是春秋時代孔子所強調的「玉德」或「重玉輕珉」之辨，而是非常唯物性的挑剔，是以材質所表現的「美」，爲主要標的的取捨；此所以，在戰國時期出土玉器中，有相當比例的美石材質，如瑪瑙、水晶、綠松石……等，且都均爲上品材質，這也是某種程度，重視材質與雕工美感，所造成的現象。（如圖一三五）

（圖一三五）如圖本件完整的組珮，係出土於山東臨淄郎家莊，戰國時代齊國墓葬，細審其材質，均爲上好的玉髓（即瑪瑙），這種美石，硬度高過白玉，甚難雕琢，但本組各器，卻雕磨精細，顯現出材質之美，此爲戰國時代玉器文化的特有現象。

　　但是，我們在瞭解戰國時代玉器時，對東周皇室的用玉，絕對不能忽視，因為，早期作為天下共主的周天子，雖在東周時期，已經成了一個虛位象徵，而到戰國階段，各國稱王後，他更是苟延殘喘，并且在戰國結束前，就已滅亡（東周滅於周赧王五十九年，時在西元前二五六年，而秦在三十五年後，才統一中國），這個看似積弱不堪的小公國，但在文化傳播發揚上，仍有一些重要地位，因為，某些玉器形制的變化，佩飾的方法，周王室仍有一定的法度，即使推陳出新，周王室也在某些方面，有領導流行的重要地位；可是，也因為這個緣故，成周玉器，被歷代盜掘得最嚴重，幾乎都已耗失殆盡，筆者只得選用這件流落國外，但出土資料尚稱明確的「玉舞人組珮」，作一說明，以為本篇的結束。（如圖一三六）

（圖一三六）据傳，本器係洛陽金村出土，觀其風格，當為戰國時代玉雕無疑，全器由鉸合的金線連接，長約四十二公分，本器不論舞人的造型，衝牙的龍首，或龍形璜的雕工，都能展現出高貴的美感；所以，有些人猜測，這件組玉佩，恐是東周天子用玉，筆者深有同感。

　　這件玉舞人組佩，現藏美國華盛頓佛利爾藝術館(The Freer Gallery of Art)，為難得一見的戰國時期成周玉器，近年，戰國成周墓葬已少出土，主因係經歷代的盜掘、盜挖，幾已被羅致始盡，尤其「洛陽自古帝王洲」，所有盜墓高手，幾乎都會到洛陽找機會，使長期以來，洛陽周圍近郊，都成了這些人的天下；例如：盜掘探土最有

效的半圓筒狀鏟，就被稱爲「洛陽鏟」，可見一斑；但在一九二八年，卻在洛陽金村附近，發現了一批戰國時期成周王室的古墓，据當時曾去金村調查的加拿大人懷履光（時任天主教開封聖公會主教）所作的記錄——洛陽故城古墓考，記載：金村共發現了，難得出現的戰國時代成周王室所屬的八座「甲」字型大墓，出土玉器一批，確實數目已不詳，但有一些極精美的玉飾。所以，有人懷疑，這次出土的洛陽金村墓葬，可能有一座是東周國君之墓（但也有人說是東周臣屬之墓）。但是，因屬盜掘，沒有詳細的文物出土記錄，目前爭辯，已經不再具有意義，尤其可惜的是，這些近年我國出土最精美的一批戰國時代玉器，幾乎完全流向國外，不是西洋，就是東瀛。

依據日本學者梅原末治所著的洛陽金村古墓聚英中，曾鈇及本器，再加上其後流傳、經手的資料正確，當可確定爲「洛陽金村」出土。

這件組玉佩，由金鏈與玉佩兩部份組成，金鏈在上部，似由四股金絲絞合而成，串連六節大小、長短不一的玉質管狀飾，其中間繫組一玉雕舞人，玉人由整片和闐玉鏤雕而成，兩玉人肩部相倚，衣飾華麗，各有一手橫置腹前，長袖飄下，另一手則舞袖過頭，長袖向上飄起，此二舞人，不但面目姣好，而且細腰豐臀，配合舞姿，確是婀娜多姿，使我們不由得想起：「楚王愛細腰，宮女多餓死。」的戰國女子體態，也領悟出「長袖善舞」，這句成語的眞義。

金鏈串下方，爲本器的精華，其上，先繫一橢圓形的連體龍玉珮，龍首相對，龍口對張，雖猙獰，卻不似欲吞噬，而似張口歌吟，因此二龍眼神，呈現「喜龍」神情；圓佩左右兩邊，再各鈎連一衝牙狀舞龍，與玉舞人遙遙相對，確爲組玉佩飾中的極品；本器不論設計之巧，雕工之美，均臻顚峯，確爲我國玉雕藝術的最高代表。

筆者每見此器，均徘徊久久不能去，因爲每次的觀察諦視，除了他的造型之美，讓你造成心靈的悸動外，也使你對我國戰國時代的玉雕藝術，有更深的體會與領悟。

【第五編】 一統天下的秦朝

　　秦國雖然興起較晚，而且又地處中原西方，文化發展比較落後；但是，玉器文化對秦國來說，卻是發展的相當完備，此所以戰國晚期，秦始皇硬逼軟討，甚至欲背信，來騙取「和氏璧」。

　　其次，有一個與秦國有關的傳說：在春秋時代，秦國有名的英主秦穆公，有一個美貌多才的女兒，名叫弄玉，愛上了秦國一個善吹簫的音樂家蕭史，蕭史吹簫的造詣非常高，常引來白鶴、孔雀等有靈性的珍禽，後來穆公作主，把弄玉許配給蕭史，二人結為夫妻後，弄玉隨蕭史學吹簫，竟至青出於藍，能吹出類似鳳鳴的音調，可招來鳳凰，秦穆公大悅，特為他們築了一座鳳凰台，這一對夫妻住上台後，從此就不再下台，最後竟隨吹簫引來的鳳凰，雙雙飛去，得道成仙。這個傳說，雖不見正史，結局也甚荒繆；但一位賢君，能為掌上明珠取名為「弄玉」，就可知，玉在秦國人心目中的地位了。

　　但就事實言，促成秦國一統中國的近因，是大商人呂不韋的投資眼光；在史書中，記載呂不韋的行業，只是簡單的幾個字：

　　「呂不韋者，陽翟大賈人也。往來販賤賣貴、家累千金。……」

　　這個大商人，販賣何種商品致富，並無記載，只說「販賤賣貴」，名歷史小說家高陽考證，認為呂不韋致富的經商行業，可能是販賣珠寶、玉器，因為這類商品，產地與市場的價格差別很大，而且都是賣給豪門巨邸，這些人的錢，最好賺，因為，這種沒有替代性的奢侈品，只要特殊、美好，他們並不在乎價錢，所以，呂不韋在壯年時，就已經是很有名的富有商人了。但是，呂不韋經商致富，並不只是際遇好，而他確有獨到的眼光，也因為他這項，自認為是「奇貨可居」的投資，改寫了中國兩千多年的歷史（如圖一三七）。

　　呂不韋經商到趙國首都邯鄲時，遇到了一個落魄的秦國王孫子楚（又名異人），在趙國作人質，當時秦國常攻打趙國，趙國當然不會禮遇這位秦國王孫，而站在秦國的立場，既敢連年興兵攻趙，對在趙

國作人質的子楚生死存亡，早已不放在心上，也由此可知，這位落魄
王孫，在秦國王室中的地位了。

（圖一三七）據名歷史小說家高陽考證，呂不韋以販賣珠玉致富，因為，在戰國後期，社會貧富，極其懸殊，珠玉只要品質好，豪門巨邸并不在乎價格，使他在壯年時，就成了極富有的商人。本圖所示玉雕，為戰國時代，富人衣冠造型。其上沁色，俗稱「釘金沁」，為古玉入土沁色中，較難偽仿的一種。

　　但是，呂不韋卻以獨到的眼光，認為子楚是可居為奇的「奇貨」
；因為他看出來，秦昭王已老，來日無多，自太子死後，安國君繼立
為太子，很快就會登上王位，但是，安國君最寵信的華陽夫人，卻沒
有一個兒子，在華陽夫人眼中，安國君的二十多個兒子，對她都沒有
特殊的感情，或特殊的好惡；在長遠看，華陽夫人必將成為皇后的情
形下，對立嗣，絕對有一言九鼎的力量。

　　所以，呂不韋以獨特的商業眼光，投資在子楚身上，他給了子楚
大量的金錢，讓他結交賓客、名士，以增加聲望，而自己也買了許多
玉器、奇物、珍寶，透過華陽夫人的姊姊，呈獻給華陽夫人，除了推

崇子楚的能幹外，并訴說子楚的孝順，在趙國如何思念安國君太子及夫人，博得了華陽夫人的好感；繼而，呂不韋透過華陽夫人的姊姊進言，一開始，就說動了華陽夫人，他說：「吾聞之，以色事人者，色衰而愛弛。」，如今，妳沒有兒子，不如趁現在受寵時，從諸子中提拔一個人作兒子，並立為嗣，如此，丈夫還在的時候，因為立了嗣子，妳必會受到尊敬，丈夫死了，自己提拔的兒子為主，也不會失勢，這個人就是子楚。對已經逐漸年華老去的華陽夫人而言，這也是惟一可走的一條路，於是她仗著寵愛，推薦立子楚為嗣，安國君答應了，史書記載，不但答應了，而且：

「……安國君許之，乃與夫人刻玉符，約以為適嗣。」

這個刻玉符的行為，類似私人間的盟誓，「玉符」，則為信物。如此，呂不韋的投資，已經有了初步成果。

呂不韋繼續提供大量金錢給子楚，作交際花費，用以結交諸侯、名士、賓客，這筆費用，是相當龐大的，致使呂不韋幾乎破家，但是，他也得到了相對的回報，開始擔任子楚的師傅；有一次，與子楚飲酒，呂不韋令他一個最美麗、寵愛的侍妾，出來敬酒，而這個侍妾，已懷了初期身孕。因為這個女人太漂亮了，子楚竟然開口向呂不韋要，呂不韋起初大怒，繼而「……念業已破家為子楚，欲以釣奇，乃遂獻其姬。」，而這個侍妾，也隱瞞有身孕的事，歸嫁子楚，到時候，生下一個男孩，取名為嬴政。

六年後，秦昭王死了，安國君繼位，是為秦孝文王，華陽夫人為王后，子楚為太子。

一年不到，秦孝文王又死了，太子子楚繼立，為秦莊襄王，嬴政為太子。莊襄王元年，就立呂不韋為丞相，封文信侯，食河南、雒陽十萬戶。

莊襄王即位兩年多，又死了，太子嬴政即位，就是秦始皇，他續任呂不韋為相國，并尊稱「仲父」。但因秦始皇年幼，秦國大政，完全由呂不韋操控，這時，呂不韋的投資，已經完全回收了（如圖一三八），據史書記載，當時呂不韋家中的僮僕，就有一萬多人，自古以來，論富論貴，從平民堀起，到位極人臣，未有超越呂不韋者。

筆者嘗思，自古迄今，亂世易出人才，蓋因異能材智之士，恃才傲物，行事為人，不中規矩，在承平之時，官場依例循序漸進，這些人或為人排斥，或不耐磨蹭，或不願囿於禮俗，故多失意，潦倒終生

，此實為天才之悲劇；但是，亂世就不同了，人才出頭的方法與機會
，就多了很多，觀之春秋、戰國時期，管仲、晏嬰、子產、百里奚、
孫叔敖、伍子胥、藺相如、田單、樂毅、商鞅、范睢、蘇秦、張儀、
孫臏、范蠡……等，無一不具有安邦定國，獨當一面的才能，但卻彼
此同時出世，彼此才智牽制，故多僅能強一國，而不能王天下。但也
因為如此，春秋、戰國時期，特多奇人奇事，如晏子「二桃殺三士」
、「卞和獻玉」、藺相如「完璧歸趙」、田單「雙城復國」，……等
；但依筆者之見，奇人奇事中，未有能過呂不韋者，渠以一大商人身
份，破家投資，僅十年不到，位居丞相，號稱仲父，食河南、雒陽十
萬戶，位極人臣，富甲天下，不可不謂奇人也，而尤有奇者，因緣際
會，盜得秦國世襲血胤，其後，並使其子，成為天下統治者；春秋、
戰國數百年熙嚷，多少明君良相，苦心經營，其志也不過如此，卻未
料呂不韋以十年經營，順手而得，前述諸賢，可以休矣！此真為奇事
也。

（圖一三八）戰國時代因貧富懸殊，窮
家無法養活孩童，故多賣入豪門，呂不
韋為秦相國時，家中蓄有童僕一萬人，
可見戰國末期，呂不韋在秦國的豪奢狀
況；本圖為「銅女童像」，据傳為洛陽
金村所出，女童手執二筒，筒上各停一
鳥。（鳥雖為玉製，但係後人所加）

第一章 ◈ 秦滅六國的歷史條件

　　秦始皇登基時，年僅十三歲，年幼無法管理國事；但是，呂不韋卻是心無二意的爲他監國，並相繼爲秦奪取了諸多戰略要地，此外，他更廣泛的招募天下才智之士爲賓客，由於呂不韋在秦國的地位與財勢，很快的，秦國的人才，成了鼎盛狀況，對以養士名聞於天下的齊國孟嘗君、楚國春申君、趙國平原君、魏國信陵君，猶有過之，他並主持編纂一部奇書——呂氏春秋，參與者幾乎囊括了當時天下各學派的學者，爲秦始皇統一天下的工作，作理論的探討，并作爲爾後治國的依據；因爲是出自各家學派所共著，故史多歸類爲「雜家」，其實該書內涵，仍以宗述道家爲主；由於呂不韋個人的特立獨行，作非常之事，爲傳統儒家所不喜，故使這本書，在我國文化史上，很受到貶抑，其實，這本書才是戰國時代先秦諸子中的精華，與戰國時期百家爭鳴盛況的總結，雖爲腐儒所不喜，但才智之士，不可不讀，尤以研究玉器者，此書所記述戰國時期玉器文化的精神與型制，更是絕對正確，不可放過，因爲：

　　一、呂氏春秋一書，從未散佚、失傳，並且正史記載詳實，絕未經後人僞作、竄加、更改，爲研究戰國時期各類資料，最正確的一本書，另成書之後，呂氏曾將此書，懸於咸陽城門，宣佈：「有能增損一字者，予千金。」所以，呂不韋本人對這本書，是絕對有信心的，正確性應不容置疑。

　　二、呂不韋編呂氏春秋，明的目的，是爲自己博名；暗者，乃是爲他的兒子秦始皇，作一本治國、平天下的參考書，骨肉情深，當然會全力以赴。

　　但是，秦國並不是在呂不韋掌政時，才具有併吞六國的條件，而是秦國歷代的君王，都已經爲秦國統一天下，作好了準備工作。其中，最重要的是：秦孝公任用商鞅的變法。在戰國時期，各國都有類似的政治改革，但或因君主中途不支持，或因保守舊勢力反撲，或人亡政息，恢復舊觀，故而收效，多僅似曇花一現；而秦孝公的變法，卻最徹底，也最成功，這在史家，早已有定論，後商鞅雖被殺，遭車裂之刑，但商鞅之死，乃是死於自己所訂的刑法；也可知，秦變法後的諸多措施，已成常態，爲國家的正式政治制度了。荀子在強國篇中，極力推崇秦國的官僚體制，說秦國的官吏：「出於其門，入於公門；出於公門，歸於其家，無有私事也。不比周，不朋黨。」又在議兵篇

中說：「齊之擊技，不可以遇魏之武卒；魏之武卒，不可以遇秦之銳士。」可見，秦國在政治、軍事、人力、訓練上，已高人一等。（如圖一三九）

（圖一三九）圖示爲自一九七四年起，陸續在陝西臨潼始皇陵附近發現的兵馬俑，在已發掘的三個隨葬坑中，共出土了八千多個兵馬俑，均與實體大小相近，表情威武，忠實刻劃出了「秦之銳士」的形象。

　　而另一項重要的原因，是秦滅巴蜀，這是在秦惠王九年的事（西元前三一六年），在本書史前篇中，曾提到古蜀國，這支獨立形成的文化，在演進中，曾建立蜀、巴兩國，礙於地理位置，與中原交往不多，文化卻是獨立發展，玉器文化也呈現相對的進步，有些承襲或模仿中原的器形，卻又作了一些修改，摻入一些地區特色，對我國自漢以後的玉器文化，有些影響（如圖四十七），雖巴、蜀國的立國狀態是如此，但對強秦來說，卻是腹心大患，因爲，他在秦國的西南方，若與秦國東南方的楚國結合，則秦國的後門洞開，永無寧日；於是，秦將司馬錯揮兵南下，一舉滅了蜀國，繼而併吞巴地，這一場戰爭，不但消除了秦國的心腹之患，更重要的是，併吞巴、蜀後，秦國置爲郡縣，大事開墾、建設，像李冰建都江堰……等，而巴蜀又爲天府之國，沃野千里，使秦得以取得源源不斷的糧食，與鹽、鐵、木材之利，這正如司馬錯在征蜀前所說的：「得蜀，則得楚，楚亡，則天下併

矣。」

　　另外，在秦孝公時期，商鞅就曾就戰略形勢分析：在秦國東北方的魏國，是秦國的眉睫之患；因為，魏國握有黃河天險，魏強時，軍隊渡河準備，隨時可以攻秦，秦欲進攻，則僅能攻至黃河南岸，望河興嘆；於是，自秦孝公、秦惠王兩代，連續對東北方的強魏用兵，西元前三三一年，秦大敗魏軍，斬首八萬，魏國不得已，割地求和，把最重要的國防天險河西地（現今陝西澄城縣以東，至黃河邊上的土地），割給秦國，於是秦軍得以渡河續攻魏，魏王只得再把上郡十五個縣，獻給秦國，僅三年用兵，秦就奪得河西地與黃河天險。使秦的北方，沒有北兵南下偷襲之患了。

　　於是，秦國開始東出函谷關，問鼎天下，也因為強秦的兵力太強，各國難攖其鋒，於是有蘇秦「合縱」抗秦之說，而秦惠王則起用蘇秦的同門師弟張儀為相，以「連橫」之策，對付合縱抗秦的力量，張儀首先打主意到秦國的強鄰楚國，楚國既強過巴、蜀、魏，當時，又和另一強國齊國，有結盟關係，秦根本不敢輕舉妄動，而張儀鼓起三寸不爛之舌，勸說楚懷王與齊絕交，並且願意割商於六百里地相贈，昏庸的楚懷王，立刻與齊國斷交，但要派人去受地時，張儀卻說，只能把自己封邑的六里地給楚國，楚懷王大怒，立即興兵伐秦，秦則聯合齊國攻楚，楚軍大敗，被斬首八萬，楚最富裕的丹陽、漢中膏腴之地，盡入秦國之手。此時，楚已不成氣候，秦國開始經營中原了。

　　秦昭王時代，任用范雎為相，採用遠交近攻的策略，安撫東方較遠的強齊，專攻較弱的韓、趙，在攻趙時，雖秦卒強悍，但是趙國由一員名將領軍，即廉頗，他深知秦軍的作戰特性，堅壁清野而不戰，秦國大為恐慌，於是使用反間計，放出謠言說：廉頗怯戰、懦弱，秦國最怕名將趙奢的兒子趙括為將。趙王果然中計，以趙括代廉頗，連趙括的母親，都進諫說趙括不行，但趙王不聽，趙括上任後，完全更改了廉頗的佈署，下令進攻，秦昭王大喜，最改拜最驍勇善戰的白起為上將軍，以為對抗，白起在兩軍一經接觸後，即佯裝敗退，引趙軍深入，並派奇兵，斷其後路，同時，秦昭王也親自出馬，招募十五歲以上的男子趕到長平，斷絕趙軍的援軍與糧道，這就是戰國時代最殘酷的「長平之戰」，趙兵被圍四十六天，餓到殺人充飢，終至大潰，四十多萬趙軍投降，秦為削弱趙國，把降兵全部坑殺，只放回弱小的二百四十人，趙國從此，壯丁殆盡，元氣大傷，只能對秦卑躬稱臣。

第二章◆呂不韋之死與李斯諫逐客

　　從所有徵兆觀察，呂不韋確有助秦始皇一統天下的野心，以完成他終生的最大投資（或投機）；他能捨財，幾至破家，又能捨棄有身孕的愛妾，躬手讓人，確有非常人的氣度與胸襟；他要把自己的兒子，捧上皇位，一統天下的野心，確是昭然若揭，例如：雖然在秦昭王五十二年，秦就滅了西周公國，並取走了九鼎寶器，但是周室子民，仍跑到東周公國，呂不韋即位爲相後，當年就滅了東周公國，使東、西周，盡入於秦，因爲，周王室徹徹底底的滅亡，有助於秦始皇一統天下。

　　其後，呂不韋在爲相的十餘年間，攻趙國楡次、新城等地，得了三十七座城池；攻占韓國上黨重地，置爲太原郡；又續攻占趙國十三座城池；占領魏國酸棗之地，置爲東郡；我們若對戰國末年，各國地理形勢有瞭解，就可知道，呂不韋爲相時，爲秦國所作的擴張工作，所占領的，都是一統天下前，必須掌握的戰略要地。

　　可是，也在這一段時間，秦國內宮發生了動亂，秦始皇的生母，即呂不韋原來的寵妾，雖已貴爲太后，但仍與呂不韋私通，呂不韋忙於朝政，又因爲秦始皇逐漸年長，恐將肇禍，因而想了一個妙計，乃推荐自己的一個門客舍人嫪毐，拔去鬍鬚，裝作宦官，進入內宮，作太后的面首，這是一條好計，呂不韋得以脫身，專心爲政，不料人算不如天算，太后居然懷孕了，只得以避時爲由，遷往舊都雍宮，在那裡，太后隱密的生下兩個兒子，這時，嫪毐的勢力非常強大，曾與太后研究，去除秦始皇，由他的兒子即王位，始皇九年，嫪毐興兵作亂，聲勢浩大，但卻被秦始皇平息，嫪毐被活捉車裂，夷滅三族，其黨徒多被梟首，並且，太后後生的兩個兒子，也一併被殺死，在這一場宮廷動亂中，正史中記載，呂不韋受了影響，因而罷相，並讓他回歸食邑封地洛陽；第二年，秦始皇又賜書呂不韋，責備他，史記‧呂不韋傳記曰：

　　「『君何功於秦，秦封君河南，食十萬戶。君何親於秦？號稱仲父。其與家屬徙處蜀！』呂不韋自度稍侵，恐誅，乃飮酖而死。」

　　至少，從司馬遷的看法，呂不韋是害怕殺身之禍，才飮酖自殺，筆者認爲：太史公確爲方正之人，才有如此看法，但卻對呂不韋的行事爲人，太低估了，呂不韋敢於投資子楚奪嫡，幾至破家，又賠上自己最愛的寵妾，敢於以有身孕之妾，奪取天下第一強國秦國的血胤，

若怕殺身之禍，早已不敢如此作了，而當政十二年中，通太后，進面首，那一條不是當誅之罪？所以，筆者認為：嫪毐之死，與呂不韋有絕大的關係，因為，秦始皇才二十多歲，大權完全在呂不韋手上，沒有呂不韋的支持，是殺不了嫪毐的，所以我認為：在這場母子反目的宮廷喋血中，呂不韋是主導者，密告嫪毐，一定與他有關，誅殺嫪毐，一定有他的支持，關鍵在於「慾令智昏」的太后，竟要讓與嫪毐所生的兒子即王位，這絕對是呂不韋不能容忍的，但是，事件結束了，太后被囚，二子被殺，嫪毐被夷族；可是，對秦始皇而言，卻產生了隨時可能爆發的最大危機；因為，從女人的心理分析：最心愛的男人被殺，正值可愛的兩個幼子也被殺，太后幾近崩潰，只要他講出秦始皇身世之謎，以當時秦國內部各大族的力量，與六國樂於秦亡的心理，秦始皇勢難倖免；以呂不韋的慎密心思，決不至於不及於此；而輔導秦始皇，一統天下，是他這次曠世投資的最終目的，但是，在千絲萬縷中，卻牽連到自己，二者只能取其一，呂不韋精打細算，認為：只有再賭上自己一條老命，方為上策，也惟有如此，死無對證，任何人（包括太后）質疑秦始皇的身世，也起不了作用；甚至因「恐誅，乃飲酖而死」，也拉開了與秦始皇的距離，使人無懈可擊。以此而論，呂不韋確為奇計才謀之士；雖然最後，他在這場投資中，又加賭上自己的生命，但也曾換取秦國為人臣者第一人的十多年榮華富貴，最重要的是，他的兒子，還是完成了統一天下的工作。以此而論，這位販賣珍寶、玉器起家的商人呂不韋，仍是最大的贏家！

呂不韋雖已死，秦始皇也鞏固了自己的地位，但是，仍在秦國引起軒然大波，就是秦國宗室大臣的強烈排外情緒，其實，這是權力爭取的延續，他們建議，凡入事於秦的六國賓客，一律驅逐出秦，於是，秦始皇下達了驅逐客卿的命令，包括爾後對秦國制度、典章建立，有極大貢獻，並協助秦始皇平天下、治天下的李斯，也在被驅逐之列。

李斯原是楚國人，曾拜師於荀況，學過治國之術，他觀察出六國已積弱不堪，欲成就一番事業，必在於秦，於是投奔秦國，依靠呂不韋門下，經呂不韋推薦，獲秦始皇重用，任命為長吏，又拜為客卿，不料一道「逐客令」，使他一切用世之志，化為烏有，於是他在被逐途中，寫出了一篇著名的文章「諫逐客書」，列舉秦國歷代君王，任用客卿，對秦國的貢獻，最後的結論是：「今逐客以資敵國，損民以益仇」。而秦始皇也確為精明之君，立即訥諫，取消逐客，並爭取更

多的各國名士入秦，繼而，提拔魏國大梁人尉繚爲近吏，此君爲戰國後期，最優秀的一位戰略家，在秦始皇一統天下的過程中，李斯、尉繚是幕後的策劃者，但都不是秦國人，另其餘留秦的各國客卿，對秦國的教育、改革，也都有重大的貢獻。

　　所以，筆者認爲；治國如治玉，玉器材質，固然重要，即如同國家的地理、位置、民風、土地、資源……等，但亦須良匠精琢細磨，方能成器，若無良工巧匠，再好的玉璞，亦無法展現其美；此即治國以人材爲本的道理，秦始皇不但能及時訥諫不逐客，更能繼承呂不韋之風，廣招各國名士，天下當然垂手可得。（如圖一四〇）

（圖一四〇）本圖所示，爲台北故宮博物院所藏「龍鳳紋觿」，流暢的弧勾線條，表現出戰國玉雕風格；玉工雕作此器時，身軀的比例，神態的掌握，都極完美，配合玉材的優良，方形成如此藝術品。治國如治玉，國家資源，即如玉材，良匠巧工，即如治國之人才，二者缺一不可。

第三章 ◈ 六王畢、四海一，秦始皇統一天下

秦始皇併吞六國的戰略，仍是「遠交近攻」，對與其遙遙相對的大國齊國，盡力拉攏；所以，長平之戰時，秦國絕了趙軍的糧道，趙國要求齊國支援糧食，齊王居然不答應，甚至接受秦國的邀約，入朝秦王，秦始皇在咸陽宮置酒，極盡賓主之歡；對秦而言，這是「遠交近攻」策略的運用，而在齊，卻不修戰備，不助五國攻秦。

於是，秦首攻最弱的韓國，因為，韓國地處中原咽喉，戰略位置重要，且又與秦接壤，合乎進攻的條件，韓國恐慌，曾派韓非子使秦，但為他的同門師兄李斯害死，使韓終為秦所滅，西元前二三○年，秦軍攻入韓國首都，俘獲韓王安，將韓地併為穎川郡，至此，韓國滅亡，但是，韓國卻留下了一批志士，仍積極抗秦，最有名的，就是父祖輩曾相韓五世的公子張良，仍隨時以家財收買刺客，準備刺殺秦王。

韓亡之後，秦軍指向趙國，趙雖因長平之戰，元氣大傷，但是秦軍攻趙，并不順遂，因為趙王起用了另一員非常有名的大將——李牧，西元前二三四年與秦軍戰於宜安，秦軍大敗，西元前二三二年，秦軍再分兩路伐趙，李牧率軍獨擋一路，又大破秦軍，秦軍畏於李牧，被迫撤出趙國，於是改用反間計，稱李牧掌握趙軍，將造反，趙王無能，竟捕殺李牧，自毀長城，西元前二二八年，秦將王翦大破趙軍，攻進趙國首都邯鄲，俘趙王遷，趙國滅亡。

秦滅趙後，大將王翦乘勝率軍北上，屯兵於早期為趙所滅的中山，兵臨燕境，燕國太子丹聽了田光的密計，結識荊軻，試圖挺而走險，刺殺秦王，雖然計策好、人選佳，但副使秦舞陽太差，終使荊軻「風蕭蕭兮易水寒，壯士一去兮不復返。」荊軻謀刺不成，秦王怒不可遏，下令增兵趙國，命王翦攻燕，西元前二二六年，秦軍攻下燕都薊城，燕王逃到遼東，甚至殺太子丹謝罪，仍無法為秦所有，後亦為秦所滅。

秦國大將王翦在攻破燕都薊城後，即奉命回咸陽；因為，在秦王的幕僚作業中，已偵測到滅楚的時機。因為，當時楚幽王死，他的同母弟哀王立，但繼位不足三個月，他的庶兄就殺哀王自立，國內分裂，而秦當時正派王翦攻燕，以報荊軻謀刺之仇，故秦當時是派王賁攻楚，勢如破竹，連取楚國十餘城池，待王翦回國後，秦王深知楚國尚有實力，改調王賁伐魏，王賁包圍魏都大梁，但大梁城堅固異常，無

法攻破，王賁引河水、鴻溝水灌大梁城，大梁城壞，魏王欲詐降，被殺，西元前二二五年，魏國滅亡。

秦始皇欲滅楚時，曾詢問李信、王翦，攻楚的兵力，李信年輕自負，認為二十萬已足夠，王翦為一代名將，老謀深算，堅持要六十萬兵力，秦王以為王翦老邁怯戰，於是以李信為帥，攻楚，王翦則落寞告老還鄉；李信伐楚，果然大敗，七名都尉同時被殺，秦王震驚，親自下鄉，向王翦賠禮，於是王翦復出，將兵六十萬，於西元前二二四年開始攻楚，二二三年攻入楚都壽春，楚王被俘，楚國滅亡；王翦繼續領兵南下，平定楚國江南各地，及百越土著君長。

秦相繼滅亡五國後，開始對付齊國了，但齊王仍昏庸不知，西元前二二一年，秦大將王賁奉到密令，自燕地邊境南下，猝然進軍齊都臨淄，進軍的理由堂堂正正，因為秦王要送五百里地給齊王，請齊王到咸陽受地，齊王欣然上道受封，結果被囚於共，活活餓死，齊國亦亡。

秦始皇十年用兵，六國盡滅，除變法徹底成功外，人材的歸附，將士的用命，都有直接的關係，但最重要的是：秦始皇對強化君權，及中央極權的統馭之道，運用得非常好，這當然拜呂氏春秋指導之賜；可是一些制度，適用於戰時，卻不一定適用於平時，某種制度，適用於戰陣，卻不適用於治民，秦始皇知所「用」，不知所「變」，開始用這套方法來治理天下了。（如圖一四一）

（圖一四一）本圖所示，為秦始皇墓兵馬俑中之跪射俑，右膝著地，短褐披甲，神情沈穩內斂；秦即靠此種銳士，奪得天下；但某些制度，適用於戰陣，卻不一定適用於治民，秦始皇知所「用」，而不知所「變」，致秦王朝迅即滅亡。

第四章 ◈ 中央極權，地方郡縣的秦朝制度

　　國家一統後，有關政治體制的問題，當時，在秦朝有兩派意見：一派以丞相王綰爲首，主張將邊遠的越、楚、齊、燕等地，各設封國，分封諸皇子，以爲控制；另一派，則以廷尉李斯爲首，認爲周室之亡，即亡在大封子弟，雖多爲同姓，但長久發展，弱幹強枝，變成諸侯混戰的局面，不但周天子無力控制，甚遭欺凌，故認爲：應將天下遍設郡縣，以爲控制，對諸子弟功臣，則以財物玉帛獎勵。秦始皇採用了李斯的建議，分天下爲三十六郡（後因邊地的陸續開發，增加到四十多郡），郡設郡守，郡下分縣、縣下分鄉、鄉下分亭、亭下分里，各級地方官吏職司戍卒，治安、傳遞、墾殖、賦稅……等事宜，相對於地方各級官吏的設置，也建立了官吏選任、俸祿、考核……等制度；於是，始自三代，我國封建領主制度，從此徹底瓦解，爾後亦不再出現，我國的社會制度，進入了封建地主制的階段，而這個改變，卻是建立在「土地私有制度」的基礎上，兩千多年來，雖經多次改朝換代，這種封建地主制，幾乎沒有改變過，直到清末。

　　也就從此開始，我國玉器文化自早期帝王、貴族的禮儀、玩賞玉器、君子的比德之器，隨著春秋戰國時代的演變，走向世俗化；而土地私有制的社會結構形成，以地主爲主的富人，成了主要的玉器玩賞者，因爲，這些富人剝削佃農，有錢有地，卻終日無事可作，盤玩玉器，也成了他們的消遣之一，從此，我國社會上這一個階層與文人相同，也都逐漸變成推動玉器文化的主流。（圖一四二）

　　秦始皇二十六年（西元前二二一年），初併天下，仍將首都設在咸陽，認爲名號不更改，不足以稱成功，於是由羣臣議帝號，羣臣認爲：以往五帝也不過治地千里，今日秦已平定天下，海內爲郡縣，法令由一統，自上古以來未嘗有，五帝所不及，古有天皇、地皇、泰皇，其中以泰皇最貴，所以共同建議採用泰皇，但秦始皇認爲如此，還不足以彰顯其功，乃探三皇、五帝的位號，稱爲「皇帝」，自稱始皇帝，後世以計數，二世、三世、以至於萬世，傳之無窮，並命李斯作「受命璽」。

　　李斯選用藍田好玉，以篆文刻：「受命於天，旣壽永昌。」八個字，因爲用於傳諸後世各代，以爲傳國，所以，又稱「傳國玉璽」；有關這方玉印的選材，還有一個說法，是：秦始皇選用和氏璧，命李斯刻成「傳國玉璽」，這個傳聞不見正史，而「和氏璧」自藺相如完

（圖一四二）秦時，不再分封子弟、功
臣為諸侯，使我國始自三代時期的「封
建領主制」，改變成「土地私有制」，
長期的演化，造就出地主階層，這些富
人，有錢有地，靠佃農耕種，整日無所
事事。盤玩玉器，變成他們的消遣之一
，如此，也帶動了我國民間賞玉的興
起。

璧歸趙後，就不再出現在正史中，可能隨著趙國的滅亡，「寧為玉碎
，不作瓦全」而湮滅了，後傳為秦始皇所得，刻作傳國璽，恐是附會
之說；可是李斯為秦始皇所作的受命璽，確是存在，因為一直到秦三
世，都有很明確的流傳資料。

　　但因為秦朝立國僅十四年，隨後天下大亂，項羽引兵屠咸陽，火
燒秦宮，並受其珍寶貨財，與諸侯共分之；所以秦王室的珍寶，在當
代就已散失殆盡，而立國時間又如此之短，墓葬更少，再經歷代盜扣
，秦墓多已不可見，近年，能有秦始皇墓兵馬俑出土，確為曠世奇
珍。（如圖一四三）

（圖一四三）本圖為秦始皇兵馬俑一號坑出土的陶馬，高一五〇公分，長二〇〇公分，幾與真馬同大，造型寫實，形神具備，出土時，四馬拉一戰車。秦朝立國極短，隨後天下大亂；秦代文物，至今幾乎已不可見；但居然出土如此大批兵馬俑，確為曠世奇珍。

　　可是，從秦始皇立國初期來看，他對我國玉器文化的延續，仍有相當的貢獻，例如：他正式頒命，除了宮中的御印外，其他官府，一律不得用玉作印，從這個命令，我們可以分析出，這位自認「德配三皇、才高五帝」的始皇帝，在他心目中，只有自己的璽印，配用玉來雕作，其他官員敢作，就是僭越，這種在西周，為官員辨等級、明貴賤的玉器，雖在東周的春秋、戰國時期，已趨向世俗化，但在秦始皇心目中，仍根深蒂固的認為他是「帝王玉」。但從出土資料顯示，秦始皇能禁官府用玉，卻無法禁止民間用玉；這階段，民間琢玉、用玉，已經蓬勃的發展起來。

　　此外，在春秋時期就逐漸興起的私人講學之風，在戰國時代演變成「百家爭鳴，百花齊放。」各引經據典，放言高論，到了秦國一統時，這種自由學術的精神，仍然繼續存在；並且，有些非議政令的現象，李斯認為，有礙於中央集權、定於一尊的制度實施，他指摘這些儒士：

　　　「不師今而學古。」以私學來詆毀法教，甚至指責、非議朝廷法令。

　　　「入則心非，出則巷議。」

　　這在秦初，繼承戰國之風，確是如此，所以，李斯建議秦始皇箝制言論，否則必煽惑人心，動搖國本，因此，秦始皇下焚書令，除秦記、卜筮、醫藥、植樹的書籍外，包括詩、書，百家語等，一律送官燒燬，這個措施，對我國文化的延續，傷害極大，尤其六國史記，損失最多，因為這些典籍，都是與秦對立所記，有所譏諷，而又藏於官府，故難以倖免；但經史百家典籍，因為民間已藏書成習，再加上碩學口傳，秦朝享國甚短，損失雖有，還不算嚴重，在這一次焚書行動中，一些記載三代用玉的史料，也不能倖免的受到一些損失。焚書的第二年，因盧生、侯生攻擊秦始皇「專用獄吏，不用博士，樂以刑殺為威」……等。秦始皇下令追查咸陽諸生的罪狀，結果，把犯禁的六百四十多人，坑殺於咸陽。

　　秦始皇又以猛烈的手段，廢除六國貨幣，統一使用兩種幣值：一種是黃金，以鎰為單位，稱為上幣；另一種，則是圓形方孔的銅錢，以半兩為單位，稱為下幣（此即為我們收藏古幣習稱的「秦半兩」錢）。此外，秦始皇命李斯作小篆，通令全國習用，以達到書同文的目的，並下令「一法度衡石丈尺」，統一了全國紊亂的度量衡制度。（如圖一四四 A、B）

（圖一四四 A）秦廢六國制度，統一全國「度量衡」，此即為秦的陶量（標準量器），係一九六一年於內蒙自治區　　赤峯市出土，此件量器，陶質堅實，左右各凸出一把手，其上並刻有篆體的秦始皇詔書。

（圖一四四B）本圖為秦始皇時泰山刻
石，字體為李斯所作的標準小篆，字形
優美；秦始皇籍著「焚書坑儒」，統一
了當時混亂的文字。

　　綜觀秦始皇這一切措施，都是在為他的政治制度鋪路，而這個政
治制度，就是「中央集權」，純就政治學的角度來看，他的這一連串
措施，算是成功的。尤其在始皇三十一年（西元前二一六年），所推
行的「使黔首自實田」，也就是命令擁有田地的老百姓，向官府報告
擁有土地的數量，並由官府丈量後，作為賦稅的依據，這種承認土地
私有制的全國性土地丈量工作，對我國爾後的農業制度與農業發展，
都有重大的貢獻。

第五章 ✤ 南征百越，北伐匈奴的秦王朝——暢通了玉材的通路

第一節 ◇ 北伐匈奴

　　對華夏民族而言，匈奴是塞外的化外之民，可是我們翻開先秦史，卻可知道，匈奴也是我國北方很古老的一支民族，在商、周時，稱獫狁、葷粥，是胡族的一支，只因為他們是繼承細石器文化，過著遷徙不定的游牧生活，經常對中原地區進行掠奪，在戰國時期，各國面對內戰，無暇他顧，匈奴日漸強大，當時與他接壤的趙、燕、秦，都深受其害，其中趙國，首先開始修築長城、邊塞，以防匈奴的進襲，趙孝成王時，以名將李牧鎮邊，大敗匈奴，才方稍戢匈奴的氣燄。

　　但到了秦統一全國以後，匈奴的勢力更大，居然占領了富饒的河套，百姓只得內徙。始皇三十三年（西元前二一四年），秦始皇北巡，接見燕人陰陽家盧生，他奏錄圖書，上有「亡秦者胡也」之句（類似扶乩的行為）。使秦始皇心裡大為恐慌，即令大將蒙恬，典兵三十萬，北伐匈奴；蒙恬一出兵，立刻收復了河南地區（即今內蒙伊克昭盟一帶），其後，更逼迫匈奴北撤，於收復的榆中以東、沿黃河北部一帶，到陰山的廣大區域，廣設四十四個縣，遷徙六國罪徒，前往開發。同時，蒙恬繼續領兵北擊，取高闕，占狼山，匈奴遠遁向中亞一帶，北方暫時得到了安寧，但是秦始皇太在意「亡秦者胡」這句話，令蒙恬不得班師，修葺秦、趙、燕在戰國時代，各自修築的邊城關塞，使它連成一氣，這就是修築「萬里長城」的開始，經陸續自關內徵召民伕、器材，終於完成了西起臨洮，東到遼東郡的國防建築，工程浩大，氣勢雄偉。

　　而被一再征伐，遁向中亞的匈奴，他們嘗到秦軍銳士的厲害，在與中亞地區人民的交往中，不斷提到中國這個新興王朝的強盛，經逐漸的散播，中國的名聲，在國際的舞台傳播開了，不但中亞、波斯，甚至羅馬帝國，都知道東方有一個偉大的強國，叫作秦，時至今日，我們中國，譯名為 CHINA，就是「秦」的諧音。

　　也就在這一段蒙恬伐匈奴的過程中，不但順暢了新疆玉材進入中原的道路，並且，為我國東西貿易、文化交流，開啟了通路，也從此以後，我國藝術文化，因為外來的因素，產生了重大的變化，玉雕風

格也形丕變，爲我國藝術文化史，重要轉折時期的開始。

第二節 ◇ 南征百越

在北擊匈奴的同時，秦始皇又致力於南方的開發，這個廣懋的區域，包括現今的浙江、福建沿海，閩南一帶及雲貴地區。

自上古，在這個區域，就居住著一些史前土著（見第一册石峽文化與福建台灣的貝丘遺址），這些種族，支族衆多，習俗也不盡相同，但中原統以「百越」稱之，並以分佈的地理位置，來作粗略的分類，如：分佈在浙江、甌江流域（現今浙江溫洲一帶）的越人，稱東越；福建、閩江下游（現今福建福州）的越人，稱爲「閩越」；散居在嶺南、廣東、廣西的越人，則稱爲南越與西甌；各地區生活方式不同，文化水準也有高低，其中東越、閩越，與中原往來頻繁，水準較高，秦始皇立其首領爲君長，正式納入自己的統轄，並將這塊地方，列爲版圖中的閩中郡。

而嶺南之地，因多山陸阻隔，民性强梁，而早就有「陸梁」的名稱，不服秦的統轄，秦始皇命大將屠雎，將兵五十萬，分五路，南征嶺南地區，但是嶺南地勢，險峻多山，不利大軍進伐，且補給困難，三年無成，甚至主帥屠雎也被殺；於是，秦始皇易將增兵，並驅令民伕鑿通湘水、漓水，使相連接成「靈渠」，因而秦軍的補給運輸問題，得以解決，靈渠建成後，秦軍長驅直下，經過千辛萬苦，方平定南越、西甌，分置象郡、南海、桂林三郡。

同時，在我國雲貴地區，還有一支越人，稱「滇越」，與當地土著雜居，而當地土著，更是種族複雜，有百濮、羌、氐……等，戰國時代楚國曾努力開發經營這個區域，且頗有成就，楚威王時，派大將莊蹻循巴蜀之路，到達滇池（現今雲南昆明），並將這個區域，收爲楚國屬地，秦滅巴、蜀，楚軍歸路斷絕，楚將莊蹻就曾在滇自立稱王，秦始皇平定這個區域後，委任官吏管理，並修築雲貴地區通往中原的馳道，寬爲五尺，又名「五尺道」，從此，雲貴地區與中原通暢無阻。

中南半島、雲貴地區的土著文化，雖然複雜，文化水準也很低，但是使用硬玉爲裝飾的年代卻很早，所以，筆者相信：在雲南地區，早期確有硬玉原礦，如今已枯竭（而緬甸北部，早期屬我國雲南），秦通五尺道於雲貴，當時，可能就有雲南硬玉屬的玉材，進入中原，只是，我國歷代對玉材的定義都很寬鬆，又因「翡翠」之名（原爲鳥

名），在漢朝才正式出現，既無名稱，當然不見於史籍，但筆者深信，在秦時，交易熱絡的藍田玉市中，可能已有雲南的硬玉了。雖然，目前有史可稽的硬玉出現中原記錄，是在宋朝歐陽修時代，但是，從歐陽修不識材質，而宮中老內監確知爲何物，來分析，雲南硬玉的雕琢器，進入宮廷，必已經有相當長的一段時間了。

第六章◈秦時玉器文化的發展

　　秦自統一六國，在典章制度的建立，思想文化的統一，國家疆土的擴大，都有不可磨滅的貢獻；因為，他的建國設計，處處都是以傳世萬代為基礎，但是却僅傳國十四年，在陳勝、吳廣的揭竿起義下，一朝土崩瓦解。（如圖一四五）

（圖一四五）本圖為秦王朝咸陽故城，所出土的圓瓦當，上有「唯天降靈，延元萬年，天下康寧」十二字，字體為李斯所制訂的秦時標準小篆；證實，秦始皇確是以傳世萬代的妄想，來制訂全國的各項制度，但卻僅傳國十餘年，即土崩瓦解。

　　我國歷代、歷朝的衰亡，總有一段消沈期，誠如俗諺所云：「百足之蟲，死而不僵。」，但秦朝的滅亡，卻似沒有；固然，以秦的橫征、暴斂、焚書、坑儒，及動輒坑降數十萬人，均為歷代所無，當可亡也，但以此為秦亡的主因，卻言過其實；秦亡的主因，在於「役使民力過甚，不知與民休息」。自秦始皇二十六年統一天下算起，秦王朝勞動人民的重大措施是：

　　一、伐匈奴，由蒙恬將兵三十萬人
　　二、修天下馳道，動用人力，百萬人以上。
　　三、伐南越，發兵六十萬人，數年不能止。
　　四、修長城，十數年時間，役民也在百萬以上。

五、秦始皇爲自己修陵墓，穿驪山，數十萬人工作近十年。

六、大修宮室，修「阿房宮」，規模極大，放火焚燒，三月不熄。

以秦初我國人口總數，最寬鬆的估計，也只有二千萬人，何以能負擔如此的勞役，而況正當的戍守、警戒，還不在此中，所以，民力無法消受了，在屢次征集中，多次男丁不足，又征女丁，幾乎全國的勞動力，都脫離生產，田地荒蕪，糧食不足，導致人民「衣牛馬之衣，食犬彘之食。」，這種不知與民休息的苛政，促使這個費數十年心力，才統一全國的強大王朝，急遽的走向衰亡。

筆者讀史，認爲：在我國歷史上的重大建設，莫過於「萬里長城」與「大運河」。但是，創造這兩件曠世工程的秦、隋兩朝，承祚均只有一、二十年，此二朝的共同之點，都是把幾百年分裂的中國，以武力統一起來，對國家與文化的貢獻，自不可磨滅，而萬里長城的國防價值與大運河的交通價值，也都能澤及後代；但是這兩朝的迅速覆亡，卻如出一轍，以此稱秦始皇、隋煬帝爲暴君。是耶！非耶！常一言難盡之。

第一節◇秦時思想，影響玉器文化的原因

（圖一四六）本圖所示，爲陝西臨潼出土的始皇陵墓瓦當，本器持大，直徑達五十一公分，但呈大半圓形，其上飾以對稱的夔鳳紋，從此器出土，可使我們瞭解，秦始皇役使民力過甚的情形。而從紋飾分析，秦的藝術工藝，應是戰國時代的總結。

就正史所記載，秦自統一六國後，多在征伐、營建、戍守上，大量役使人力，有關玉雕，卻鮮有記載，偶有，也僅限於營造陵墓、宮室中，帶過一筆，如敘述秦始皇陵墓：

「……宮觀百官奇器珍怪，徙藏滿之。」

我們相信，其中必有大量玉器，但是秦享祚既短，目前又缺乏出土明確的玉器作佐證、比對；所以，許多人常把秦代玉器，併入漢代玉雕，一概論之，這雖是不得已的作法，但是，以秦對我國歷史文化的影響，當不僅於此。（如圖一四六）

依筆者所知，在秦代，一些形而上的觀念興起，對我國玉器文化的影響，是很大的。

在秦立國十多年中，儒家學說極端不被重視，而當時較有名，且入世較深的墨家、楊朱之說，亦被壓抑、揚棄；為秦所重視的，亦僅為李悝、商鞅、申不害、韓非子等，所主張的法家，但是秦卻僅只實施其術，而未得其哲理真髓，演變的結果，誠如韓非子所描述出來的理想國，竟是：

「明主之國，無書簡之文，以法為教；無先王之語，以吏為師。」

雖經罷黜百家，焚書坑儒，使國力強於一時，但相對的文化思想，卻是相當貧乏，在我國思想史上，最發達的戰國時代之後，繼承的秦朝，卻演變成這種思想貧乏的狀況，是很具諷刺意義的，也因為如此，在戰國時代，一支比較不受重視的學派，「陰陽家」的理論，摻雜了方士的祠禱，民俗的迷信，成了秦代思想的主體。

雖然，陰陽五行之說，有其立論基礎，像周易講陰陽、洪範說五行，都是解釋宇宙奧密的哲學，甚至荀子也曾說孟子是五行學說的創始者，像孟子、公孫丑篇、盡心篇提到：

「五百年必有王興。」
「自堯舜至於湯，五百有餘歲，……自湯至於文王，五百有餘歲，……自文王至孔子，五百有餘歲……。」

可是，集其大成的，卻是戰國時代齊國人鄒衍，他混合陰陽、五行之說，發展成一種唯心的思維推演，而創立了陰陽家學派，鄒衍著書五十六篇，十餘萬言，運用當時極膚淺的地理知識，如天圓地方……等，混合陰陽消長，五行相生的理論，架構出五德終始的循環論

與命定論，純就哲學言，我們難以認定他的好與壞，可是，這支學派，卻對我國民俗的影響，既廣泛、又久遠；例如，至今仍盛行不衰，論相命理的卜算，婚姻八字的生剋，都離不開這支學派的內涵。

　　而早在戰國末年，這支哲學意味甚濃的學派，就已經與現實生活結合，蒙上了迷信的色彩；再加上秦之立國，缺乏思想指導，而秦始皇歷經荊軻與張艮博浪沙的兩次謀刺，膽戰心驚之餘，更趨於陰陽五行的迷信，他迷信的程度，正史有所記敘：

　　一、秦始皇二十八年，聽齊人徐市之言，海中有神山，仙人居之，乃「……遣徐市發童男女數千人，入海求仙人。」

　　二、「使韓終、侯公、石生求仙人不死之藥。」

　　這些見諸正史的記載，使我們可以確定，秦始皇終生都相信有神仙不死之藥，可見他迷信的程度了；所以，筆者深信，我國玉器文化在歷經秦的階段，生者所用，仍以財貨、佩飾為主，以示富貴；而就亡者用玉言，斂屍的意義，已大於其他；不但對爾後玉器作為冥器，可保屍身不朽的漢初迷信觀念，有推波助瀾的作用，更直接啟發了，以玉衣斂屍的迷信禮俗。（如圖一四七）

（圖一四七）秦始皇受荊軻、張艮兩次謀刺的刺激，極端迷信陰陽五行，揉合民間迷信的神仙之術，使之成為，影響秦代文化發展的一個重要因素；本圖所示，為秦時雙獸瓦當，一九五六年出土於陝西鳳翔，其上紋飾，已見端倪。

第二節 ◇ 巫醫觀念，使「玉」變成藥材

戰國時代有一個行走諸國間的名醫，姓秦名越人，他是渤海郡鄭人，行醫時，在趙國名扁鵲（另相傳在黃帝時，也曾有醫者名扁鵲），他是一個有名的民間醫生，如到趙國首都邯鄲，俗重婦人，他就作帶下醫；到洛陽成周，當地敬老尊者，他就作耳目病醫；而到秦國首都咸陽，因為秦重死士，壯丁喪亡特重，民俗重幼兒，他就作小兒醫。太史公為醫者立傳，扁鵲居第一人，不僅因為他是良醫，而是因為他醫療觀念的先進，他用類似解剖分析的方式，闡明脈理與病理，為我國醫者第一人；尤有甚者，他明說有六種病不可治，最後、最重要的一項，就是：

「信巫不信醫。」

但「巫」，卻是我國歷史上，長遠以來，醫療理病的主要成份，即以漢書・藝文志為例，把醫術列為方技，括分為四大類：

第一類、**醫經類**：是指醫理之論，包括歷代不知名醫者的臨床診斷經驗。

第二類、**經方類**：指各種病症的深淺，用藥的多寡，及食禁⋯⋯等。

第三類、**房中類**：指如何調節情欲，及類似採補之說。

第四類、**神仙類**：則指食靈芝、何首烏以求成仙，及煉丹砂⋯⋯等神仙之術。

其中，後二類的「房中類」與「神仙類」，根本是欺人的邪術，但卻堂而皇之的列入正史醫藥方技之類；筆者相信，這絕不是在漢朝突然興起的，應該是上古以巫筮醫病的流毒，而戰國時代，民間學術普及，使具有真實經驗的醫者學問，與民俗巫筮治病的迷信，融合在一起，言之成理，著作成書，所形成的特殊醫療概念。

而在秦朝時，天下黔首，苦不堪言，在上焉者相信，下焉者嚮往，所造成的趨勢，使經方中，比較科學的部份，也開始有了食玉的記錄；「玉」，在我國歷史文化的演進中，不但為禮器，為裝飾品，為比德之器，為財富的象徵，為符信的表徵，為斂屍的重寶；尤有甚者，他具有了迷信的醫療效果，並與神仙之術相通，為爾後「食玉者，壽如玉」的迷信觀念，建立了基礎，雖然，這種荒誕不經的立論，在魏、晉、南北朝時，達於鼎盛，但是因為經不起驗證，而迅速的衰微，可是影響所及，使玉變成我國傳統中醫中的一項藥材。

　　這種發展，是我國玉器文化演進過程中，極特殊的一點；雖然，在西方早期，也曾形成玉器可以治腎病的迷信，但公然以玉入藥，食之，卻爲我國所獨有。

【第六編】 我國玉器造型藝術，重大變化的開始—秦末漢初

近年，研究玉器的專家，在爲我國歷代玉雕藝術的演進，作階段劃分時，常有不同的觀點；但是，比較受大家肯定的劃分法，多認爲史前時代以後，商、周、春秋、戰國爲一個階段。可是，筆者從玉器器形與許多考古出土資料觀察，以及個人鑒玉的經驗，則略有不同的看法，筆者認爲：

自秦末漢初的頭三十年，才是我國玉雕文化的一個重要階段分野。在此之前，可劃分爲一個獨立的階段；雖然商、周器不相侔，西周與戰國器形，也截然不同，可是，他們都流傳有序，對照史籍及考古文物資料，所提供的政治、社會演進，民俗的變化，及各朝各代同期的藝術品，他們的承續演變，不但清晰，而且明確，爲我國玉器文化，重要的一個階段。

（圖一四八）本圖爲秦時「彩繪幾何紋銅箍三蹄足漆樽」，其上紋飾，與圖一四六，臨潼出土的始皇陵大瓦當，風格相近，都有明顯的戰國遺風，足證明：秦應爲戰國時代工藝美術的總結。

　　雖在政治制度上，有「漢承秦制」的說法，可是，在玉雕藝術風格上，秦則似戰國而不似漢，把秦、漢連在一連，劃分成同一階段，不但在藝術風格比對上，會使人產生錯誤混淆的認知，尤有甚者，會把戰國時代與漢代玉雕的變化演進，混合在一起，則更是得不償失。（如圖一四八）

　　例如史述：「秦每破諸侯，寫放其宮室，作之咸陽北阪上……所得諸侯美人、鍾鼓，以充入之。」

　　也足證明，就藝術造型、文化，秦是集戰國時代，各國之大成，流韻所及，影響到漢初。

第一章◈秦、漢之際，玉器文化進展的狀況

　　秦之亡，在於役使民力過甚，肇致陳勝、吳廣揭竿而起，天下響應，王朝瓦解，但也因為如此，百姓卻未得到應有的休息，反而處於兵馬紛爭的水深火熱中，社會更形凋敝，如自陳勝、吳廣在江蘇蘄縣大澤鄉的「斬木為兵，揭竿為旗」算起，時在秦二世元年（西元前二〇九年），繼之為：

　　一、楚、漢相爭，兩軍攻伐甚烈，到西元前二〇二年，劉邦即帝位於汜水之陽，定國號為漢，同年十月，項羽自刎於烏江，方告結束。

　　二、漢高祖翦除異姓封王的功臣，包括韓信滅族，彭越碎屍，英布、陳豨被殺，直到高祖十二年（西元前一九五年），燕王盧綰北逃匈奴為止，這七年間，社會仍是處於兵戎動蕩中。

　　三、漢高祖死後，呂后掌權，大封諸呂為王，繼而諸呂謀反，周勃、陳平誅呂安劉，時在高后八年（西元前一八〇年），並迎立代王劉恆為帝，即為漢文帝。

　　在這一連串的征伐與宮廷動亂中，民間的飢饉，仍然持續，使國家的財力，嚴重不足，但是，漢文帝確是一位仁厚的皇帝，不但寬刑簡政，而且與民休息，甚至齊太倉令有罪，解送長安，其幼女緹縈上書漢文帝，文帝因而廢除了自商以來，我國就長期實施的「肉刑」；在這種與民休息的環境下，不但開啟了歷史上有名的「文景之治」，更為漢朝立國的數百年基業，奠定良好的基礎。

　　而在玉器文化的演進上，這一段時期，仍是承襲戰國之風，例如：楚、漢相爭時，劉邦居於劣勢，項羽在鴻門設宴，劉邦不敢不去，當時劉邦帶的禮物，並委託張良代獻的經過為：

　　「……我持白璧一雙，欲獻項王，玉斗一雙，欲與亞父，會其怒，不敢獻，公為我獻之。……」

　　一雙白璧，獻給項羽，兩隻玉杯，則獻給一言九鼎，欲殺劉邦的范增，這等於是劉邦的買命錢，如此重要，方用美玉為禮，此也足顯示，玉器的貴重與不平凡，這明顯是承襲戰國時代，諸侯間結盟、酬酢，以玉器為餽贈的遺風，但仍有以玉隱示，盟同金石之堅的象徵意味。可是，這兩份禮物中，也強調了白璧的「白」字，表示承襲自戰國時期，重視玉質的好壞，不但質地的細潤光潔程度，為人重視，而且玉質的潔白度，也仍是品鑒玉器優劣的重要標準（如圖一四九）；

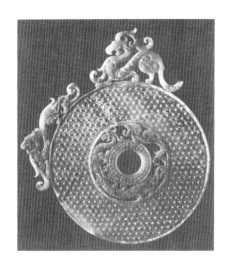

（圖一四九）劉邦獻給項羽的「白璧一
雙」，絕不是早期的璧形，僅中有一孔
的圓扁平玉器。而是滿工細雕，神獸出
廓的精緻玩賞器；即如本圖所示，但圖
示之器，已流落至國外，目前典藏於美
國艾金斯博物館。

另在形制上，獻給范增的一對玉斗，則比較特殊，他不屬於禮器，以
珍藏、陳列、把玩爲主，此即筆者在前文中談到，春秋以後，只要是
實用器，都有可能以玉制作的最好例證，但是他的起源，卻是源自於
銅禮器中的「觥」，這種銅器，形制很特殊，在禮器中，是一種盛酒
兼飲酒的器皿，說文解字曰：

　「『觥』，兕牛角，可以飲者也。」

　　所以，觥的最早起源，應是兕牛（即是犀牛）角製的酒杯，後成
爲銅禮器之一，及至銅器沒落，但因他的造型特殊，而爲玉雕所吸收
，雖不再具有禮儀用意，但卻成爲戰國以後，重要的玉雕藝術品（如
圖一五○）。

　　近年，在廣東出土的漢初南越王墓玉器中，有玉斗一件，雕琢精
美，造型奇特，被譽爲漢初玉雕的極品；以劉邦當時的地位與處境，

（圖一五○）玉斗，即玉杯，本器現藏
於台北故宮博物院；參考史書所記「白
璧一雙」、「玉斗一雙」并稱，在材質
上，當以潔白、光潤、細緻者為上品，
本器材質合乎上述條件，雕工亦佳，其
上色澤，均為沁色，但經長期盤摩，已
成「熟坑器」，寶光內斂，確為出土古
玉中的上品。

為求買命脫身，這一對玉斗的雕工與材質，應絕不在南越王墓玉斗之
下（如圖一五一），可是，贈送范增的這對玉斗下場，卻是：

「……張良入謝曰：謹使臣良奉白璧一雙，再拜獻大王足下；玉
斗一雙，再拜奉大將軍足下。……項王則受璧，置之坐上。亞父受玉
斗，置之地，拔劍撞而破之，曰：『唉，豎子不足與謀，奪項王天下
者，必沛公也，吾屬今為虜矣。……』」

范增把這對玉斗擊碎，是謀智之士的感嘆，嘆項羽放過劉邦，等

於已失天下，玉器雖珍貴，但與天下，何能相比？其實，范增是一個相當愛玉的人，因爲在鴻門宴席上：

「……范增數目項王，舉所佩玉玦，以示之者三，項王默然不應。……」

（圖一五一）本圖爲南越王墓出土「玉斗」，與前圖相較，風格相似。係於一九八三年，出土於廣州，考其年代，亦爲秦末漢初之物，但出土後，即經博物館典藏，未經盤摩，仍屬「生坑器」。

這說明，范增是佩玉的，器形是玉玦，舉玦，暗示項羽「果決」、「決斷」，但是項羽卻不回應，這位西楚霸王，興兵之後，一路大勝入關中，先夜坑秦卒二十多萬人於新安城南，再縱兵大掠咸陽，火焚阿房宮，繼而放過劉邦於鴻門，就註定了自刎烏江的命運，有詩嘆曰：

「……鴻門玉斗粉如雪，十萬降兵夜流血，咸陽宮火三月紅，霸業已隨灰燼滅。……」誠有以也。

但是，從這些正史所記述的翔實片斷史實中，也說明：在秦末漢初，楚、漢相爭時期，玉器文化仍承襲戰國遺風，玉器的用途有：

一、作為貴重的酬酢、餽贈禮品。

二、有身份人的佩飾。

三、范增「舉玉玦」、「破玉斗」，顯示玉器，仍有一些形而上的精神意義，這是我國玉器文化最特殊的地方。

另從范增佩玉玦的記載與形制分析，筆者相信，他所佩的，應是古玉。因為，到了戰國後期，玉玦形制，已在中原消失，而把這種以明器為主要用途的耳飾，續雕作裝飾佩玉的記載、記錄，在漢代也不見；所以筆者相信，范增所佩的，應是古玉出土的玉玦，證實，在當時，不但以佩出土古玉為尚，而且，也已形成了古玉護身的迷信。

但總的分析，這一個階段的玉器形制、玉雕風格與玉器文化的內涵，仍是上襲春秋、戰國，並且一脈相連；但自漢朝文景之後，則又另是一個不同的階段了。尤其玉雕的造型風格，產生了重大的變化。

第二章✧西方藝術風格，逐漸進入中原，對我國玉器文化的影響

　　我國玉雕自漢初，圓雕動物明顯增多，風格都趨向寫實，而且，偏向高浮雕的製作方式，（像漢代玉雕藝術代表的「雲螭」），這些現象，應都不是突然變化而成的，他明顯受到西方大秦帝國（古羅馬帝國），與古希臘的石雕風格影響。而漢初以後，同類獸面紋飾，由猙獰走向典雅、圓潤、優美，卻又不失生動的造型變化，也是受到西方大型石雕藝術的影響。這種外國思潮與藝術造型觀念，逐漸進入我國，對長期以來，我國本土自行發展出來的玉雕方式，與藝術造形理念，都有重大的影響。（如圖一五二）

（圖一五二）此為西方紀元前三百五十年前後的石雕作品，其上紋飾，立雕的表現方式，透過絲路，傳入中原，對我國漢代玉雕的藝術風格，產生了重大的影響，我們是否能從本圖造型方式上，看到漢代玉雕的影子。

　　雖然，正史記載，漢武帝派張騫通西域（時在漢武帝建元三年，西元前一三八年），對東西「絲路」的暢通，大有貢獻，但是，我們從目前已出土的相關資料印證，早在張騫通西域之前，東西之間，經中亞的交通孔道，就已經形成了，張騫的兩次出使，只不過使這條通路，更加暢通而已。

　　就西漢史家所言的西域，有廣義與狹義之分，狹義的西域，僅指蔥嶺之東，以我國目前新疆為主體的，漢代西域都護府轄地，而廣義的西域，則除了西域都護府轄地外，也包括蔥嶺以西的中亞諸小國及波斯，以至羅馬帝國（即現今的阿富汗、伊朗、伊拉克、烏茲別克，以至地中海沿岸），在這片廣懋的區域，東、西商人，在其中構建了一些商業據點，把不同國家的城市，與沙漠綠洲，串連在一起，形成了一條漫長的通路，而在這條遙遠通路的兩端，是兩個世界超大強國，東方是中國，西方則是羅馬帝國（古稱大秦）（如圖一五三），這

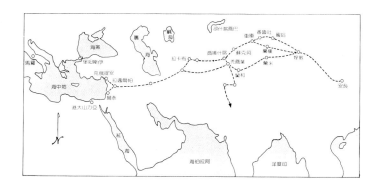

（圖一五三）「絲路」的名字，是十九世紀研究歷史的歐洲學者所取，其實，這條東、西文化的交通孔道，發展出來得很早，像南線絲路的前半段，在我國商代，就是地區方國的「貢玉之路」。

條通路，若從出玉門關後的敦煌綠洲算起（當時尚非中國屬地），有南北兩條路線，北路經哈密、繞過天山山脈，通過吐魯番窪地、庫車，而到噶什噶爾（Kashger）；南路，則循著崑崙山山麓的綠洲，經和

闐、葉爾羌到噶什噶爾，與北路會合，繼續往西，則翻越有世界屋脊之稱的帕米爾高原，經撒馬爾干、布卡拉，通過波斯，向地中海沿岸的城市進發，最後到達羅馬帝國，這就是我國絲路的大體路線，因為「絲路」這個名稱，只是十九世紀研究歷史的歐洲學者，所取的一個極富詩意的名字，但也常導誤了很多人，認為是東、西方以絲綢貿易為主要貨物的通路，其實，並不僅如此，即以絲路南線為例，筆者相信，自殷商以來，就是西域和闐玉材進入中原的重要通道，也許我們稱他為「貢玉之路」，更恰當些；隨著這條通路的存在，西方的羊皮、琥珀、石棉、琉璃，在這條通路上，往東移動，東方的瓷器、絲綢、漆器、肉桂……等，則往西移動，在這個貿易交流過程中，西方的藝術文化，也隨著這條路線，進入了中國，無形的影響，漸漸產生了，筆者相信：最早的一次武力推動，且影響最深遠的，就是秦始皇的北伐匈奴，匈奴的北遁與西遁，擠壓到天山、崑崙山麓，甚至中亞的一些小國生態，在動盪、流徙中，藝術文化的傳播與交流，是很快速的。（如圖一五四）

（圖一五四）隨著絲路的暢通，不但東方的肉桂、絲綢，漆器進入西方，而西方的羊皮、琥珀、石棉、琉璃，也運入了東方；圖示「蜻蜓珠」，確實出土於湖南湘鄉牛形山戰國晚期墓葬；證實，我國與西方的文化交流，是很早的。

　　張騫第一次出使西域，在大夏時，看到了邛竹杖與蜀布，這對精通人文地理的張騫，是一大震撼，因為，這些產在我國四川南方的土產，是如何到得了西域；經查訪，原來在我國西南，有一條通路，可到身毒（即印度，也稱天竺），再經印度北上，經現在的巴基斯坦，

到達葉爾羌、和闐一帶，與南線絲路會合，這就是陸上的第三條絲路；這足證明，在張騫以前，古絲路就已經因為商旅的貿易而自然形成了，他不因路途的艱苦，生活的危險，政治的差異，甚或軍事的對立而改變，在「利」的趨動下，一步一步，一站一站，東西貨物，得以交流。就在這種情形下，東、西藝術文化，也開始相互影響交流，這些往來於各綠州間的商旅，在某種程度上，對我國文化藝術的演進與蛻變，實有重大的貢獻（如圖一五五、一五六）。

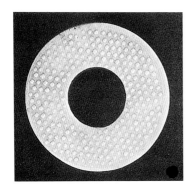

（圖一五五）本璧形器，出土於湖南長沙楊家山戰國後期墓葬，但材質非石、非玉，卻為玻璃所製，「璧」，為我國玉器文化中，特有的器形，但卻為西方所產的材料製作，可見戰國後期，東西文化的交流，對我國玉器文化衝擊與影響的深遠了。

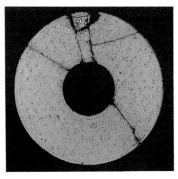

（圖一五六）本圖亦為秦末漢初階段的琉璃璧，早在七十年代初期，大陸文革動亂後，曾有數件類似器形，出土流出；但看者個個質疑，致使價格甚低，亦無人問津，如今思之，只有怨我輩讀書不精，使國寶過眼，而居然不知。

第三章◈佛教藝術逐漸滲入中原，對我國玉器造型的影響

　　也因為第三條陸上絲路，早於張騫時代而存在，佛教進入我國的時間，必然比正史所載，要早很多，依正史所記，西漢末，哀帝元壽六年（西元前二年），大月氏使臣伊存到長安，博士弟子景盧從伊存處記錄了口授的佛經；但是，從大月氏已盛行佛教，並有佛經著作來看，佛教從第三條絲路，由印度傳到西域，已經有相當長的一段時間了，而自秦末漢初，中原與西域商旅往來的頻繁，這一種起源於印度的宗教，影響我國藝術文化的開始，也應是在漢初，至於他初期的影響力，看似不明顯，主要因為，他依附在起源於我國本土的神仙之術上而發展。

　　其實，佛教的起源與教義，是有正統源流與思維基礎的，早在西元前六、七百年間，印度就已經有了全國性的宗教──婆羅門教，他的教旨，概為：靈魂不死，會繼續不斷轉生到較高或較低的生命形象，而這種轉變，全賴當世好壞事蹟的累積與因緣。可是，當時婆羅門教的祭司，卻極為腐化，把祭祀儀式、典禮，發展的極為繁瑣，並且擴張僧權，使主持儀式的婆羅門，為印度四姓之首，這時，在印度整個地區裡，宗教已逐漸遠離，助人脫離苦難的基本宗教意旨，而變成欺壓人民的特權了，也就在這種環境下，出現了一位宗教改革家釋迦牟尼，他本姓喬坦(Cautamn)，名悉達多(Siddhartha)，約在西元前六世紀中葉降生（因為印度曆的計算方式，我們到現在還沒有完全推算確定，故只能算出大約時間），降生在迦毗羅衛（約為現今尼泊爾的南境），是淨飯王國的太子，十六歲成婚，並生一子，名為羅古羅(Rahula)，這位悉達多太子，據印度史記載，天生慧穎，文武雙全，因為，感覺到人世間生、老、病、死的無常與莫測，日夜思索解脫之道，遂捨棄妻子、兒子、王位，決定出家修行，可是經過多年苦修，遍訪名師，始終解決不了，解脫人生苦難的問題，但是已獲得釋迦牟尼之名(Sakyamuni)，其實，這只是一個尊稱，釋迦，是指悉達多王子的族名，牟尼，則是泛指賢人，合而則為：釋迦族的賢人；釋迦牟尼在三十一歲那年，於菩提樹下結跏趺坐，端正思念，並發誓：「若不得證無上大菩提，寧可碎身，也不起座。」靜過長時間的靜坐冥

思，終於開悟成覺者（即佛陀），自此後，這位覺者，正式講說「四聖諦」、「八正道」的佛教義理，他認為：必須打破無休止的輪迴、循環，進入極樂世界，才能永遠的脫離苦難……。他在四十九年的巡行遊化中，宣揚解脫人生苦難的妙法，年八十歲入滅（時約在西元前四百八十多年），但他的遺教，卻被廣泛弘揚。在印度孔雀王朝的阿育王時期（約西元前二七二年到二三一年間），已經變成印度最主要的宗教了。這種新的宗教，有「小乘」與「大乘」之分，小乘佛教，繼續遵循佛教傳統的教條，以施行複雜的儀式與沈思禮，而求達到極樂世界；而大乘佛教，則更易與大眾親近，因為他們所提供的慈悲之神，也可使人們，因為好的行為、事蹟，虔誠的崇拜與信仰，而獲得拯救，進入極樂世界。

（圖一五七）佛教早期，并不製佛像膜拜，而以佛陀使用的器用作象徵，追思、紀念的意味比較濃，像早期的「萃堵波」就是一例，代表佛祖的入滅，這也就是爾後佛塔的前身，本圖所示，即為「大萃堵波」；自佛教進入中原，印度、中亞的一些異國圖案、紋飾、工藝，隨之而來，對我國玉雕藝術，也產生了重大影響。

　　筆者無意在佛教真義上，多作說明，因為那是一個極深奧的哲學思維理論，數十萬字，都不足盡其言；但是，佛教所勾勒出的「極樂

世界」，卻是與現實世界對立的，人們在現實世界中，追尋不到的，在理想的未來世界中，卻可得到滿足，而佛敎初興大盛的時期，正值我國戰國後期，人民的困苦，死生的無常，使許多平民，幾乎可以說是活在「等死」的絕望中；也就是在這個階段，佛敎傳道士們，沿著第三條絲路，把佛敎帶到了中亞絲路的各綠州、小國間，再從這些中繼站，逐漸的進入了中國。在初進入時，人們既未見佛經，也不知哲理，道傳口說，就與戰國時流傳的神仙之道混淆。其實，二者的差異是很大的，因爲，神仙之術（後再揉合其他義理，形成道敎），所求的是長生不老、永遠不死、成仙的修煉之術；而佛敎卻是承認，人都會死的；以事實驗證，人能修煉成仙者，只有耳聞，未見其眞，可是佛敎承認「人死」，則爲事實，這也就是，佛敎初入中國，只被稱爲「浮屠道」，但長期以來，佛勝於道的主因之一。

　　但是，隨著佛敎的傳入，與佛敎有關的圖案、法器、象徵，甚至印度的一些民俗紋飾，也都進入了我國。他不但影響了玉雕的風格，更擴大了玉雕的題材，使我國這門工藝美術，進入了一個新的境界。（如圖一五七）

第四章 ✦ 結語

綜前所述，自漢初文景時代起，我國的工藝美術風格，產生了鉅大的變化，像高浮雕的風行，石雕巨獸（石象生），排列在大塚前；佛教題材為主題的藝術品開始出現……等，都是受到：

一、早期絲路的形成，羅馬帝國與中亞地區藝術文化，隨著貨物、商旅的移動，逐漸滲入中原，在不知不覺中，影響了我國的藝術。

二、發源在身毒（印度）的佛教，他提供了一個，我國從來沒有的宗教觀，沿著第三條絲路，以西域諸國為中繼站，也逐漸進入中原。（但稍後也有從海上絲路進入華南）

雖然，在漢武帝以前，溝通東、西方的絲路，時斷時通，旅程也極漫長、艱辛，筆者甚至相信，很多貨物，是用分段轉運、接駁的方式完成的，但這條我國早期的貢玉之路，不但對我國玉器文化的發展，有不可磨滅的貢獻；而利用這條路線，所引進的西方藝術、文化，卻也對玉雕藝術，產生了極大的影響。

（圖一五八）本圖所示，係出土於中亞金器，估計其時，約在西元前三百五十年前，實物現存於列寧格勒博物館，本器虎食馬的身形、體態，在我國玉雕、銅器中，也常出現。

　　也就在這種情形下，完全形成於我國本土的玉雕藝術，與有完整內涵的玉器文化，受到這兩方面，外來藝術的影響與激盪，開啓了以盛漢爲起始的，另一個藝術高峯階段。（如圖一五八、一五九）。

（圖一五九）本器爲出土於雲南江川，戰國時代墓葬的「虎食牛祭盤」，與前圖比較，二者材質不同，用途各異，但仍可看出風格相近的地方。